困境与突围

新时代佛山的多维审思

林瑞青 杜环欢 吴新奇◎著

九州出版社
JIUZHOUPRESS

图书在版编目（CIP）数据

困境与突围：新时代佛山的多维审思／林瑞青，杜
环欢，吴新奇著．--北京：九州出版社，2020.4

ISBN 978－7－5108－9096－3

Ⅰ.①困… Ⅱ.①林… ②杜… ③吴… Ⅲ.①社会科
学—文集 Ⅳ.①C53

中国版本图书馆 CIP 数据核字（2020）第 062366 号

困境与突围：新时代佛山的多维审思

作　　者	林瑞青　杜环欢　吴新奇　著	
出版发行	九州出版社	
地　　址	北京市西城区阜外大街甲 35 号（100037）	
发行电话	(010) 68992190/3/5/6	
网　　址	www. jiuzhoupress. com	
电子信箱	jiuzhou@ jiuzhoupress. com	
印　　刷	三河市华东印刷有限公司	
开　　本	710 毫米×1000 毫米　16 开	
印　　张	17.5	
字　　数	336 千字	
版　　次	2020 年 4 月第 1 版	
印　　次	2020 年 4 月第 1 次印刷	
书　　号	ISBN 978－7－5108－9096－3	
定　　价	75.00 元	

序

　　迈入新时代，佛山被列为粤港澳大湾区规划建设的重要一极，经济社会发展迎来了新的机遇。面对大好形势，我们立足地方，选取了若干视角，多维度深入调查研究，审视不足，提出对策，以期为佛山经济社会建设出谋划策，贡献绵薄之力。

　　本书第一章以佛山中学生网络空间的社会责任践行为研究主题。

　　研究认为，随着网络技术的迅猛发展，网络已成为中学生高度依赖的"生存空间"，虚拟生存由此成为人类社会生活的第二种体现形式。网络社会的形成也催生了网络文化的多样化蓬勃发展，网络文化在各种利益驱动下也在一定程度上陷入了异化之困境。主要表现为人们在网络空间中玷污文化、消解理想、挫伤创造和混淆历史，等等。中学生作为最活跃的网络群体，面对如此境遇却缺乏应有的社会责任感，在网络上较热衷于充当"传手""黑客""水军"，生产并传播庸俗、低俗、媚俗的文化，或盲目跟帖转帖、散播谣言、操纵舆论、制造和传播病毒等，危及网络文化和网络安全。基于此，我们开始思考网络文化异化境遇下中学生网络空间的责任生存问题。此所谓责任生存，是指中学生在网络空间的虚拟生存中，以道德责任为价值取向与旨归，为自身及他人在虚拟世界的自由全面发展，以及网络空间的生态化与和谐化建设而自觉担负起道德责任。

　　本研究选取了佛山市5所中学（高中2所、初中3所）共300位学生为调查对象，从中学生网络行为的个体认知情况、中学生接触异化的网络文化现状、中学生网络文化的异化生产状况、中学生网络空间社会责任行为的情况、中学生网络行为的个体心理状态和家校对中学生的网络行为的态度等六个维度，对网络文化异化境遇下中学生网络空间的责任生存现状进行了调查。调查发现，在网络行为的个体认知方面，中学生对不良网络文化及行为认知较为充分，但在法律责任认知与网络行为之间知行不一；在接触异化的网络文化方面，智能手机成为中学生上网首选，娱乐消遣为主要目的，其最常接触网络低俗语言，且影响最大，微信与QQ成为其接触不良网络文化的主途径，而不良网络文化主要对学习和生活产生负面影响；在网络文化的异化生产方面，半数学生的网络行为以娱乐消遣为主，部分学生不同程度地生产传播不良网络文化，并以网络异化行为催生着不良网络文化的生产与传播，青少年学生以微信和QQ为主渠道，主要向熟人传播不良网络文化；在网络空间社会责任行为方面，部分学生否认个体对网络不良行为和文化的责任，部分学生对优秀网络文化的价值认同有待增强，近四成学生的法律与责任意识淡薄；在网络行为心理方面，大部分学生为被动接触网络不良文化，但畸形心理却驱使网络文化的异化盛行；在家校态度方面，学校的网络行为教育明显缺位，家庭的网络行为引导有待提升。分析认为，中学生网络空间责任生存失范，其成因主要有以下四方面：从政府层面看，法制建设特别是网络监管明显缺失；从社会层面看，网络文化环境总体较为污浊；从家校层面看，二者教育引导明显缺位；从个体层面看，猎奇、虚荣、自我放纵是其主要原因。

以调查分析为基础，我们从政府、社会、家校和个人四个方面提出了相应对策。一是政府责任方面，要网络安全与网络强国并进。具体为：强化网络法治，打造网络安全空间；弘扬网络道德，营造网络慎独氛围；培育先进文化，树立网络文化自信。二是社会责任方面，要对网络文化环境予以激浊扬清。具体为：规范网群主体，站主守网有责；强推清洁机制，做网络清道夫。三是家校责任方面，要家庭与学校管教同向同行。主要从增强青少年的社会责任意识和实施网络行为的心理教育着手。四是个人责任方面，要以共生共存激发责任行为。具体为坚持共生共存责任伦理原则，以社会责任情感促成网络责任行为和以网络创新人才意识促进自我全面发展。

第二章，以佛山市人口质量综合分析及其对策为研究主题。

按照《国务院办公厅关于开展2015年全国1%人口抽样调查的通知》

及广东省有关要求，佛山市以 2015 年 11 月 1 日零时为标准时点，进行了
2015 年全国 1% 人口抽样调查。本研究根据调查数据，通过五区人口质量
对比、与第六次全国人口普查数据对比、与主要地区及范围对比的比较分
析方法，剖析了 2010 年以来佛山市及各区人口在数量、素质、结构、分
布以及居住等方面的变化。

从人口数量及增速看，截至 2015 年末，佛山市常住总人口为 743.06
万人。与第六次全国人口普查的总人口 719.43 万人相比，五年间累计增
加 23.63 万人，增长了 3.28%，年均增长率为 0.65%。其中，南海区人口
增长率最高，为 4.51%，随之为顺德区（2.99%）、三水区（2.55%）、
高明区（2.50%）、禅城区（1.78%）。佛山市人口增长率低于广东省总体
增长水平，约为广州市的 1/2，只有深圳市的 1/3，仅高出全国总体水平的
0.76 个百分点。

从人口年龄结构看，佛山市 0~14 岁人口为 94.89 万人，占 12.77%；
15~64 岁人口为 597.71 万人，占 80.44%；65 岁及以上人口为 50.46 万
人，占 6.79%。60 岁及以上人口为 79.51 万人，占 10.70%。其中，高明
区、禅城区、三水区年龄在 65 岁及以上的人口占总人口的比重依次为
8.80%、8.66%、8.23%；南海区和顺德区较低，分别为 6.02%、
6.09%。

从人口分布看，佛山市的城镇常住人口为 705.46 万人，占常住人口
的 94.94%；农村常住人口为 37.60 万人，仅占 5.06%。其中，禅城区
100% 为城市人口，顺德区城市人口也高达 98.57%；而农村人口比重较大
的为三水区（占 27.39%）和高明区（占 11.08%）。

从人口性别构成看，佛山市男性人口为 401.03 万人，占 53.97%；女
性人口为 342.03 万人，占 46.03%。总人口性别比由 2010 年第六次全国
人口普查的 116.74 微升为 117.25。

从家庭户规模看，佛山市共有家庭户 238.98 万户，家庭户人口为
652.60 万人，平均每个家庭户的人口为 2.73 人。其中，高明区、三水区
和禅城区家庭户规模较大，依次为 2.94 人/户、2.85 人/户、2.80 人/户，
顺德区则较低，为 2.62 人/户。家庭户规模在进一步缩小。

从人口流动情况看，佛山市现居住地与户口登记地所在的县（市、区）

不一致且离开户口登记地半年以上的人口为360.09万人，占48.46%。其中，南海区、顺德区人口流动的比重较大，分别为53.73%、49.78%；而高明区、三水区人口流动比重较小，分别为34.89%、38.86%。

从人口抚养比看，佛山市人口的总抚养比为24.32%。其中，高明区人口总抚养比略高，达到32.60%，随之是禅城区（28.70%）、三水区（27.91%）、顺德区（22.46%）、南海区（22.31%）。

从人口出生与死亡情况看，佛山市2015年出生人口为6.83万人，出生率为9.19‰。其中，生育第一孩的占58.10%，生育第二孩的占38.05%，生育第三孩及以上的占3.85%。2015年育龄妇女总体生育率为30.73‰。2015年佛山市死亡人口数为1.78万人（死亡率2.4‰），远低于出生率。

从人口受教育程度看，佛山市具有大学教育程度的人口为105.08万人，具有高中中职教育程度的人口为149.09万人，具有初中教育程度的人口为269.09万人，具有小学教育程度的人口为158.82万人。佛山市每10万人中具有大学、高中教育程度的人数明显低于广州市、深圳市、无锡市，尤其是南京市；而具有初中、小学教育程度的人数则明显高于广州市、深圳市、无锡市、南京市。

从人口就业情况看，佛山市16岁及以上人口的就业行业主要集中于制造业，占53.97%（其中初中以下教育程度就业人员占比由71.81%下降为66.09%，下降了5.72%；高中教育程度就业人员占比上升到23.54%，上升了2.58%；大学教育程度就业人口占比上升到10.37%，上升了3.14%），制造业的大学教育程度就业人口占比还有较大的提升空间。随之是批发和零售业（占14.51%），建筑业（占4.33%），住宿和餐饮业（占3.93%），农林牧渔业（占3.82%），交通运输、仓储和邮政业（占2.94%），公共管理、社会保障和社会组织（占2.64%），居民服务、修理和其他服务业（占2.62%）。

从人口婚姻状况看，佛山市15岁及以上人口中，未婚人口占总人口的22.14%；有配偶的人口占总人口的73.23；离婚人口占总人口的1.29%；丧偶人口占总人口的3.34%。

从有老年人口的家庭户情况看，佛山市有60岁及以上老年人口的家庭户占家庭户总数的 22.56%。其中有 1 个 60 岁及以上老年人的占家庭户总数的 12.46%；有 2 个 60 岁及以上老年人的占家庭户总数的 9.90%；有 3 个 60 岁及以上老年人的占家庭户总数的 0.20%。

从家庭户住房间数和面积看，佛山家庭户住房间数以 1 间为主，占 34.63%；其次是 3 间，占 23.99%；第三是 2 间，占 17.15%。平均每户住房间数为 2.66 间。佛山市家庭户人均住房建筑面积以 20～39 平方米为主，其中，人均住房建筑面积在 20～29 平方米的家庭户占家庭户总数的 19.79%；其次是 30～39 平方米、70 平方米及以上的，分别占 12.79%、12.67%；再次是 9～12 平方米、8 平方米及以下的，分别占 11.21%、11.17%。

从老年人口质量看，佛山市 60 岁及以上人口占总人口的 10.7%（79.51 万人）。其中，健康人口占 64.11%（50.97 万人），基本健康人口占 29.15%（23.18 万人）；不健康但生活能自理人口占 5.41%（4.30 万人）；生活不能自理人口占 1.33%（1.06 万人）。老年人的主要生活来源以离退休金、养老金为主的占 46.47%，靠家庭其他成员供养的占 35.27%，靠劳动收入的占 11.46%。

基于上述分析，提出提升人口整体素质的建议如下。一是加大人力资本投资，以聚合高层次人才。具体为：以财力置换人力，聚合高端人才；以环境赢取人心，实现筑巢引凤；以创新创业推动，激发人才潜能；以宽松入户政策，引本科以上人才。二是发展教育服务事业，分层优化人口质量。具体为：以全面覆盖为目标，保证义务教育质量；以工科教育为统领，做强地方高等教育；与地方产业相对接，做大佛山职业教育；以技术培训为抓手，培育高级技术工人。三是强化人口管理服务，分层分类优化人口质量。具体为：遏制生育的性别选择行为，推行差异化优生优育政策；强化高学历人才婚姻服务；做大孕妇婴幼儿服务市场；优化流动人口的管理服务。四是发展老年人事业，应对人口老龄化问题。具体为：实现基本社会保障全覆盖，做细做大老年人居家服务，重视老年人健康医疗服务，丰富老年人文化与生活服务。

第三章，以佛山青年思想状况和思政工作为主题。

本研究立足于佛山青年群体思想状况的调查，就当下佛山市青年的思想政治工作（包括各区各相关部门开展青年思想政治工作的主要内容、形式、手段、方法、渠道与载体）进行探讨。经调研分析，佛山青年群体的思想状况呈现出思想活跃、竞争观念强、物质需求强、注重自我、集体意识较差、社会责任感较弱等特点。思想状况总体较为稳定，大多数青年热爱社会主义，坚持并拥护党的领导，对党的发展抱有信心，对国家的未来充满希望，对社会热点及敏感问题持有较理性、正面的看法，并未对主流政治政策与意识形态出现反向认同。但也有部分青年对主流意识形态、价值观和国家重大战略存在不够重视或理解偏差现象。在开展青年思想政治工作方面，运用多种途径，结合重要时间节点开展主题教育实践活动；采用仪式教育，通过打造活动品牌引领青年思想工作。此外，多阵地、多渠道开展青年思想政治工作，一方面抓牢主阵地和青年舞台，通过主题教育、宣讲会、讲座、报告会、培训班、文娱活动等方式，开展常态化思想政治教育；同时结合青年之家、志愿者之家、志愿V站、青年商会、团校等活动阵地，给青年提供交流、集聚空间。另一方面紧抓官网、微博、微信、青年之声等网络宣传阵地，传播网络正能量。

当前，佛山青年思想政治工作中存在以下主要问题：青年思想政治工作机制体制有待优化，青年思想政治工作覆盖面仍需扩大，思想政治工作相关人财物的投入较少，思想政治教育内容、形式不够贴近青年实际，网络思想政治工作监管体系有待强化，新媒体推广和运用存在不足，思想政治教育资源共享与创新有待推动。研究也对新形势下开展青年思想政治工作面临的风险与挑战等问题做了专题调研。调研表明青年思想政治工作的主要风险有青年群体价值取向与教育目标有偏差，存在意识形态脱节风险与道德信仰危机。其次，青年工作理论与实践分离，存在主流意识形态认同风险与危机。主要挑战来自三点：一是新时代网络环境对青年思想政治教育工作提出了更高的要求，二是开放和多元化思潮加大了青年思想政治教育工作的难度，三是复杂的时代环境对青年思想政治教育工作提出了新的挑战。

基于现状，本研究试图提出新形势下优化青年思想政治工作的建设性思路与合理性建议，为青年思想政治教育提供一定的借鉴和参考。在青年思想政治工作中，整体上要凝聚力量，构建立体多维的青年思想政治工作格局；要运用新媒体，创新青年思想政治工作手段；也要拓展思路，创新青年思想政治工作方式；也可以深挖资源，丰富青年思想政治工作素材；同时精心打造，推进青年思想政治工作队伍建设；此外，压实责任，扎实推进意识形态安全工作；还要加强对青年相关活动的监管。这些都是有效性高、实效性强的优化举措。

第四章，以佛山红色革命遗址的保护与利用为主题。

研究认为，红色革命遗址是中国共产党革命历程的重要见证，是不可再生的红色文化资源，具有重要的历史价值和现实意义。作为红色历史文化资源的富矿区，党的十八大以来，佛山不断加大对红色革命遗址的保护利用，从人力、财力、政策等方面给予支持并取得了较好成效。从目前来看，佛山市红色革命遗址种类多样，分布广泛；建筑物产权比较清晰，相关文物、资料所属明确，基本不存在争议。但与此同时，大多数遗址占地面积和建筑面积较小，能支持开展大型活动的场所较少；所涉人物或主题普遍知名度不高。

在保护利用方面，由于主客观原因，仍存在不少问题和难题，主要表现为以下几个方面。（1）不同群体对红色革命遗址的认识具有明显不同，大部分人对其缺少一种历史的敬畏和深层次的理解。不仅如此，无论媒体还是遗址自身，除大型纪念日外很少主动开展对外宣传和展示。（2）对红色革命遗址既缺乏整体规划，也没有清晰分类，致使管理权限交叉重叠、界限不清。（3）设计不够科学，展陈不尽合理，聚合效应得不到应有发挥。（4）经费总体投入不足，具体使用多有不便，从而导致了一个悖论，即一方面无钱可花，另一方面有钱难花。（5）机构设置不健全，很多遗址并没有按照上级要求设立专门的管理机构、配备专业的管理人员。相关从业者缺少对历史的整体把握和对与所涉人物、事件关联密切的其他人物和事件的全面掌握，综合素养有待提高。

有鉴于此，亟待在后续工作中采取更有针对性的措施。这可以从以下几方面入手：（1）统一领导，统筹规划。成立红色文化建设领导小组，协调和整合全市红色资源。市、区两级党委政府则是明确红色革命遗址保护利用的责任主体（重点落在区级）。在适当时候，可以考虑以立法形式加强对遗址的保护利用。（2）分类指引，区别对待。通过评估现状和可拓空间，对遗址分门别类，重新定位。具体可分三种情况：一维持现状，二是补充挖掘，三是重点打造。（3）建档入库，优化展陈。建立名录和档案库，绘制全市红色革命遗址分布地图，建立佛山市红色革命遗址公共数据平台。在形式设计、实物制作、展品布置等环节上加强科技创新，不断改进和提高展陈水平。（4）重点突出，打造品牌。对重点遗址进行编制保护，突出打造休闲旅游和红色旅游相结合的旅游新品牌。同时，与党建相融合，统筹建设若干红色项目和基层党建示范点。（5）增设标识，融入日常。如建立革命、建设和改革开放不同时期的英雄雕塑（广场）。要创新文化产品，延展红色文化的生命力，扩大相关遗址的社会知晓度和影响力。（6）加大宣传，加强研究。对重要线索、革命文物、精神实质进行挖掘和提炼，组织专人对口述历史进行收集整理；发挥广大干部群众、学生等创作红色网络精品；设立红色革命遗址保护利用专项文化研究课题；探索建立"新时代红色文化讲习所"示范点和红色教育课堂；面向青少年开展红色文化宣传教育活动，广泛开展革命传统教育进校园、社区活动。（7）培英育才，专兼结合。培养高素质的管理人员，建立专职专业的解说队伍，并根据实际需要聘请相关人员，经短期培训后，参与讲解宣传和志愿服务。（8）加强考评，提升水平。制定考核文件和考核标准，每年定期对各遗址点进行材料审核和现场考核。同时，举办红色革命遗址相关人员技能比赛，并给予不同形式的奖励和激励。另外，还要积极探索推动政府购买公共文化服务。（9）走得出去，引得进来。要走出展馆，面向社会。通过多元共建，主动深入群众、深入学生、深入社区、深入社会。要走出现实，走进网络。建立网上红色革命遗址资料库，把它作为党员干部和学生现场实践的一种补充手段。要加强串联，引进资源。（10）政府为主，多元投入。根据实际需要，创新经费筹集和管理模式，设立专项经费，进行科学分配。合理规范地用活经费，提高资金使用效益，在符合财务规定的前提下，适当松绑经费使用形式和额度。

第五章，以佛山非遗资源的青少年思想政治教育价值为主题。

研究认为，当代青少年思想主流是积极健康向上的，但随着时代的变迁，经济全球化、文化多样化引发的价值冲突容易导致他们主流价值观的迷失，信息网络化带来网络道德失范，功利化教育改革发展中的矛盾会使思想不够成熟、社会经验不足的青少年出现思想和道德困惑，使他们的主流价值观受到干扰；在教育形式上，目前青少年思想政治教育大多方法陈旧，流于形式，较多地停留在简单的说教，缺乏生动活泼的教育形式，鲜活具体的教育内容，实际成效不太理想。将非物质文化遗产资源融入青少年思想政治教育，能拓展青少年思想政治教育内容，是青少年思想政治教育的创新之举。它对创新青少年思想政治教育方法，提高青少年思想政治教育效果具有重大意义。

非物质文化遗产指被各群体、团体、个人视为其文化遗产的各种实践、表演、表现形式、知识体系和技能及其有关的工具、实物、工艺品和文化场所。"非物质文化遗产"包括以下方面：口头传统和表现形式，包括作为非物质文化遗产媒介的语言；表演艺术；社会实践、仪式、节庆活动；有关自然界和宇宙的知识和实践；传统手工艺。本研究以佛山非物质文化遗产资源作为研究对象。佛山是千年古城，岭南文化的发源地、陶艺之乡、武术之乡、美食之乡、岭南成药之乡。目前有国家级非遗项目 14 项，国家级非遗传承人 11 人；省级非遗项目 47 项，省级非遗传承人 32 人；市级非遗项目 101 项，市级非遗传承人 163 人。还有国家级非遗生产性保护示范基地 1 个，非物质文化遗产资源十分丰富。

佛山非遗真情地保留着从先民那里传承下来的岭南民俗文化元气，通过这些民间艺术品，人们可从一个侧面了解博大精深的中国文化，唤起青少年强烈的民族自豪感，具有爱国主义教育价值；佛山非遗如省级非遗佛山春节年俗中的卖懒习俗、年俗礼仪与禁忌、非遗题材上的吉祥图案等包含着很多有关积极人生观教育的内容；佛山非遗中不少题材含有教育人们为善戒恶、尊老爱幼、忠义节孝、修身齐家等传统道德的观念，具有伦理道德教育价值。佛山是武术之乡，在中国武术的发展过程中，形成了"未曾习武先习德"的教学模式。佛山著名武术家更是为国为民，扶危济贫，除暴安良，弘扬正义精神，承担社会责任的典范，因此，佛山的武术文化是进行"武德教育"的好素材。佛山的放生习俗、香云纱传统印染工艺蕴含着的生态智慧，都是青少年环保教育的好素材。此外，佛山是粤剧发源地，粤剧可以沟通粤港澳三地的文化，成为三地文化认同的桥梁。佛山的元宵行通济习俗影响力已扩展到整个珠三角和港澳地区，成了沟通珠江三角洲和港澳同胞的文化纽带，因此佛山的非遗资源具有增强民族凝聚力的价值。佛山非遗产品具有鲜明的地方色彩，符合佛山人民的审美情趣，吸取了地方民间艺术制作技巧，体现了佛山人的创新精神，是创新教育的好素材。

在利用非物质文化遗产开展青少年思想政治教育的路径方面，学校可以通过在课堂教学中渗透非物质文化内容、开设特色课程、开发非遗校本课程、编写校本教材、邀请非遗大师进校园、将"非遗"融入第二课堂、发挥校园文化隐性教育功能等途径，发挥学校在非物质文化遗产教育中的主渠道作用；政府可通过建立佛山传统文化保护、传承机制，举办非物质文化遗产传承人研修研习培训，推动佛山非遗文化资源的整理、研究与出版，推进优秀传统文化艺术传承学校创建，推进粤剧特色学校创建工作，推进非遗进校园活动，举办佛山传统特色文化民俗活动，举办佛山历史知识竞赛等，发挥其在利用非物质文化资源对青少年进行教育方面的主导作用；家长可以通过春节贴春联、吃团圆饭、放鞭炮、守岁、走访亲戚、互送祝福等年俗活动对子女进行理想教育、亲情教育，让青少年回归家庭，感受家庭中的亲情，体验并珍惜幸福的家庭生活，构建和谐的人际关系，利用佛山年俗资源发挥父母在家庭教育中的应有作用。

将佛山非遗文化资源融入青少年思想道德教育是一项系统工程，除了要发挥学校教育、家庭教育、政府等方面的作用外，还需社会通力合作，充分发挥图书馆、文化馆、博物馆、群艺馆、美术馆、大众媒体等公共文化机构和非遗传承人等民间力量在传承发展佛山非遗文化中的作用，形成育人合力，更好地发挥佛山非物质文化遗产在青少年思想政治教育中的作用。

第六章，以佛山历史人物康有为的道德教育理念之基础教育价值为主题。

研究认为，康有为的教育思想丰富多彩，博大精深，其在教育学方面提出的一系列的思想主张，主要体现在《长兴学记》和《大同书》两书中。康有为构成了富有创意的、独特的教育思想体系，而且其一系列的教育思想，尤其是道德教育思想，比如"育德为先""德育为本"等思想在万木草堂等办学活动中被付诸实践，得以践行。

他强调学生素质的全面发展，更加注重学生的道德教育。他是在中国教育史上第一次明确提出了德、智、体诸方面协调发展的思想的人，并把德育摆在首要而显赫的位置。"万木草堂"作为一所当时先进的中国人向西方学习的实验场所，它不仅展现了康有为那独具一格的教育理论与价值追求，而且更重要的是它所确立的德智体和谐全面发展教育理念以及德育教育的理论、理念和方式方法给后世的人们留下了许多方面的启示和教益，弥足珍贵。

在康有为的整个教育思想构建和实践中，德育思想及实践是一个亮点。他"重精神，贵德育"，旨在通过激励气节，发扬精神，使学生在博学的基础上更好地于乱世中拯救国民。为此，康有为殚精竭虑，对学生进行了多种精神品质的培育。他竭力排斥外界各种名利引诱及陋习的浸染，强化"仁"与"义"的教育，培育竞争意识，使学生养成良好的心理素质，极力推行"四耻"教育等举措强化德育教育。

"万木草堂"德育教育的理论、理念和方式方法，一方面反映了康有为变革社会、培养时代英才的迫切愿望与良苦用心，另一方面也反映了时代需要。其"重精神，贵德育"的理念及实践，对当时及后来的学校教育有重要的启示，主要体现在两个方面。第一，教师的道德学问在道德教育过程中有着举足轻重的意义。拥有德才俱佳、宽以待人、严于律己的师长，是一个学校道德教育得以进行并达到预期目的的前提。第二，道德教育的创新与发展必须以中华民族优秀传统文化为依托，才能获得取之不尽、用之不竭的源泉。否则，背弃传统，不仅道德教育的目标无从确立和实现，道德教育本身也将变得没有任何意义了。在这方面，"万木草堂"为我们提供了一个很有启发意义的道德教育发展思路。他以中国传统文化为基石，将西方文化结合到教学内容中，对传统教育进行了改造与创新，应该说是一种富有时代感的转化。正是中西文化的相互结合与补充，才使"万木草堂"的道德教育获得了新生并影响了中国的教育界，才构成了"万木草堂"道德教育特殊的学术价值与现实意义。从本质上看，"万木草堂"所创造的中西并举的教育模式，可谓在中国近代教育界确立了一种世界眼光与开放进取的文化意识，有力地促进了中国传统教育的近代化过程。虽然尚欠完善，但是对当时及后来的教育改革却不无建设性的指导意义。诚如梁启超所言，"先生教育之组织，比诸东西各国之学校，其完备固多所未及，然当中国教育未兴之前，无所凭借，而自创之，其心力不亦伟乎！其重精神，贵德育，善察中国历史之习惯，对治中国社会之病源，则后有起者，皆不可不师其意也"。

康有为德育教育思想无疑对当今和未来的学校德育教育有一定的借鉴价值。对于康有为的故乡——佛山来说，更加是一笔不可多得的宝贵的思想资源。当前佛山在建设文化大市、教育强市的进程中，在基础教育的改革中，在强调学生素质的全面发展的大框架下，借鉴沿用康有为丰富的德育思想资源，注重、强化学生的道德教育，有着现实的实用的拿来价值。佛山虽然已经是全省首个所有区全部通过全国义务教育发展基本均衡区（县）国家督导验收的城市，但打造人民满意的教育永远在路上。基础教育是立德树人的事业，是提高民族素质的奠基工程。因此，基础教育不能单纯以升学率为唯一目标，要遵循教育规律、人的发展规律，以育人为本，从学业水平、综合素质等多方面综合考核，充分满足当代学生多样化、个性化、创新化成才的需求；要旗帜鲜明地加强思想政治教育、品德教育，加强社会主义核心价值观教育，引导学生自尊自信自立自强；要遵循青少年成长特点和规律，扎实做好基础教育。

以上为本书各章的研究扼要。然囿于研究水平，难免存在一些不足，期待各方大家批评指正。

谨以为序。

著　者

2020 年 5 月 16 日

目 录
CONTENTS

第一章

佛山中学生网络空间的社会责任践行①

随着网络技术的迅猛发展，网络已经成为中学生高度依赖的"生存空间"，虚拟生存由此成为人类社会生活的第二种体现形式。网络社会的形成也催生了网络文化的多样化蓬勃发展，网络文化在各种利益的驱动中也在一定程度上陷入了异化之困境。主要表现为人们在网络空间中玷污文化、消解理想、挫伤创造和混淆历史，等等。中学生作为最活跃的网络群体，面对如此境遇却缺乏应有的社会责任感，在网络上较热衷充当"传手""黑客""水军"，生产并传播庸俗、低俗、媚俗的文化，或盲目跟帖转帖、散播谣言、操纵舆论、制造和传播病毒等，危及网络文化和网络安全。

基于此，我们对网络文化异化境遇下中学生网络空间的责任生存问题予以思考。选取佛山市 5 所中学（高中 2 所、初中 3 所）共 300 位学生为调查对象，从中学生网络行为的个体认知情况、中学生接触异化网络文化的现状、中学生网络文化的异化生产状况、中学生网络空间社会责任行为的情况、中学生网络行为的个体心理状态和家校对中学生的网络行为的态度等六个维度，对网络文化异化境遇下中学生网络空间的责任生存现状进行了调查。

以调查分析为基础，我们从政府、社会、家校和个人四个方面提出了相应对策。一是政府责任方面，要网络安全与网络强国并进。具体为：强化网络法治，打造网络安全空间；弘扬网络道德，营造网络慎独氛围；培育先进文化，树立网络文化自信。二是社会责任方面，要对网络文化环境予以激浊扬清。具

---

① 本章为林瑞青主持的佛山市 2017 年度哲学社会科学规划项目"佛山市青少年学生网络空间社会责任践行现状及其对策研究（项目编号：2017 – GJ13）"的最终成果。作者为林瑞青、姚志颖。

体为：规范网群主体，站主守网有责；强推清洁机制，做网络清道夫。三是家校责任方面，要家庭与学校管教同向同行。主要从增强网络的社会责任意识和实施网络行为的心理教育着手。四是个人责任方面，要以共生共存激发责任行为。具体为：坚持共生共存责任伦理原则、以社会责任情感促成网络责任行为和以网络创新人才意识促进自我全面发展。

第一节　绪　论

一、选题背景

党的十九大报告指出："文化是一个国家、一个民族的灵魂。文化兴国运兴，文化强民族强。没有高度的文化自信，没有文化的繁荣兴盛，就没有中华民族伟大复兴。要加强互联网内容建设，建立网络综合治理体系，营造清朗的网络空间。"随着网络技术的迅猛发展，网络已经成为中学生高度依赖的"生存空间"。当虚拟生存普遍存在于现实，网络空间的文化生产也蓬勃发展，并在各种利益驱使中使网络文化也在一定程度上陷入了异化之困境。

当前，网络文化异化主要表现为以下几点。一是玷污文化。各网络文化生产者，尤其是经营者，不惜撒谎猎奇、造谣吸睛、推黄入网、引暴上线，以有悖人类价值标准的伪文化、反文化泯灭文化之灵魂，将文化审美沦为大众快感，诱使中学生慢慢走向庸俗化。二是消解理想。以"高富帅""白富美"标准塑造所谓人生理想，以扮蠢卖萌魅惑普罗大众，将应有的文化导向变为精神迷宫，诱使中学生迷失信仰。三是挫伤创造。以山寨复制精品、以戏仿剽窃创意，致使中学生丧失创造力。四是混淆历史。热衷恶搞经典取宠、穿越历史哗众、遮蔽历史事实，使中学生丧失精神家园、丧失历史感。

因此，对网络文化异化境遇下中学生网络空间的责任生存问题展开研究显得尤为必要和迫切。

二、研究意义

(一) 理论意义

本研究试图弥补网络文化异化与中学生网络空间责任践行方面的不足,为扩展中学生网络社会责任生存路径提供理论依据。如今,网络已成为中学生高度依赖的第二"生存空间",网络社会责任缺失已成为思想政治教育的难题。而现有的研究侧重于中学生的网络伦理或道德的现状及其教育分析,对网络文化异化境遇下中学生网络空间责任践行的问题尚未深入研究,因此,这是中学生网络思想政治教育研究的一个理论生长点。此外,提出"责任生存",强调中学生在虚拟生存中应以"责任"为价值取向,为他人虚拟生存以及网络生态化发展担负责任。

(二) 实践意义

一方面,扩展中学生网络空间责任生存之路径,引导中学生网络空间责任行为。网络空间具有虚拟性、隐匿性和高度自由性,而网络文化具有普遍性、娱乐性、大众性和快餐性等特点,进而容易致使网络文化异化,导致网络文化生态环境的恶化,对中学生的理想、道德、责任感、主体意识等产生不良影响,使中学生的网络行为在很大程度上处于道德真空状态。故本研究将区别对待现实生存和虚拟生存,明晰网络文化异化对中学生产生的消极影响,剖析网络文化异化境遇下中学生网络空间责任生存缺失之成因,探讨中学生网络空间责任生存路径,规范中学生网络社会行为。

另一方面,指引中学生正确审视网络文化,催生网络文化生态理念,培育网络文化自信,促成中学生网络责任行为自觉。通过辨析网络文化异化给中学生带来的影响、审视网络文化异化境遇下中学生网络空间责任生存现状,提醒中学生反思网络文化的价值,激发中学生网络责任行为践行的自觉性和能动性,增强其网络空间责任意识,以营造共生共存的网络空间共同体,消解中学生网络社会责任缺失现象,化解网络自由表达与社会责任之伦理问题。

三、国内外研究现状

(一) 国外研究述评

在国外,有关网络社会责任践行的研究不多,主要为网络伦理研究。代表著作主要有：尼葛洛庞帝的《数字化生存》①、卡斯特的《网络社会的崛起》②、乔纳斯的《责任命令：探索技术时代的伦理学》③、戴森的《2.0版：数字化时代的生活设计》④，等等。其中，涉及的领域主要有：

（1）网络生存问题研究。学者从认识论视角探索网络生存问题，如本尼迪克特、巴洛等，充分肯定了网络空间是一个新的精神家园，人类将置身于技术之中。有的学者把网络与人的交往实践、生存与发展联系起来研究，如卡斯特、斯通等，认为电子网络是社会空间的新形式，要以实践的观点来认识网络社会。但在网络的社会影响及网络价值问题上，存在两种争论，即网络乌托邦和网络恶托邦，前者以尼葛洛庞帝和本尼迪克特为代表，后者以希勒、斯劳卡等为代表。

（2）网络空间伦理规范研究。学者通过研究网络不道德行为及其成因，构建了网络伦理规范，如美国计算机伦理协会制定的"网络十条戒律"等。

（3）网络空间伦理原则与内容研究。关于伦理原则，斯皮内洛提出了网络伦理三原则，巴洛提出了计算机伦理关怀的三条基本原理等。内容主要涉及网络空间主题、权利义务的界定、网络精神价值、网络社会问题等。

（4）网络伦理引发的哲学问题研究。如网络空间的人类新的生存状态和生活方式，以及传统伦理道德的网络适用性等。

整体来看，国外的学者主要是在网络空间伦理领域进行了基本的伦理剖析和网络具体道德问题的实证分析。从抽象的理论建构到具体的网络行为分析，最终将之付诸实践，制定相关伦理规范和政策法规，有效规范了网络责任行为。

（二）国内研究述评

在国内，网络文化异化、网络社会责任践行的相关研究较少，而网络伦理、网络道德方面的研究较为丰富。主要著作有：李勇的《从马克思主义异化理论

---

① ［美］尼葛洛庞帝. 数字化生存［M］. 胡泳，范海燕，译，海口：海南出版社，1997：278.

② ［美］曼纽尔·卡斯特. 网络社会的崛起［M］. 夏铸九，等译，北京：社会科学文献出版社，2000.

③ JONAS H. *The Imperative of Responsibility：In Search of an Ethics for the Technological Age* ［M］. Chicago：University of Chicago Press，1979.

④ ［美］埃瑟·戴森. 2.0：数字化时代的生活设计［M］. 胡泳，范海燕，译，海口：海南出版社，1998.

看网络异化与网络伦理》①、贾英健的《论虚拟生存》②、张茂聪的《网络文化对我国青少年道德发展的影响》③、刘博识的《网络时代青少年网络道德教育的几点思考》④、李小豹和徐建军的《网络文化与青年道德社会化》⑤、王岑的《网络社会的伦理道德》⑥、岳朝娟的《从网络对人格的异化看青少年网络道德建设》⑦、段伟文的《网络空间的伦理反思》⑧、郑洁的《网络社会的伦理问题研究》⑨，等等。硕士论文有刘晓倩的《网络文化境遇下青少年道德认知研究》⑩、王培峰的《网络文化境遇下青少年网络道德教育研究》⑪ 等；博士论文有孙余余的《人的虚拟生存与思想政治教育创新研究》⑫、杨礼富的《网络社会的伦理问题探究》⑬ 等。

主要成果有以下几方面：（1）侧重对网络不道德行为的研究。学者较为关注网络不道德行为，尤其是网络沉溺、信息污染、信息欺诈、网络犯罪等，从这几个方面对网络文化和网络道德等问题进行抽象探析。（2）对网络道德表现及其根源的探析。在网络伦理和网络道德表现方面，学者从不同角度进行了分析归纳，如有的学者从网络带来悖论性问题的角度，将网络伦理问题概括为网络道德与既有道德的问题、通讯自由与社会责任的问题等八个方面。在根源分析方面，主要涉及网络生态伦理缺失、网络立法滞后、网络主体素质等。（3）网络对道德教育的影响分析。有的学者认为，网络影响人的思想、观念，对传

---

① 李勇. 从马克思主义异化理论看网络异化与网络伦理 [J]. 辽宁行政学院学报，2011 (6)：68-70.

② 贾英健. 论虚拟生存 [J]. 哲学动态，2006 (7)：24-29.

③ 张茂聪. 网络文化对我国青少年道德发展的影响 [J]. 山东社会科学，2012 (1)：46-51.

④ 刘博识. 网络时代青少年网络道德教育的几点思考 [J]. 河北青年管理干部学院学报，2014 (2)：10-13.

⑤ 李小豹，徐建军. 网络文化与青年道德社会化 [J]. 中国青年研究，2009 (2)：100-103.

⑥ 王岑. 网络社会的伦理道德 [J]. 中共福建省委党校学报，2003 (4)：30-33.

⑦ 岳朝娟. 从网络对人格的异化看青少年网络道德建设 [J]. 开封教育学院学报，2006 (2)：35-37.

⑧ 段伟文. 网络空间的伦理反思 [M]. 南京：江苏人民出版社，2002.

⑨ 郑洁. 网络社会的伦理问题研究 [M]. 北京：中国社会科学出版社，2011.

⑩ 刘晓倩. 网络文化境遇下青少年道德认知研究 [D]. 济南：山东师范大学，2011.

⑪ 王培峰. 网络文化境遇下青少年网络道德教育研究 [D]. 济南：山东师范大学，2009.

⑫ 孙余余. 人的虚拟生存与思想政治教育创新研究 [D]. 济南：山东师范大学，2011.

⑬ 杨礼富. 网络社会的伦理问题探究 [D]. 苏州：苏州大学，2006.

统道德教育的主导地位形成冲击，但网络也有利于道德教育及时性、针对性、时效性和吸引力的提升。（4）重点探索网络伦理或道德问题的解决路径。学者认为要完善网络道德规范、开展网络教育、健全网络法制、构筑网络管理体系、树立网络生态伦理观等；提出网络德育要实现观念创新，要创新内容，更要创新德育方法。

（三）述评小结

总体而言，国内外的研究成果为本研究提供了良好的理论基础和文献参考。但基于网络文化异化之境遇，从虚拟生存的社会责任践行视角探讨中学生网络空间责任的研究还有如下方面需深入研究：

一是网络文化异化对中学生的影响尚待深入研究。网络文化具有其独有的特征，且网络文化异化也具有其独特的基本样态，基于这些特征，网络文化异化给中学生的网络空间责任生存带来哪些消极影响需进一步分析。

二是网络文化异化境遇下中学生网络空间责任生存现状有待深入剖析。如中学生接触到的异化网络文化主要有什么、通过何种途径接触，中学生对异化的网络文化传播现状如何看待，中学生网络空间责任行为履行情况如何，对各种不良网络文化持有什么样的态度，中学生网络文化异化的现状如何，中学生网络空间责任行为缺失之成因有哪些以及如何促进中学生网络空间责任生存等仍有待研究。

三是中学生网络空间责任生存的践行路径有待重视和研究。促进中学生网络空间责任生存需要各方合力和协调，可以从哪些方面切入，具体的路径又有哪些等都需要进一步研究。

四、研究方法

（一）文献分析法

广泛收集国内外有关网络文化异化、网络道德（伦理）、虚拟生存、责任生存等方面的相关文献，以及由网络文化异化所引发的道德或责任问题的研究成果，通过研究分析，归纳和总结，架构网络文化异化境遇下中学生网络空间责任生存之教育策略的理论框架。

（二）问卷调查法

选取佛山市 5 所中学（高中 2 所、初中 3 所），对在校中学生进行关于网络文化异化、虚拟生存、责任践行现状的抽样调查。采取定量分析和定性分析相结合的方法对获取的调查数据进行研究，探析中学生网络文化异化现象及其机制，网络文化异化对中学生道德和网络行为的影响，寻找中学生网络责任行为缺失的根源、内在逻辑和网络社会责任践行的动力机制和思想根源。

（三）多学科分析法

本研究涉及多学科，将结合思想政治教育、伦理学、文化学、社会学、教育学、心理学等学科，对网络文化异化境遇下中学生虚拟生存的社会责任践行路径进行研究。

五、创新之处

（一）选题切入点新

已有的研究成果主要是以道德、伦理为视角开展研究，而以网络文化异化为背景、以责任践行为视角进行的研究是较为缺乏的。本文基于网络文化异化这一背景，以中学生网络空间责任践行为视角，通过分析网络文化异化现象及其生成机理，明晰网络文化异化的基本样态以及网络文化异化对中学生产生的消极影响，审视中学生网络空间责任生存的践行现状，探析网络文化异化境遇下中学生网络空间责任生存之教育对策。

（二）以实证分析为主

已有的有关网络文化、网络文化异化、虚拟生存等研究成果主要是以定性研究为主，定量研究、实证研究较少。本文在定性研究的基础上，基于实践的调研分析，紧扣调研数据与结果对网络文化异化境遇下中学生责任生存现状、中学生网络空间责任行为缺失之成因及改善策略进行客观的实证分析与探讨，将定量分析与定性分析有机结合起来，注重研究的实用性和操作性。

（三）重视教育主体的协同性

任何一种教育都不是由某一种力量所能促成的，教育效果的生成需要多方合力。因此，中学生网络责任生存的促成同样需要各方的合力，注重教育主体的协同性，这是本文的实践逻辑方向。基于调研分析，影响中学生网络责任行为缺失的成因主要来自政府、社会、家校和个人方面。因此，为了较全面地促成中学生网络空间责任生存行为，促进中学生网络空间责任生存与发展，本文也从政府、社会、家校和个人这几个方面提出了相应的建设性策略。

第二节　网络文化异化与中学生网络空间责任生存

一、基本概念的界定

（一）网络文化与网络文化异化

1. 关于"网络文化"

关于"网络文化"，目前尚未有一个统一而被广为接受的定义。之所以如此，一方面因"文化"一词本身概念之复杂性所致。截至目前，对文化的内涵界定就已经超过 200 种，对文化的多元化理解也导致了网络文化理解的多样化。另一方面是互联网发展的迅速性所致。在人们尚未深入理解网络文化时，互联网就已经迅猛发展，产生新的变化，生成新的问题。即便如此，学者们依然从自我理解的角度对网络文化的内涵做出了必要的界定。

李仁武副教授在《试论网络文化的基本内涵》一文中提出，"从狭义角度理解，网络文化是指以计算机互联网作为'第四媒体'所进行的教育、宣传、娱乐等各种文化活动；从广义角度理解，网络文化是指包括借助计算机所从事的经济、政治和军事活动在内的各种社会文化现象"。[①] 臧学英在《网络时代的文化冲突》一文中指出："网络文化是随着现代科学技术，特别是多媒体技术的发展而出现的一种现代层面的文化。就其所依附的载体来说，它是一种彻底理性化的文化。任何文化若想加盟网络文化，就必须改变自己的既有形态，即变革传统的非数字化文化形态。"[②] 毛为忠则提出："网络文化是建立在因特网基础上的一种不分国界、不分地区的信息文化，它是以计算机技术和通信技术的融合为物质基础，以上网者为主体，以虚拟的赛伯空间为主要传播领域，以数字化为基本技术手段，为人类创造出一种新的生存方式、活动方式和思维方式。从狭义的角度来看，网络文化将知识和信息以计算机可以识别的代码形式记录下来，并且通过计算机互联网进行传播和交流。从广义的角度来看，网络文化

---

① 鲍宗豪. 网络与当代社会文化 [M]. 上海：上海三联书店，2001：295－302.
② 臧学英. 网络时代的文化冲突 [N]. 光明日报，2001－06－06.

是网络时代的人类文化，它是人类传统文化、传统道德的延伸和多样化的展现。"① 冯永泰基于"从文化看网络"和"从网络看文化"两个视角提出了一个综合性的定义："网络文化是以网络技术为支撑的基于信息传递所衍生的所有的文化概念和文化活动形式的综合体。"② 匡文波提出"网络文化是以计算机技术和通信技术融合为物质基础，以发送和接收信息为核心的一种崭新文化"。③ 程正彪认为："网络文化不仅包括资源、信息技术等物质层面内容，也包含网络活动的社会规范、道德准则、法律制度层面内容，以及价值取向、道德观念、审美情趣、社会心理等精神层面内容。"④ 刘同舫则认为："网络文化有其技术特质外，其又超出了技术的规定，充分体现着文化的精神内涵。"⑤

以上学者对网络文化的界定虽侧重点有所差异，但也存在普遍共性之处，主要体现在：一是普遍承认网络文化发展的基础或物质载体是计算机互联网；二是普遍承认收发信息是网络文化的功能；三是普遍承认网络文化反映和作用于社会经济、政治和社会意识形态；四是普遍看到网络文化是一种有别于传统文化的新型文化形态。

在把握和借鉴各学者对网络文化的概念界定及其普遍共性基础上，我们从哲学的角度对其进行审思，并对网络文化的概念做出了相应的界定。从马克思主义政治经济学关于"一定的文化是由一定的经济和政治决定的；一定的文化反作用于一定的经济与政治"，以及从马克思主义社会历史观坚持社会存在决定社会意识的基本原理出发，我们给网络文化所下的定义为：网络文化是指以计算机互联网和移动通讯媒介为载体，以网络虚拟空间为其存在形式的反映和作用于现代社会经济、政治与社会意识形态的区别于传统文化的趋现实性和超现实性的新型文化形态。

此定义主要解决以下几个问题：首先，从马克思社会历史观揭示网络文化的本质属性在于其社会性。正如马克思和恩格斯指出："思想、观念、意识的生产最初是直接与人们的物质活动，人们的物质交往，与现实生活的语言交织在一起的。人们的想象、思维、精神交往在这里还是人们的物质行动的直接产物。

---

① 毛为忠. 网络文化利弊谈 [J]. 浙江高校图书情报工作，2007（3）：15－18.
② 冯永泰. 网络文化释义 [J]. 西华大学学报（哲学社会科学版），2005（2）：90－91.
③ 匡文波. 论网络文化 [J]. 图书馆，1999（2）：16－17.
④ 程正彪. 网络文化背景下教师信息素养论纲 [M]. 北京：学苑出版社，2005.
⑤ 刘同舫. 网络文化：技术与文化的联姻 [J]. 自然辩证法研究，2004（7）：94－96.

……意识在任何时候都只能是被意识到了的存在，而人们的存在就是他们的现实生活过程。"① 其次，揭示网络文化发展的物质载体和存在形式。网络文化的发展是以计算机互联网和移动通讯媒介的发展为基础的，表明网络文化对技术的依赖性。这一物质载体的发展促就了网络文化的存在形式并非是现实空间，而是与之相对应的虚拟空间，表明网络文化具有超现实性，主要表现在超时空性、超现代性、超想象性和超真实性。这一超现实性是由网络空间的开放性、虚拟性、自由性、交互性和时效性所决定的。再次，揭示了现实制约性是网络文化不可逾越的质性：网络文化的发展受到经济基础、政治力量和社会意识形态的制约，这一制约也表明网络文化具有趋现实性的质性特征。最后，辨析网络文化与传统文化的关系。网络文化并不是凭空产生的，其发展根基源于传统文化，是利用现代技术对传统文化的创造与发展，这也进一步说明网络文化是区别于传统文化的一种新型的文化形态。

2. 关于"网络文化异化"

"异化"一词的内涵源自德国哲学，最早是马丁·路德从希腊文中翻译成德语，意指"分离、疏远、陌生化"。而真正从哲学角度对"异化"进行系统阐述的则是黑格尔，在他那里，异化"第一次被当作是生存于世界并面对着世界的人的地位的根本问题"。② 即黑格尔认为异化是主体对自身进行否定，进而派生出与自身相对立并制约自身的他物的过程。他在《精神现象学》中指出："精神就是这种自己变成他物或变成它自己的对象和扬弃这个他物的运动……抽象的东西，无论属于感性存在的或属于单纯的思想事物的，先将自己予以异化，然后从这个异化中返回自身，这样，原来没检验过的东西才呈现出它的现实性和真理性，才是意识的财产。"③ 费尔巴哈则是从宗教角度对"异化"进行理解并赋予其新的哲学内涵。他指出："人在自然之上假定了一个精神实体作为建立自然、创造自然的东西，这个精神实体无非就是人自己的精神实体，不过在人看来，他自己的这个精神实体好像是一个另外的、与他自己有别的、不可比拟

---

① 马克思恩格斯选集：第 1 卷 [M]．北京：人民出版社，1995：72.
② 卢卡奇：历史与阶级意识 [M]．北京：商务印书馆：1992：19.
③ [德] 黑格尔．精神现象学：上卷 [M]．贺麟，王玖兴，译，北京：商务印书馆，1979：23.

的东西。"① 即主体所创造的对象物不仅独立于主体之外，且会反过来制约着主体，使之成为对象物。"上帝愈是主观、愈是属人，人就愈是放弃（原文为 En-tussert，意即异化）他自己的主观性、自己的人性。"② 可见，费尔巴哈对"异化"的理解具有一定的批判性。而真正把"异化"概念的批判性和革命性作用发挥出来的则是马克思。他克服了费尔巴哈局限于从宗教的角度对异化的批判，转向了包括自然、政治、经济等领域的现实生活的批判，特别是在经济领域，马克思以现实的经济关系和人的劳动为切入点对人的本质及其异化进行了深入剖析。马克思认为，所谓异化，是指劳动产品作为一种异己的对象同劳动者相对立。"劳动所生产的对象，即劳动的产品，作为一种异己的存在物，作为不依赖于生产者的力同劳动相对立。"③ 具体表现为四个方面："劳动者与其劳动产品相异化；劳动者与劳动活动本身相异化；劳动者同自己的类本质相异化；人同人相异化。"④

计算机互联网技术的快速发展，使文化获得了新的发展形态，同时也促使了人对现实物的依赖转向对"虚拟物"的依赖，进而引起网络文化异化。具体表现为以下几点。一是主体与网络文化相异化。主体过度地依赖网络文化，更多地享受网络文化的娱乐性，迷失自我，忽视了对优秀传统文化的享受。二是人与人相异化。网络文化的发展使人与人之间的现实交流减少，距离疏远，容易导致情感冷漠和信任危机。三是主体与自身相异化。网络文化连接着现实与虚拟，使人长期生活在现实"真我"与虚拟"超我"之间，致使人的精神生活处于一种理性与非理性的矛盾之中，价值判断与价值选择容易发生错位，人格易受分裂。由此可见，所谓网络文化异化，是指"主体过度利用自身创造的网络文化，导致对网络文化的高度依赖。这种高度依赖使网络文化原有的内涵、目的与功能发生扭曲和颠覆，演化成为与主体相背离的异己力量，导致主体沉迷于网络文化的束缚而难以解脱，甚至受到伤害而缺乏理性自觉，最终反而使主体成为受制于网络文化的工具，沦为被网络文化主宰的客体"。⑤

---

① ［德］费尔巴哈. 费尔巴哈哲学著作选集：下卷［M］. 荣震华，王太庆，刘磊，译，北京：商务印书馆，1984：477.
② ［德］费尔巴哈. 费尔巴哈哲学著作选集：下卷［M］. 荣震华，王太庆，刘磊，译，北京：商务印书馆，1984：57.
③ ［德］马克思.1844 年经济学哲学手稿［M］. 北京：人民出版社，1985：49.
④ ［德］马克思.1844 年经济学哲学手稿［M］. 北京：人民出版社，1985：49 - 50.
⑤ 方东华. 网络文化异化现象研究［J］. 浙江社会科学，2012（6）：144 - 148，161.

（二）现实生存与虚拟生存释义

对人的生存问题的追问，是马克思主义哲学的一个重要维度。通常意义上，我们主要是从人的生存方式，即人的生存方式是怎样的去理解生存。马克思指出："个人怎样表现自己的生活，他们自己也就是怎样。因此，他们是什么样的，这同他们的生产是一致的——既和他们生产什么一致，又和他们怎样生产一致。个人是什么样的，这取决于他们进行生产的物质条件。"① 这说明，人的生存方式是受不同的历史时代背景和生产力发展水平所制约的，人们活动所采取的具体样式不是固定的，是不断发展变化的，因此，人的生存方式也是不断发展变化的，体现的是历史性和时代性的统一。

每一次科技革新都会促使社会的变革，进而变革人们的生产方式和生活方式，因为"人们的存在就是他们的实际生活过程"。② 手推磨的产生，使奴隶摆脱奴隶主对其人身自由的限制，进入了一个自给自足的自然生存状态；蒸汽机出现后，人们进入机器大生产时代，生存方式逐渐转变为作息时间科学、规律和严格的状态；计算机互联网的快速发展和普及，更是颠覆了人们现实的生存方式，建构出一种与人的现实生存不同的崭新的生存方式——虚拟生存，并衍生出人生存方式的二重性——现实性与虚拟性，把人的生存世界划分为两重世界——现实世界和虚拟世界。

虚拟生存是与现实生存既对立又统一的矛盾范畴，要想合理确切地理解"虚拟生存"的具体内涵，首先需要了解何为"现实生存"以及何为"虚拟"。所谓"现实生存"是指现实的人在具体的、历史的二维物理空间中保持自身存在与发展的一种生存方式。这一生存方式是以现实的人为主体，以具体的、历史的二维物理空间为其存在与发展的场所，且这一具体的、历史的二维物理空间是虚拟社会与现实社会相区别的重要标志之一。关于"虚拟"一词，从词源学上解释，源于拉丁文"Virtus"的虚拟概念，它本意指的是"可产生某种效果的内在力量或者能力""实际上起作用""事实上存在"等。英文中的"虚拟"一词本义上也是在"实质上的""实际上的""事实上的"以及"有效的"等意义上使用。由此我们可以得出两个结论：一是"虚拟"并不等于"虚幻、幻想、可能、模拟"等意思，也并没有在"虚构、没有"等话语背景及意义上使用；

---

① 马克思恩格斯选集：第 1 卷 ［M］. 北京：人民出版社，1995：67 – 68.
② 马克思恩格斯选集：第 1 卷 ［M］. 北京：人民出版社，1995：72.

二是就"虚拟"本义而言，它所表征的是一种与现实世界相对应的，但又能获得在现实世界中相同感觉的一种实在。虚拟的"虚"，"不是同真实而是同实际相比较的"，① 换言之，虚拟并非脱离实际。而对体验到与现实世界相同感觉的现实的人来说，其在虚拟世界的生存是经过了符号化处理而获得的一种新的生存方式，即虚拟生存。

由此，我们可以得出一个结论：现实生存是虚拟生存的基础，虚拟生存依赖于现实生存。首先，从生存主体来看，在虚拟世界中，无论主体的身份和角色何等多重性、复杂化和虚拟化，实施一切行为活动的主体只能是现实的人，即使有些独立运行的计算机程序表面看起来与人无直接联系，但这些自动运行程序不能脱离人的指令而独立地实施行为。因此，"虚拟的人"不可能脱离"现实的人"独立地生存于虚拟世界中，它是"现实的人"在网络世界中的虚拟化再现，是"现实的人"的一个"影子"，为"现实的人"所操控。

其次，从生存客体来看，虚拟世界是人在现实世界的基础上通过数字、符号、规则等形式创造出来的具有间接抽象性的新的实在。这一新的实在是人们创造性地将现实世界图景迁移到网络空间中所呈现出来的影像，换言之，"虚拟世界"在"现实世界"中必然能够找到其存在的客观基础。

此外，虚拟生存既不同于实际的物理世界的生存，也不是虚假的或虚幻的生存，它依赖于"现实生存"但不局限于"现实生存"，在某种程度上它表征着人对"现实生存"的否定和超越。

首先，虚拟生存相对独立于现实生存，突破了现实生存的诸多条件限制。隐匿的虚拟环境使人获得了高度的自由，人与人的交往打破了时空界限，使整个地球"变小"。人与人的现实交往演化为符号与符号之间的互动，让人不太顾忌现实生活中的各种规范和伦理的限制，具有"去现实性"特点。在虚拟时空中，"个人不再被淹没在普遍性中，或作为人口统计学的一个子集，网络空间的发展所寻求的是使普通人有机会发出表达自己需要和希望的声音"。② 个体真正成为自己的主人，可以自由地表达自己的观点、任意地宣泄自己的情绪，虚拟存在的自我超越性和自我存在的为我能力在虚拟空间中得到充分的发挥，有限

---

① LEVY P. *Becoming Virtual Reality in the Digital Age* [M]. New York and London：Plenum Trade，1998：24.
② ［美］尼葛洛庞帝. 数字化生存 [M]. 胡泳，范海燕，译. 海口：海南出版社，1997：191.

的现实个体得到进一步解放与发展，获得现实性的超越。

其次，虚拟生存为主体获取信息实现方式上的超越。虚拟空间突破了主体在现实生活中获取所需信息的受限性，使主体能快速、便捷、随时地获取所需信息，进而为其进行虚拟实践创新提供广泛而充足的信息，为主体将其观念上的理想对象化为虚拟现实提供条件和保障。

最后，虚拟生存带来了思维方式上的变革，实现了对"类意识"的超越。马克思指出："劳动过程结束时得到的结果，在这个过程开始时就已经在劳动者的表象中存在着，即已经观念地存在着。"① 人作为意识的存在物，在通过实践实现自己的目的之前，实践结果即对象化之物早已以"观念"的形式存在于主体的意识之中，遗憾的是由于受限于现实生活中的各种条件，人在"观念"上所形成的理想的、超现实的世界图景尚未能在现实生活中实现。而在虚拟世界中，人可以通过虚拟实践将理想的世界图景对象化为虚拟的现实，促进人的创造性解放，不断深化人对其本质、类存在的思考，获得类主体的生存意识。

综上所述，我们认为，所谓"虚拟生存"，指的是作为实践主体的现实的人通过数字、符号、语言、规则等人化形式对现实生存进行复写、创造和超越的新型生存方式。

（三）中学生网络空间责任生存

所谓中学生网络空间的责任生存，是指中学生"在网络空间的虚拟生存中，以道德责任为价值取向与旨归，为自身及他人在虚拟世界的自由全面发展，以及网络空间的生态化与和谐化建设而自觉担负起道德责任"。② 要正确理解和把握"网络空间责任生存"这一概念，需把握好以下几点：

一是中学生的网络空间责任生存是以网络虚拟世界为其生存与发展的空间，但这一空间并非是脱离现实世界的虚无空间，相反，它必须以现实世界为基础，实质是对现实世界的抽象化和虚拟化。因此，中学生网络空间的责任生存必然以现实生存为基础，且应然是现实生存的一部分。正因为如此，才能为中学生的网络空间责任生存提供虚拟与现实的可能。

二是网络空间责任生存是以道德责任为价值取向和旨归。"道德责任的生成

---

① 马克思恩格斯全集：第 23 卷 ［M］. 北京：人民出版社，1972：202.
② 林瑞青. 责任生存：大学生虚拟生存的伦理范式 ［J］. 当代教育科学，2017（4）：88－92.

具有四个要素，即责任认知、责任情感、责任意志和责任行为，其中情感是道德责任生成过程的核心要素。一个人在责任认知的基础上，只有在情感上敬畏道德责任规范，方可将之内化于心，融入其道德心理图式，也才可能形成道德意志，实施责任行为，进而成为有责任能力的人。"①

三是中学生网络空间责任生存的最终目的是要实现自身及他人的自由全面发展。当网络空间成为人类赖以生存的"第二空间"时，人与人的联系更为频繁与密切，"人类命运共同体"更为凸显。网络空间的各种行为与现象背后所呈现的是人与人之间的互动，表征的是人的社会属性这一本质属性。显然，人在网络空间中要实现自由全面发展并不是随心所欲、没有责任的。相反，自觉承担责任是实现自由全面发展的必要前提和必然要求，这一责任体现在对他人、社会和自己负责。为此，只有在网络空间中自觉地担负起相应的道德责任，实施责任行为，自觉维护网络空间的生态化与和谐化，在促进网络集体自由发展的过程中才得以实现自身的自由全面发展。诚然，中学生要实现在网络空间的自由全面发展必然要以责任生存的生成为基础。

四是中学生网络空间责任生存体现的是自由与责任的统一。何为"自由"？"自由"在中国古文里的意思是"由己"，就是不由外力，是"自己做主"；在欧洲文字里，"自由"含有"解放"之意，即从外力裁制之下解放出来，才能"自己做主"。由此可见，人们对于"自由"之意更看重的是其中的"自"字，强调的是不由外力拘束的自由。诚然，"自由"确实内含有"由己"之意，若没有人的自我意志作用，就不能称为自由。但"自由"又不等同于"由己"，否则会走向"任性"这一极端，此处的"任性"指的是恣意妄为、纵情行事，非指仅仅是发点小脾气此类性格问题。而自由的实现与获取往往需要与理性相伴。从人与自然的关系来说，人从对自然规律的认识和应用中获得自由，而对自然"任性"，得到的是自然的报复；从人与社会的关系来说，自由表现为在不违背法律的条件下个人的言行是"由自"的，是自我做主。而"任性"，则会由于违法而受到惩罚；从人与自我的关系来说，自由表现为人对自己本性的正确认识，而不是纵情贪欲，精神为物所奴役。精神的物化，就是人的异化。异

---

① 林瑞青. 责任生存：大学生虚拟生存的伦理范式 [J]. 当代教育科学，2017 (4)：88-92.

化的人，是不自由的人。马克思说："法典就是人民自由的圣经。"① 法律保障的是人民的自由，包括言论自由，但绝不赞同"任性"。当"任性"越出道德底线，就应受到舆论谴责；触犯法律，就应受到法律制裁。在此意义上说，在法律规范中，自由的存在是普遍的、理论的，不取决于个别人的任性的性质。

人需自由，没有自由人便变成了两脚动物；但自由并非与生俱来的，而是社会发展的产物，具有集体的特性。因此，自由除了需要"由己"的自我意志作用，也需外部力量的约束，即自由是需要以责任为前提条件的，是与责任紧密联系着的。在社会生活中，任何自由都与责任相联系。如我们拥有法律所保障的言论自由，但不保障言论自由所带来的后果，需要主体承担相应的责任，不负责任的言论自由并非法律意义上的言论自由。自由的主体也是责任的主体，不承担责任，则不应享有自由；不享有自由，就不能追究责任。责任的自觉与法律的约束并非遏制人的自由，恰好相反，这是为了实现与保障主体的自由。高度自由的网络空间给予中学生高度自由的发挥与创造的平台，而要在网络空间中实现主体的价值以及充分地实现自由，则更需要网络法律法规的制约，也需要主体的责任自觉，需要做到的是自由与责任的统一。

二、网络文化异化对中学生责任生存的消极影响

（一）玷污文化：使中学生网络行为庸俗

网络文化庸俗化的首要表现是网络语言异化。所谓网络语言异化，是指"某种语言在被使用的过程中，逐渐孳生出来的、与本土语言原有的基本风格、文化神韵难以协调、难以认同的一种特殊的语言变异现象"。② 它呈现为七种异化倾向，即洋化、粗化、土化、古化、奇化、娇化、浮化，将语言粗鄙化、庸俗化和暴力化。③ 中学生倾向于在网络上使用简单、标新立异的语言符号来表达自己的思想与情感，如"厉害了word哥""88（拜拜）""ILU（我爱你）"等，在追求个性的同时也衍生出相应的现实问题：沟通障碍、理解困难、原有

---

① 马克思恩格斯全集：第1卷［M］．北京：人民出版社，1972：176．
② 孙锐，陶丽．透视网络语言异化现象——浅论高校网络文化教育［J］．文学教育，2009（8）：69－70．
③ 罗贵榕．网络语言异化现象与高校网络教育［J］．思想教育研究，2007（7）：40－41．

汉语文字纯洁性的污染、经典文化的内涵深度与审美标准的畸化，等等。网络语言的异化将网络文化戏谑为一种感性直观的"快餐文化"，促使网络文化走向庸俗化的道路。

其次是网络文化的媚俗化。网络文化的商品化是其媚俗化的重要前提。马克思在《资本论》中指出："资本来到世间，从头到脚，每个毛孔都滴着血和肮脏的东西。"① 当文化成为一种商品，自然会与资本发生千丝万缕的联系，也自然会附带上资本的"血与肮脏"。作为商品的网络文化在其传播的进程中必然遵循"以最低成本实现最大的效益"这一运行逻辑，商品文化的生产者与经营者只会考虑放大网络文化的娱乐性功能，以直观的形式满足人们的感官需求。这就导致网络文化本应向大众传播"真、善、美"的应然责任转向只为追求经济利益而陷入思维贫困、缺乏创造力的肤浅的文化这一实然状态。网络文化产品的道德水准和审美价值进一步降低，其教育功能也逐渐弱化。

（二）消解理想：使中学生精神上"缺钙"

习近平总书记指出："理想指引人生方向，信念决定事业成败。""没有理想信念，就会导致精神上'缺钙'。"② 自由开放的网络空间为各种文化思想、各种社会思潮的传播和交流提供了一个广阔的阵地，也为西方国家的"普世价值观"和资本主义倡导的"资本逐利"之功利主义观念在我国的传播渗透提供了隐性可能。当文化附上经济利益时，文化自身的内在精神与自律性将逐渐消退。面对繁杂的大众文化、娱乐文化的冲击，价值判断与理性批判能力较弱的中学生的理想信念也将逐渐被解构，崇尚物质利益的功利意识与心态逐步凸显，社会责任缺失行为也默然生成。"责任感的缺失、功利主义的增强，社会便逐渐演变成功利化的社会，个人理想演变为'利想'，进一步消解人的理想，人生仅剩的只有生活的苟且，没有了'诗和远方'。"③

（三）扭曲价值：使中学生是非美丑难辨

网络空间中各种"快餐"文化的盛行，满足了人们的感官刺激，迎合了直觉需求，但弱化了主体的思辨能力。带有不良色彩的"快餐"文化同时增加了

---

① ［德］马克思．资本论：第 1 卷［M］．北京：人民出版社，2004：871．
② 习近平．在同各界优秀青年代表座谈时的讲话［EB/OL］．新华网，2013－05－04．
③ 姚志颖，林瑞青．网络文化异化及其伦理治理——以青少年学生网络虚拟生存为视角［J］．现代教育，2017（9）：41－44．

辨识优劣文化的难度。一味追求自我感官上的满足，会导致中学生对各种现象背后的实质探究的忽视。随着自主意识的增强，中学生有了"对于问题的思考和批判，对权威具有了逆反性，不再受制于家长，而向往拥有个人生活空间，有了自己的思维方式"。① 而中学生正处于逐步过渡到成熟化和成人化的关键阶段，其世界观尚未成熟定型，尚未有正确的价值认识与价值判断，对客观世界的认识和理性批判会有所偏颇，甄别优劣文化的能力较低。在面对多元复杂的网络文化时，中学生易出现困惑与迷惘，显得不知所措；易于在伪劣的网络文化浸润下迷失自我，扭曲价值观，难以辨析是非美丑。

（四）弱化道德：使中学生道德观念缺失

网络空间的高度开放与自由，使得中学生得以摆脱现实生活的法律、规则和习俗规范等限制，使其能自由地翱翔于网络之中，任意驰骋，释放自我。美国心理学家斯坦利·霍尔指出："青春期是人生的火山期，蕴藏着太多的能量和压力，情感将在此爆发，具有显著的蓄含焦虑与社会逆反性。"② 由于缺乏必要的他律限制，中学生在实施各种网络行为时就不会优先考虑"行还是不行，能还是不能，该还是不该"等问题，自身的价值判断和行为选择逐渐转变并取决于自我的自由无拘意识，长此以往，中学生的法律规范与伦理道德意识便逐渐淡化，这就不可避免地映射到现实生活中，造成中学生在虚拟与现实世界中道德观念的缺失。

（五）挫伤创造：使中学生创造能力偏弱

创新是一个国家兴旺发达的不竭动力，也是一个民族繁荣发展的力量源泉。创造力的发展与提升更是中学生适应当今时代发展的关键能力。但随着网络文化环境的恶化，网络文化逐渐走向商业化，也逐步发展成为网络商业文化，这就不可避免地推进网络文化发展遵守着商业原则，致使网络文化本应发挥其构筑文化之美、增强文化自信、实现文化人的崇高而神圣的使命，沦为思维贫困、创造缺乏的庸俗和媚俗之境地。在文化部公布的 2016—2017 年度全国文化市场

---

① HALL G S. *Adolescence：Its Psychology and Its Relations to Physiology，Anthropology，Sociology，Sex，Crime，Religion and Education*［M］. New York：D. Appleton and Company，1904.

② JONAS H. *The Imperative of Responsibility*［M］. Chicago：University of Chicago Press，1985.

十大案例中，网络表演、网络游戏等网络文化领域案件占一半。① 可见，网络文化逐渐以人的消遣娱乐为主，其背后的主要驱动要素则是经济利益。于是，在以盈利为目的的驱使下，网络文化自然而然成为缺乏自主创造力的赝品。基于功利的网络社会环境，中学生的文化创造力逐渐偏弱，成为追逐利益的异化文化生产者、复制者和传播者，最终将导致人与自身的背离。而缺乏创造力的中学生也将难以适应社会发展的需要，面临被边缘化的危险。

（六）分裂人格：使中学生网络行为异化

"人是文化的集合，是文化的始点和终点，人的异化是通过文化的异化表现出来的，而文化的异化也就是人的异化。"② 网络文化的最大吸引力在于其特有的解构力量，这一解构力量主要源于网络文化的娱乐性能直接满足人们的感官需要，能消解现实生活给主体所带来的各种烦恼、压抑等消极情绪，让主体能获得暂时的情绪与情感的释放，获得暂时的虚拟满足。中学生更多地喜欢在各种网络游戏中获得刺激与快感，更喜欢敞开心扉于自由无拘的虚拟社交活动中。在那里，手指触摸键盘所获得的虚拟满足感超过他们在现实社交中所获得的满足感，感官上的满足给予他们惬意感与舒适感，促使"本我得到满足，自我得到释放"。但这种虚拟的满足感久而久之会使中学生愈发感到孤独，在现实社交中会遇到许多障碍。之所以会如此，是由于人是现实的历史的人，影像世界终究不能代替现实世界，人最终还是要回到现实世界中来，且人在虚拟世界中的创造性体现最终必定要通过实践改变现实世界以满足自我需要和发展。换言之，无论虚拟空间带给人怎样的虚拟享受与释放，主体最终还得在现实世界的改造中获得真正意义上的满足与释放。由此一来，人在虚拟空间与现实空间中的角色转换便带来一个难以协调的矛盾："自我"的释放与压抑。长此以往，将导致主体的心理失衡和人格分裂。

---

① 新华社. 文化部公布 2016—2017 年度全国文化市场十大案例［EB/OL］. 中国政府网，2018 – 02 – 02.

② 何六苏. 大众媒介：上帝还是魔鬼？——对文化异化的批判［J］. 现代传播（北京广播学院学报），1995（1）：62 – 64.

第三节 网络文化异化境遇下中学生
责任生存实证分析

本研究选取佛山市 5 所中学（高中 2 所、初中 3 所）共 300 位学生作为调查对象，抽样调查严格按照科学规范的方法进行。本次调查采取问卷调查法收集资料，共发放问卷 300 份，回收问卷 297 份，实际有效问卷为 290 份，有效率为 96.67%。问卷数据经编码后输入计算机，通过 excel 统计分析软件对数据进行描述性统计分析。

一、中学生网络空间责任生存状况的调查分析

（一）中学生网络行为的个体认知情况分析

1. 对不良网络文化及行为认知较为充分

网络文化异化呈现多样化特征，由此衍生出来的各种不良网络文化对中学生已然构成负面影响。这些不良网络文化主要包括网络低俗语言、网络色情、网络暴力、网络违法犯罪信息、网络不道德信息、炫富炫美炫吃玩、网络恶搞、网络谣言、网络邪教和网络迷信等。调查发现，中学生对这些常见的不良网络文化均有较为充分的认知（如图 1-1 所示），其中，网络色情、网络暴力、网络不道德信息、网络谣言、网络低俗语言、网络违法犯罪信息和网络邪教等不良网络文化，均被中学生所充分认知；其次是网络恶搞和网络迷信；但中学生较少认为炫富炫美炫吃玩是不良网络文化。按照常理，如果青少年对不良文化有足够认知，其必然会谨慎其行，但若中学生的网络责任能力不足，就必然难以有足够的自制力去践行网络社会责任，这正是我们要努力寻求解决之道的原因。

在问及哪些网络行为属于常见的不良行为时（如图 1-2 所示），有 15% 的中学生认为最常见的不良网络行为是网络谩骂；各有 14% 的中学生认为是网络不道德行为和浏览各种色情、暴力信息；各有 13% 的中学生则认为最常见的网络不良行为是网络违法犯罪和发布不真实的信息；各有 12% 的中学生认为是沉迷网络游戏和转发未经核实的信息；另外还有 7% 的学生认为是复制利用网络资

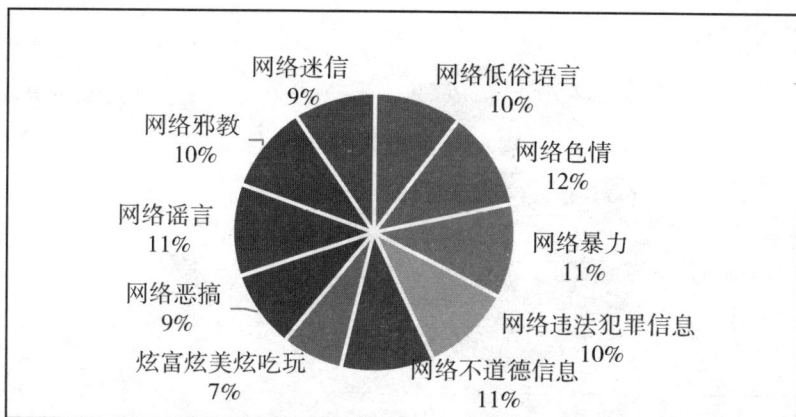

图1-1　您认为以上哪些属于常见的不良网络文化?

料。换言之,中学生当前遇到或本人所实施较多的不良网络行为,以网络谩骂,网络不道德行为,浏览色情、暴力信息为主。

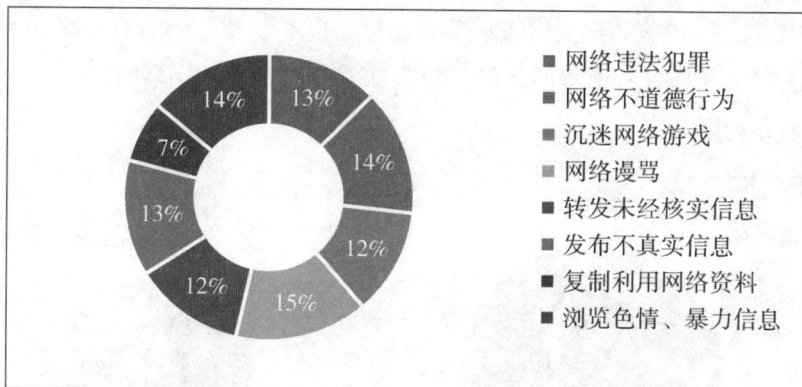

图1-2　您认为以上网络行为中哪些属于常见的不良行为?

2. 法律责任认知与网络行为之间知行不一

在网络行为是否需要遵守法律法规方面,绝大多数中学生都有清晰认知(如图1-3所示),有84%的中学生认为必须遵守网络相关法律法规;与此同时,有13%的中学生认为只要不违法犯罪就行,遵不遵守都可以;还有3%的中学生则认为网络需要自由,不能管太严。很显然,部分中学生认为的"只要不违法犯罪就行"的观念与"需要遵守网络法律法规"这一隐晦之意之间是相互矛盾的,说明这一部分学生在法律责任意识与法律责任行为之间是有所偏差的,不相一致的。

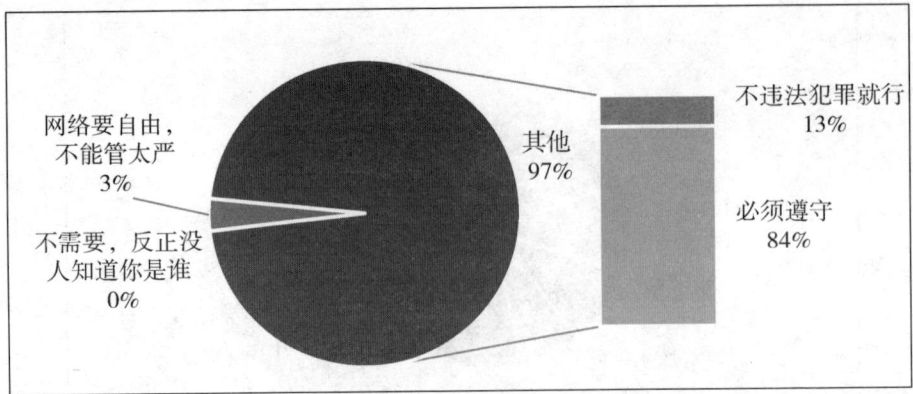

图 1-3　您觉得在网络上需要遵守法律法规吗？

　　调查还发现，中学生的网络法律责任意识并不高（如图 1-4 所示），在问及是否了解《全国青少年网络文明公约》等相关网络法律法规时发现，有 57% 的中学生表示并不了解，其中，有 38% 的中学生表示知道文件，但不知道其中的具体内容，有 19% 的学生则表示没听说过，也不了解。当然有 43% 的中学生对相关法律法规是有所了解的，但是仅有 23% 的中学生表示自己不仅了解，上网时也遵守规则。

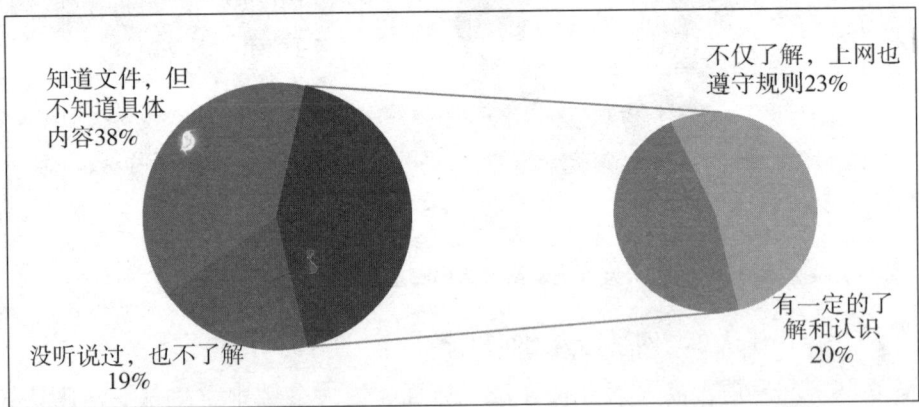

图 1-4　您了解《全国青少年网络文明公约》《互联网站禁止传播淫秽、色情的不良信息自律规范》等法规吗？

　　上述可见，一方面有 84% 的中学生认为必须遵守网络相关法律法规，而另一方面仅有 23% 的中学生表示自己了解相关法律法规，上网也遵守规则，可见认知与行为之间存在极大的背离。

（二）中学生接触异化的网络文化现状分析

1. 智能手机成上网首选，娱乐消遣为主要目的

伴随互联网发展而成长起来的中学生，其所接触的网络媒介多种多样，且上网目的各异（如图1-5所示）。中学生在智能手机、互联网和网络电视这三种较为普遍的媒介中，接触最多的是智能手机，其次是互联网，接着是网络电视。显然，移动智能终端已经成为中学生上网的主要媒介与载体。

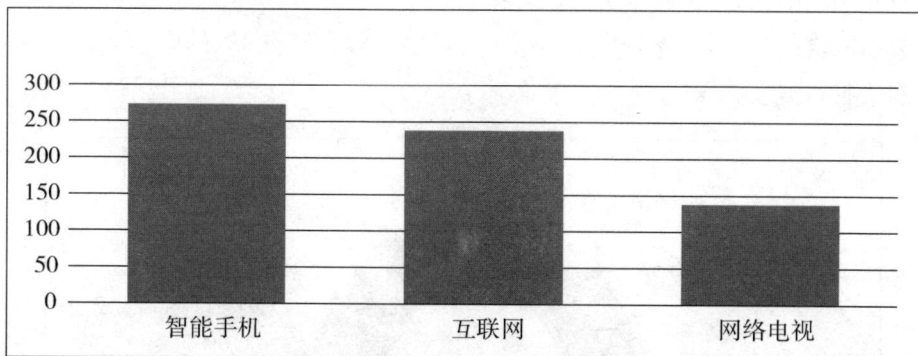

图1-5　您经常接触的网络有哪些？

至于上网的主要目的（如图1-6所示），中学生表示，接触网络主要的目的是浏览信息，其次是聊天，其三是学习、玩游戏，其四是发布或转发信息。可见，娱乐消遣成了中学生上网的主要目的，而不是学习。

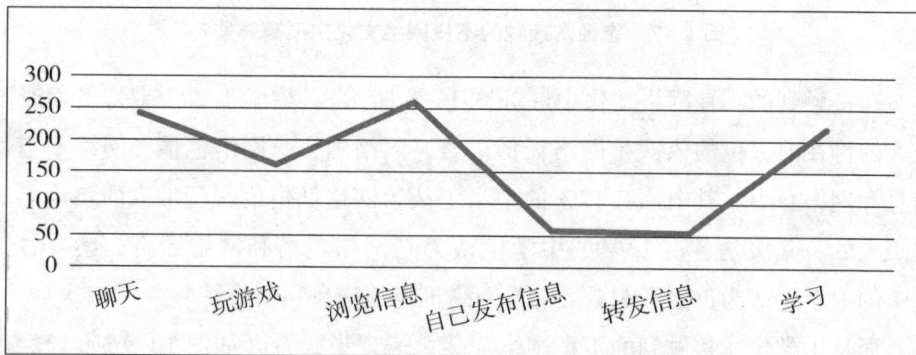

图1-6　您接触网络的主要目的是什么？

2. 最常接触网络低俗语言，且影响最大

网络特别是移动智能终端的普及化，让中学生更加能够随时随地接触到各种网络文化，由此也导致中学生易于接触各种不良的网络文化（如图1－7所示）。有18%的中学生表示自己经常接触到的不良网络文化是网络低俗语言，占比最高；各有13%的中学生则表示自己所接触到的不良网络文化是网络恶搞和网络谣言；有12%的中学生认为是网络不道德信息；10%的中学生认为是网上炫富炫美炫吃玩；9%的中学生认为是网络色情；各有8%的中学生认为是网络暴力和网络迷信；有5%的中学生认为是网络邪教；还有4%的中学生认为是网络违法犯罪信息。

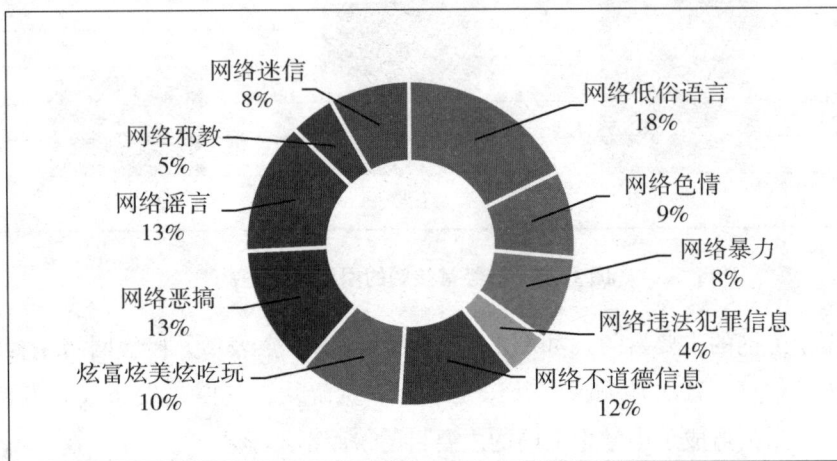

图1－7　您经常接触的不良网络文化主要有哪些？

在接触到的不良网络文化中（如图1－8所示），中学生认为带来负面影响最大的排在前五位的依次是网络低俗语言、网络谣言、网络色情、网络不道德信息和网络暴力。其中，有17%的中学生认为网络低俗语言所带来的负面影响是最大的；其次是各占13%的中学生认为是网络色情和网络谣言；还有各为12%的中学生认为负面影响最大的是网络不道德信息和网络暴力。

而从中学生所接触到的不良网络文化之表现形式看（如图1－9所示），主要有网络游戏、网络不良行为、网络语言、网络图片、网络视频和网络直播等。其中，中学生认为最为常见的形式是网络语言、网络图片，随之是网络游戏、网络不良行为、网络视频，最后是网络直播。

显然，从常见的网络不良文化及其表现形式来说，网络语言，尤其是网络

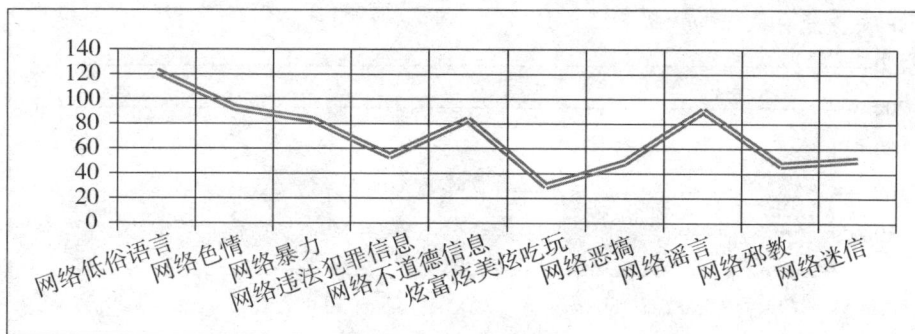

图1-8　对您负面影响最大的不良网络文化是什么？

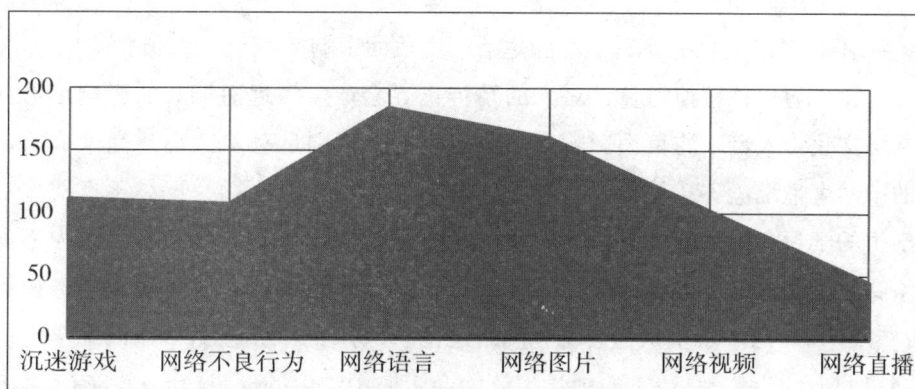

图1-9　您经常接触的不良网络文化有哪些形式？

谣言、网络低俗语言等，已经成为污染网络文化环境，对中学生产生危害最大的异化的网络文化，已然成为一个严重的社会问题。

3. 微信与QQ成为接触不良网络文化的主途径

随着现代信息技术的不断发展，中学生上网以及实施上网行为的途径多样化。调查发现（如图1-10显示），中学生接触异化的网络文化之途径主要有网站、论坛贴吧、微信群、QQ群、微信朋友圈、QQ空间、博客、微博等。而在这些途径中，使用途径最多的是时下通讯聊天最为火热的微信朋友圈、QQ群，其次是微信朋友群、QQ空间，再是网站、论坛贴吧、博客及微博。诚然，各种群组和网站已经成为中学生日常交流、文化传播与分享的主流途径。因此，为了规范中学生的网络空间责任行为以实现虚拟责任生存需加强对各网站和群组的管控。

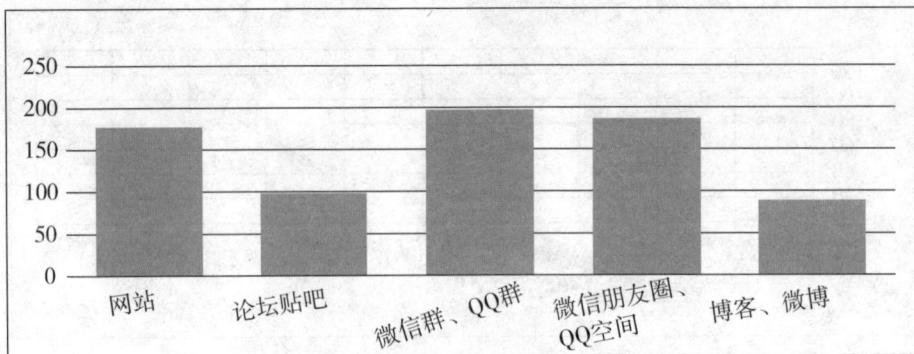

图 1 - 10　您主要通过哪些途径接触这些异化的网络文化？

4. 不良网络文化主要对学习和生活产生负面影响

文化作为一种精神力量，对人的精神世界会产生深远而持久的影响。不良的网络文化给人带来的负面影响是不容忽视的，特别是对"三观"尚未成熟定型的中学生来说危害甚是严重。调查发现（如图 1 - 11 所示），网络不良文化对中学生的学习和生活的负面影响最大，占比为 21%；有 19% 的中学生认为不良网络文化主要污染了其精神世界；有 13% 的中学生认为会造成自我网络道德低下；各有 12% 的中学生认为会弱化网络道德意识和个人创造力；9% 的中学生认为会扭曲人的价值观；8% 的中学生认为会歪曲中学生的理想信念；还有 6% 的中学生则表示会造成自我人格分裂。

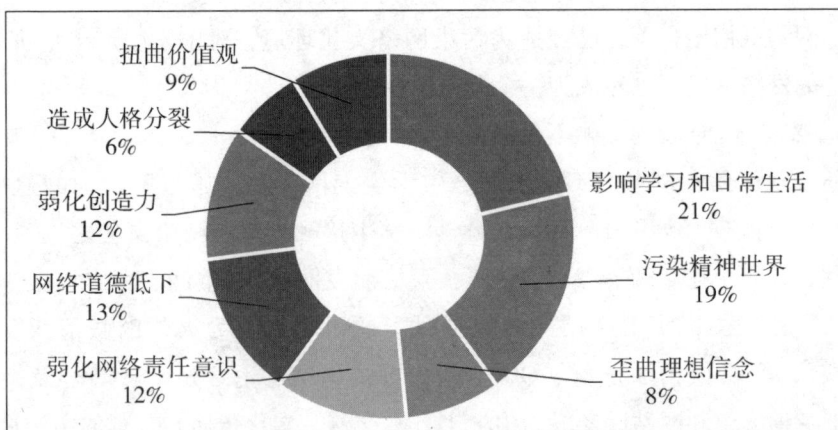

图 1 - 11　网络上各种不良文化对您产生了哪些负面影响？

由此可见，不良的网络文化对中学生的影响主要体现在日常学习和生活层面，且影响着中学生的意识或精神，不利于中学生的身心健康成长，更不利于中学生的"精神成人"。

（三）中学生网络文化的异化生产状况分析

1. 半数学生的网络行为以娱乐消遣为主

在问及您在网络上主要实施了什么行为时（如图1－12所示），半数中学生在网络上实施的主要是浏览信息、闲聊、玩游戏等娱乐消遣行为，占比分别为浏览信息占18%、闲聊占17%、玩游戏占15%。此外，中学生发布信息、转发信息及点赞或被邀请给好评或差评的行为共占5%；复制利用网络信息资料占9%；网络交友和网络购物分别占6%和8%；在网络上传递爱心占比仅为8%；而在论坛上发言的行为相对较少，占比为4%。

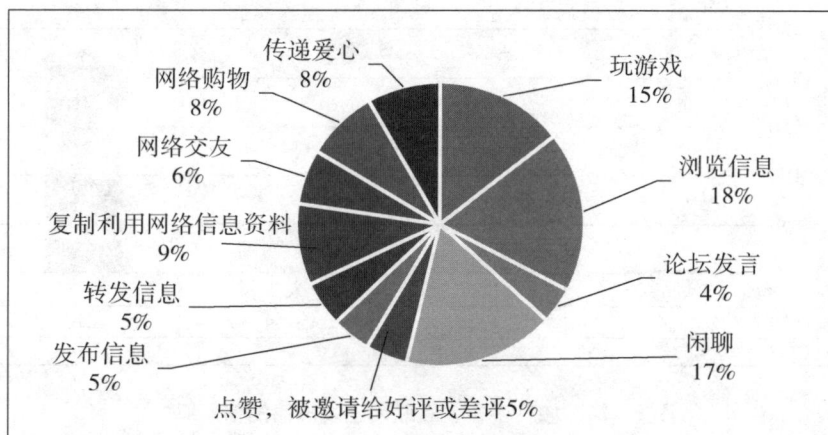

图1－12　您在网络上主要实施过什么行为？

2. 部分学生不同程度地生产传播不良网络文化

如图1－13显示，对于是否会在网络发布不真实信息的行为，大部分的学生都能做到自律，不发布不真实的信息，总体比例为81.77%。但仍有18.23%的中学生不同程度地在网上发布不真实的信息，进而导致异化的网络文化进一步传播。

相比于在网络上发布不真实信息，中学生在网上发布恶搞信息的行为较为普遍。如图1－14所示，在调查对象中，有72.45%的中学生基本能做到在网上

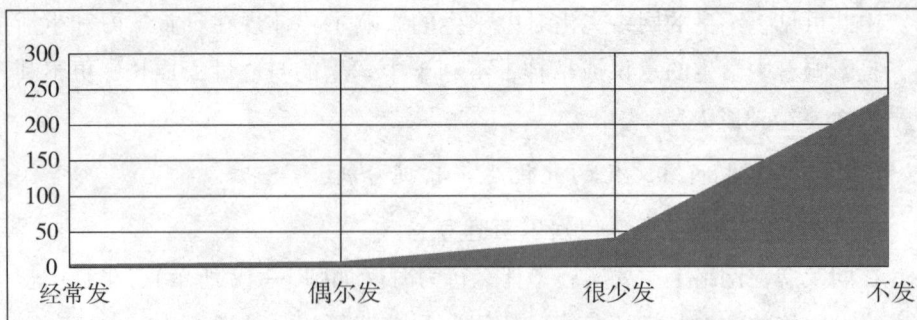

图1-13 您在手机、互联网上发不真实信息吗?

不发布恶搞信息，但有27.55%的中学生不同程度地发布恶搞信息，比在网络上发布不真实信息的行为高出9.32个百分点。

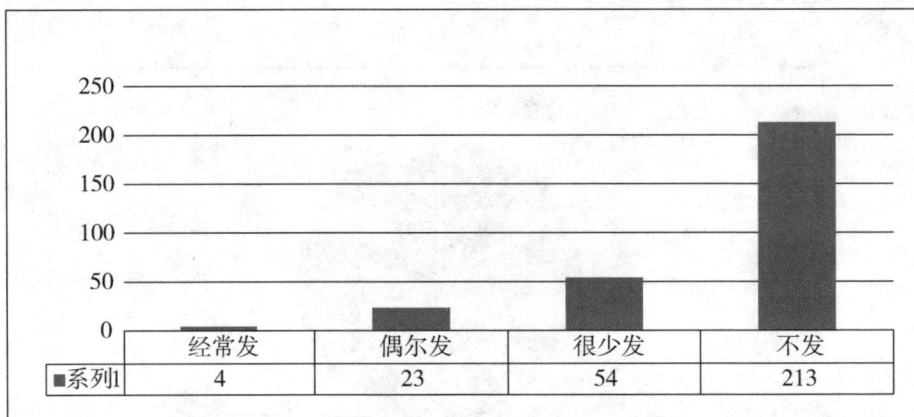

	经常发	偶尔发	很少发	不发
■系列1	4	23	54	213

图1-14 您在手机、互联网上发恶搞的信息吗?

图1-15呈现的是中学生在网上发牢骚的现状，可以得知，中学生在网上发牢骚的行为更为普遍，其中不在网络发牢骚的占64.43%，而不同程度上在网上发牢骚的则占35.57%。由此可以看出，在发布不真实信息、发布恶搞信息和发牢骚三种行为中，中学生发牢骚的比例是最高的，其次是发布恶搞信息。之所以中学生更多地选择在网络上表达自己，其背后在现实生活中不能充分地表达自己，倾诉自己内心的可能缘由是值得我们深思的。

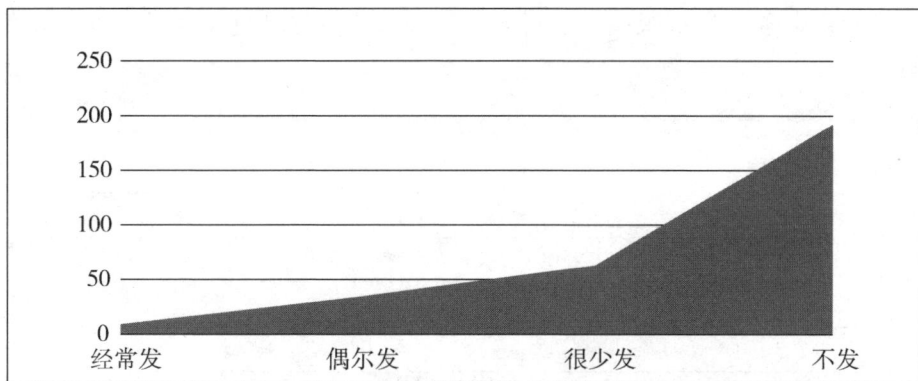

图 1 -15　您在手机、互联网上发牢骚吗?

3. 网络异化行为催生不良网络文化

对网络行为、网络信息予以好评或差评,本是人们自愿行为。但是在网络上,人们往往凭借朋友圈、微信群、QQ 群等,邀请甚至要求他人对某些行为或信息和商品,予以好评或差评,这也是网络文化异化的一种体现。调查显示(如图 1 -16),有 27% 的中学生经常或偶尔被邀请给予好评或差评,26% 的中学生表示很少给予好评或差评,但也说明这一行为是客观存在着的。显然,这一非出于自愿原则而给予真实评价的行为,会削弱中学生网络空间的责任意识。

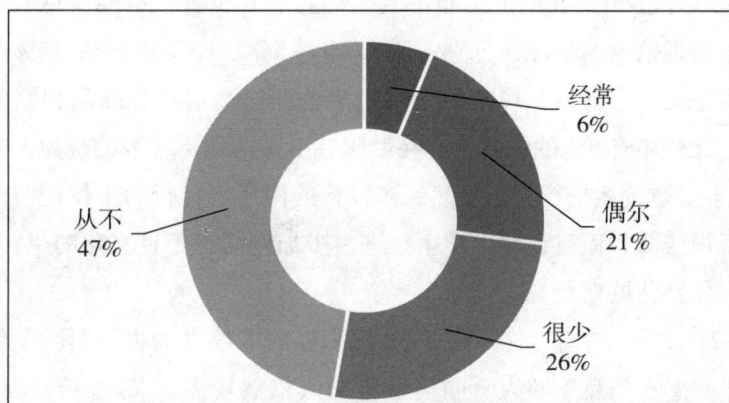

图 1 -16　您在手机、互联网上被邀请给好评或差评吗?

伴随着网络文化的不断丰富,各种网上炫富、炫美、炫吃喝的行为也层出不穷。如图 1 -17 所示,大部分的中学生能做到不随波逐流地实施各种网上炫富、炫美或炫吃喝行为,但依然有 8.53% 的中学生在网上进行各种炫耀的行为,这也将导致中学生盲目跟风，不利于其身心健康发展和网络生态空间的良好发展。

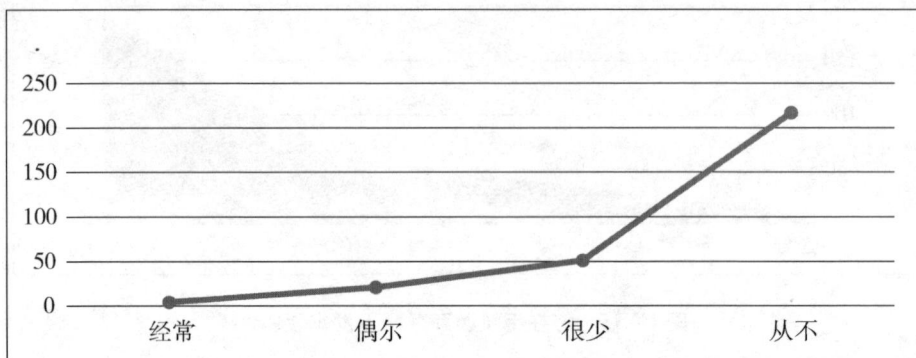

图 1 - 17　您经常发炫富、炫美、炫吃喝玩乐的信息吗？

4. 学生网络不良行为多样化，主要向熟人传播不良网络文化

调查发现（如图 1 - 18 所示），中学生在网上实施的不良行为呈现多样化，主要有发布不真实信息，发布骇人听闻信息，发布恶搞信息，发布牢骚话，实施违法行为，被邀请给好评或差评，欺骗对方、不诚信不礼貌，复制利用网络信息资料和发布炫耀信息。其中，31% 的中学生主要是复制利用网络信息资料；共有 31% 的中学生出现在网上发布不真实信息、发布骇人听闻信息、发布恶搞信息和发布炫耀信息的情况，分别占比为 7%、5%、10% 和 9%；16% 的中学生在网上主要是发布牢骚话；14% 的中学生会被商家邀请对其商品和服务给予好评或差评；此外还有 6% 的中学生存在欺骗、不诚信和不礼貌的行为，甚至还有 2% 的中学生实施过违法行为。显然，多样化的网络不良行为不仅说明中学生的网络责任意识淡薄，而且说明中学生在进一步加剧网络不良文化的生产与传播，助推网络文化异化的盛行。

图 1 - 19 显示，中学生在网上以转发积极向上信息为主，但转发新奇吸引眼球的信息、恶搞信息、骇人听闻信息等的人依然较多，同时，转发色情与暴力信息、幸灾乐祸信息、炫富炫美炫吃喝信息等也部分存在。

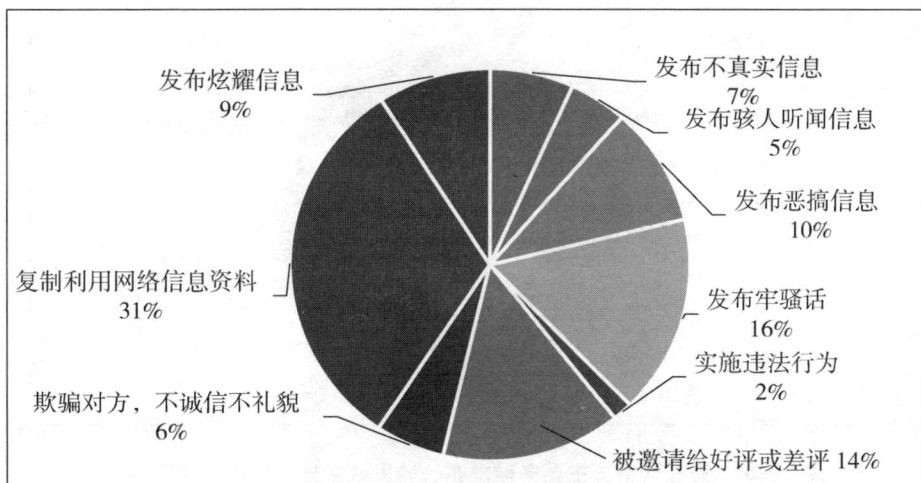

图 1-18 您在网络上发布或实施过哪些不良信息或行为？

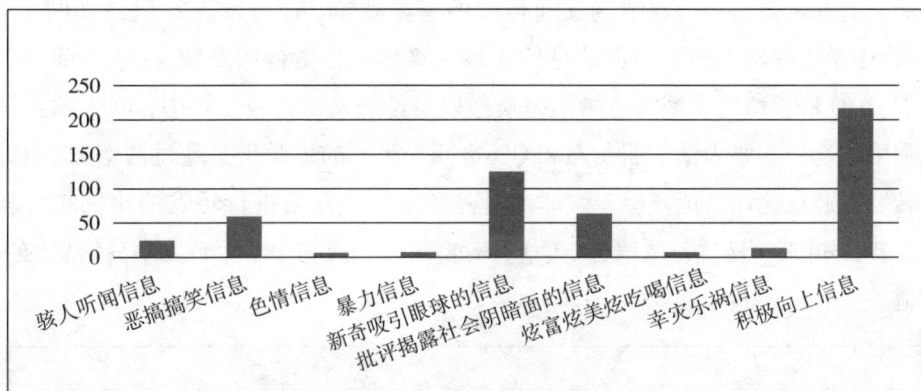

图 1-19 您主要转发他人的什么信息？

对于信息转发的去向（如图 1-20 所示），有 18% 的中学生是直接在网上进行公开，12% 的中学生向陌生人转发，超过一半的学生主要是向熟人转发，占比为 57%，还有 13% 的中学生是向不喜欢的人转发。由此可见，中学生转发网上信息的去向较为广泛，同时也会利用网民的好奇心理转发各种新奇、恶搞、色情、暴力等信息以提升点击率和关注度，这也进一步加剧了异化网络文化的盛行，不利于中学生责任生存的生成。

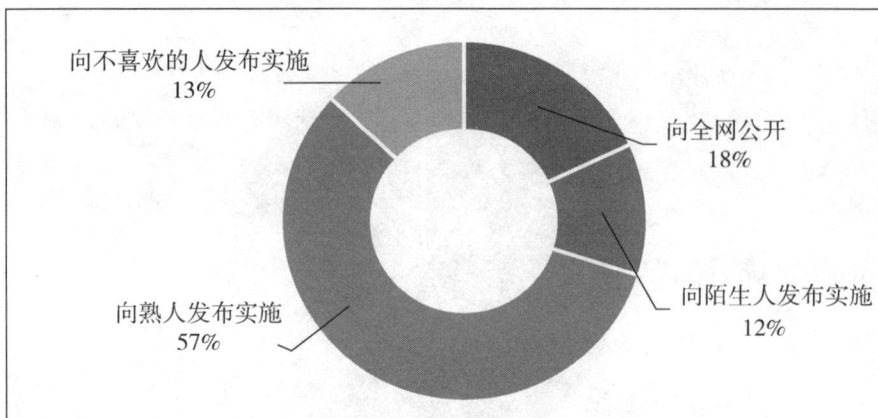

图 1 - 20　您在网络上主要向谁发布、转发或实施不良信息或行为？

5. 微信和 QQ 成为实施不良行为和传播不良文化的主要途径

移动自媒体的便捷性、便携性和交互性等特点，使其迅速成为中学生日常生活交流的主要途径，也成为文化传播的主要载体。通过调查发现（如图 1 - 21），中学生在网上转发不良信息的途径主要集中在微信朋友圈、QQ 空间，微信群、QQ 群，微博、博客、微信公众号以及论坛、留言板。其中，42% 的中学生利用的途径主要为微信朋友圈和 QQ 空间，30% 的中学生是通过微信群和 QQ 群转发，通过论坛、留言板，微博、博客和微信公众号进行转发的比例相对较少，各占 14%。显然，微信群、QQ 群等群组已经成为中学生转发不良信息的主渠道。

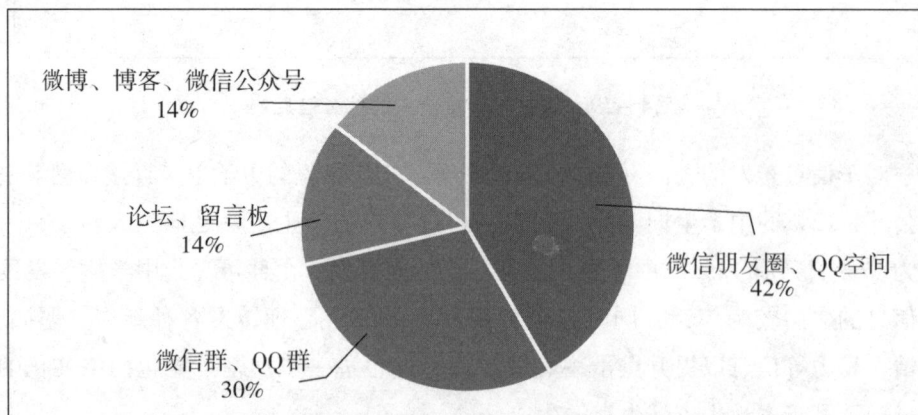

图 1 - 21　您主要通过什么途径发布、转发或实施不良信息或行为？

6. 学生的法律与道德责任意识有待提升

如图 1 - 22 所示，对于中学生在转发信息过程中是否会核实信息的真伪，绝大部分的中学生能够做到不发布未核实信息，占比为 60.59%；部分中学生表示有时会核实信息真伪，比例为 29.37%；还有 10.04% 的中学生表示不核实信息的真伪性而直接转发。

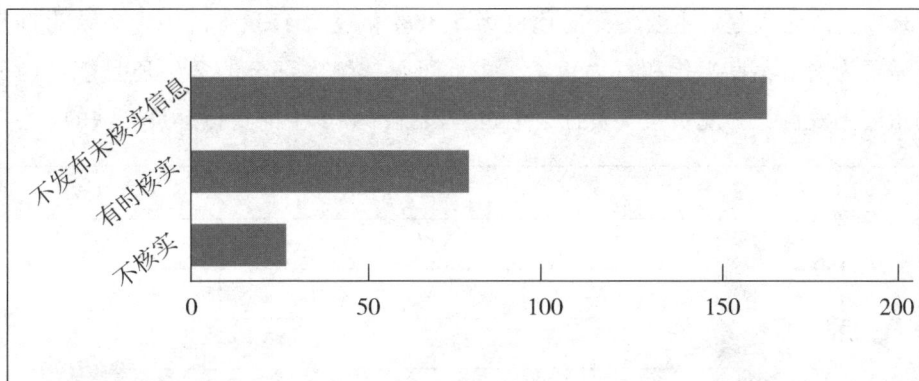

图 1 - 22　您发布或转发信息时，有核实信息的真伪吗？

而对于转发信息时是否会考虑其法律后果（图 1 - 23），六成中学生表示都会考虑到，不转发不良信息；有 17% 的中学生表示会考虑，但认为没那么严重，还是会转发；而 23% 的中学生则表示偶尔考虑，在转发的过程中会有所顾虑。由此可见，有四成的中学生的法律责任意识还是较为淡薄的，有待进一步提升。

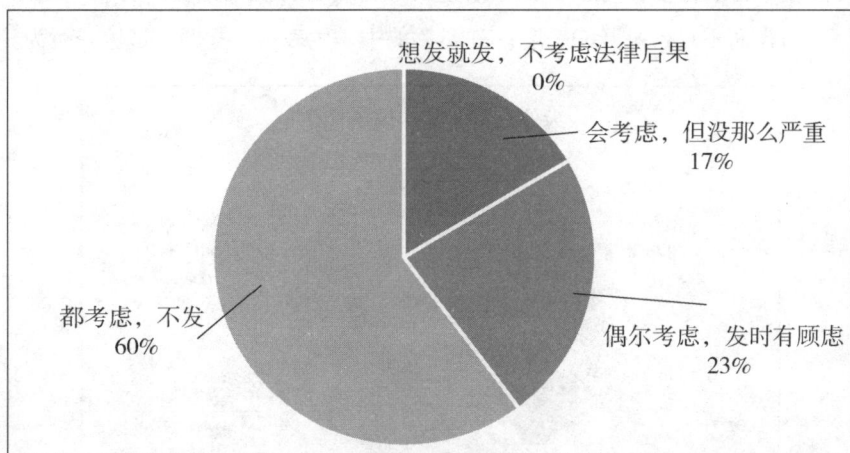

图 1 - 23　您发布或转发不良信息时，有无考虑法律后果？

（四）中学生网络空间社会责任行为的分析

1. 部分学生否认个体对网络不良行为和文化的责任

如图 1 - 24 所示，在对"谁更应为网络不良文化和行为负主要责任"的调查中，绝大部分的中学生认为个人应对网络不良文化和行为负主要责任，占比为 63.56%；其次是社会，占比为 20.07%；再次是政府与学校，各占比5.35%；认为家庭负主要责任的比例为 5.38%；还有 1.34% 的中学生认为谁都不需要为网络不良文化和行为负责。由此可见，绝大部分的学生还是能从内因的角度出发自觉为此负主要责任，但也应看到部分学生的责任感是欠缺的。

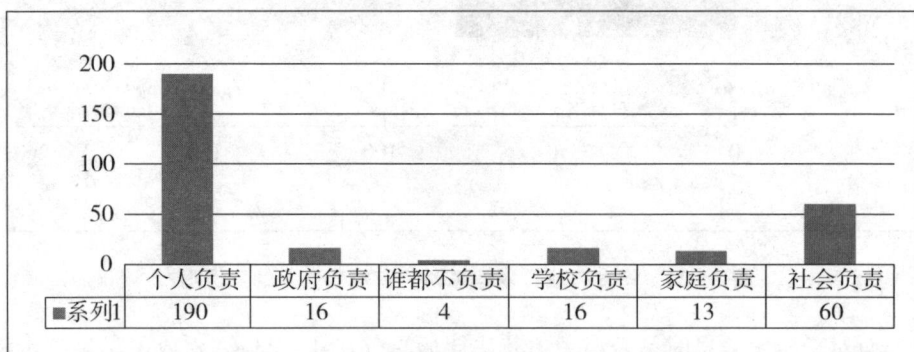

	个人负责	政府负责	谁都不负责	学校负责	家庭负责	社会负责
■系列1	190	16	4	16	13	60

图 1 - 24　您觉得谁应该对网络不良文化和行为承担主要责任？

如图 1 - 25 所示，中学生在对待网络不良信息和行为方面，有 1% 的中学生会为此举措点赞，甚至模仿；有 19% 的中学生表示会看看，但不模仿；有 39% 的学生对这种情况持视而不见，躲开的态度；有 41% 的中学生表示会立即举报这一行为。

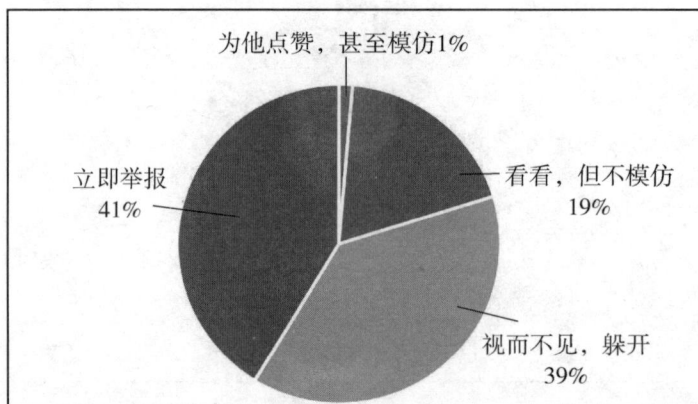

图 1 - 25　您看到网络上的不良信息或行为时，会怎么做？

在对待网络谣言问题上（图1-26），39%的中学生表示会举报这一行为；超过一半的中学生选择视而不见，躲开；有8%的中学生会偶尔转发一下；仍然有2%的中学生会对这种行为点个赞并转发。

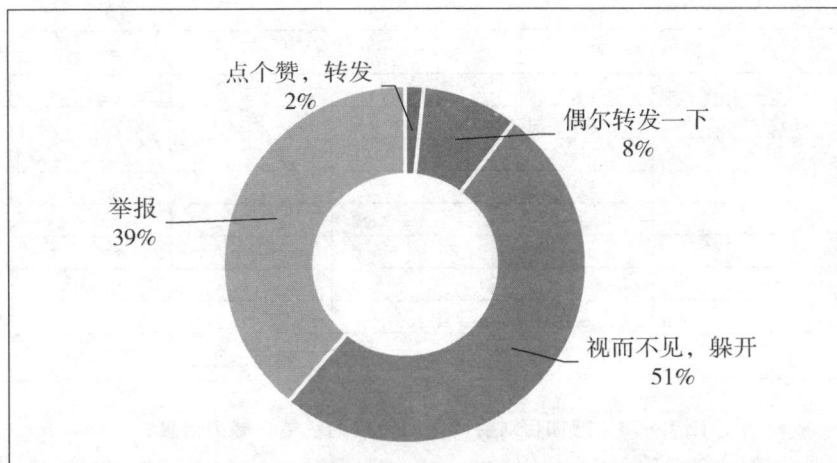

图1-26　您如何对待网络上传播的谣言?

在对待网传他人隐私行为上（图1-27），接近一半中学生的责任感和责任行为还是较强的，会对此行为进行举报，占比为49%；但仍有4成的中学生选择视而不见，且有9%的中学生会偶尔转发一下；各有1%的中学生会添油加醋和点赞并转发。

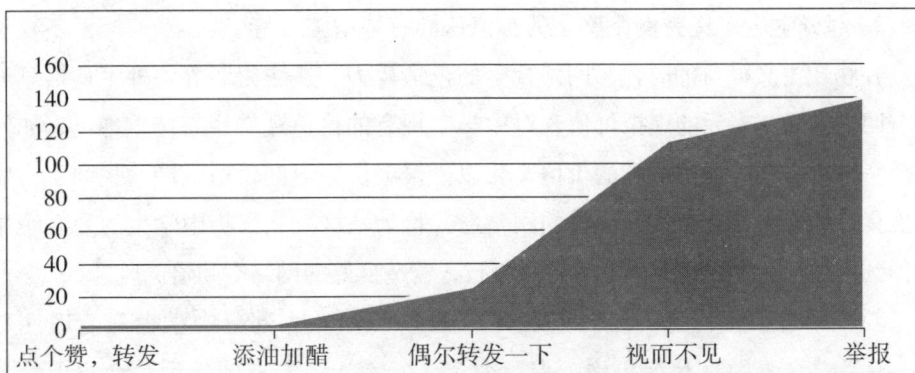

图1-27　您如何对待网络上的传播他人隐私?

　　对于现行各种网传色情暴力信息等行为（如图1-28所示），接近一半的中学生能自觉举报此不良行为，但仍有46%的中学生对此行为持视而不见的态度；有1%的中学生偶尔会转发一下；另外还有2%的中学生表示会好好收藏这些色情信息，同时也有2%的中学生会给予点赞和转发。

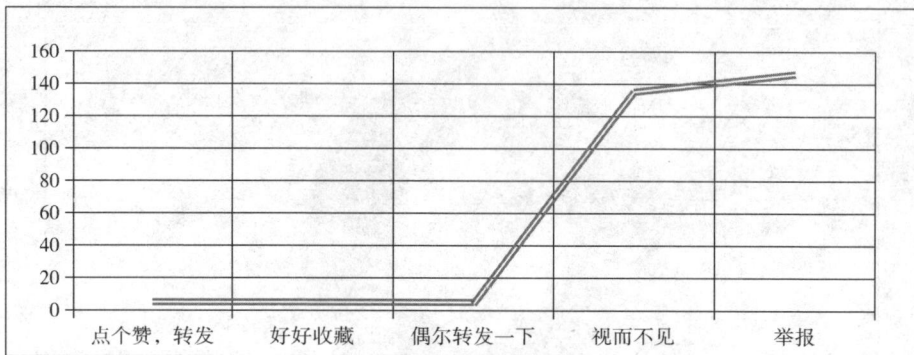

图1-28　您如何对待网络上传播的色情、暴力信息？

　　综上所述，从总体上来看，大部分中学生对于网上不良行为和信息会选择立即举报，但也有59%的中学生是视而不见、点赞转发和表示看看的。从具体层面来看，中学生在对待网传谣言、网传他人隐私和网传色情暴力信息等行为上，有超过5成的中学生持视而不见、偶尔转发、看看和点赞并转发的态度，分别占比为：61%、51%和51%。显然，中学生对待异化的网络文化的责任感和责任行为是较为欠缺的。

　　2. 部分学生对优秀网络文化的价值认同有待增强

　　在物质主义横行的时代，网络社会的色情暴力、违法犯罪等各种不良信息充斥着网络空间，多元的虚拟价值观对中学生现有的价值观产生着严重冲击，如何弘扬一种对引领多元价值观的价值文化以凝聚虚拟世界的价值认同，我们认为应发展良好的慈善文化，实施积极的网络慈善行为。这有利于将中学生的爱心暖流延伸到网络社会中，扬其善心、施其善行，营造良好的网络空间道德风景。

　　对于网络慈善行为，经调查发现（图1-29），大部分中学生都能理性看待，认为先了解真实情况再说，占比为56%；有1/3左右的学生是会积极参与或偶尔参与；有9%的中学生则表示此行为"跟我无关，视而不见"和"不支持也不会参与"。显然，中学生的网络慈善行为还是相对较少的，慈善文化的价值认同仍需进一步提升。

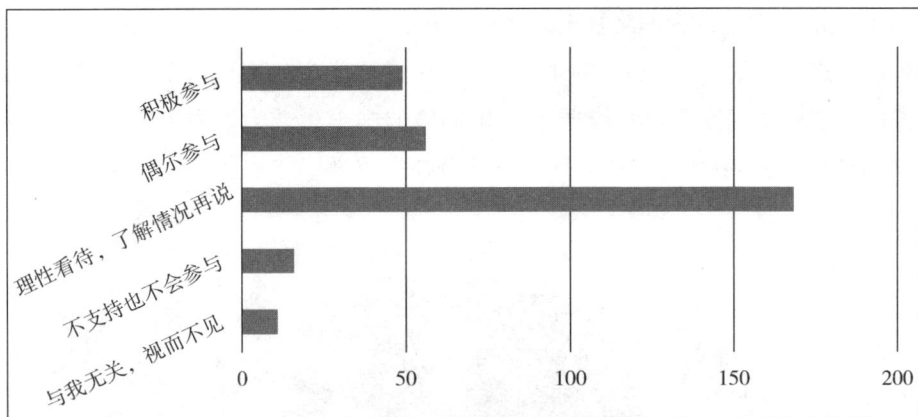

图 1-29 您对网络上的公益慈善、捐赠救助行为持什么态度?

3. 近四成学生的法律意识与责任淡薄

法律作为维护网络空间秩序的稳定,营造良好的网络生态空间的制度保障,网民应提高自身的网络法律意识与责任,敢于举报各种网络违法犯罪行为,营造晴朗的网络空间。

通过调查发现(图 1-30),超过一半的中学生对网络违法犯罪行为敢于见义勇为,积极举报;与此同时,有42%的中学生不同程度地表示"好奇看看","怕惹事,装作没看见"以及"无所谓",相应占比分别为4%、24%和14%。诚见,有超过4成的中学生对于网络违法犯罪行为是无所作为的,这也反映出中学生的网络法律意识与责任的淡薄,亟需加强法制教育,加强网络法治建设。

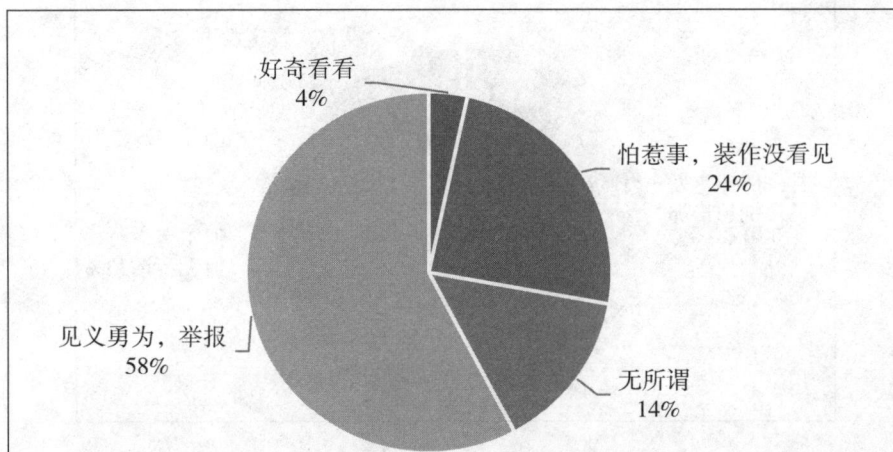

图 1-30 当您看到别人正利用网络做违法犯罪之事时,您会怎么做?

4. 大部分学生认为网络社会责任行为缺失

在调查对象中（如图1-31所示），68%的中学生认为当前中学生的网络社会责任感的缺失程度严重和较严重，有24%的中学生认为缺失程度一般，只有8%的中学生认为中学生的网络社会责任感缺失程度不严重。

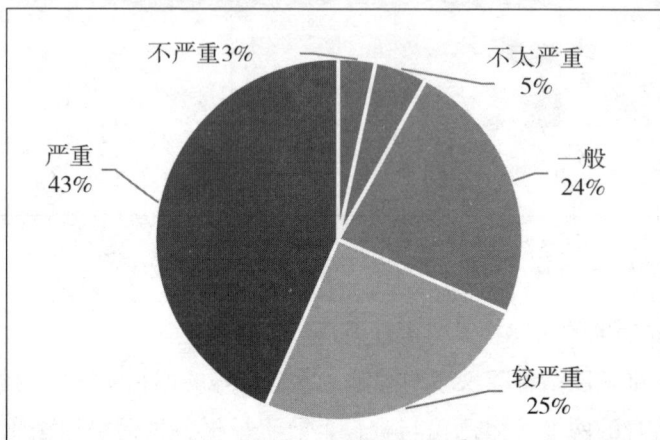

图1-31　您认为青少年在网络生活中社会责任感缺失问题严重吗?

图1-32显示，在发布、实施不良信息和行为过程中，有8%的中学生是没有考虑需要负道德或法律责任的；有33%的中学生表示偶尔考虑过，但无所谓；而59%的中学生表示有考虑过需要负道德或法律责任，但责任认知和情感不够深化，最终还是发了，没有想得那么严重。

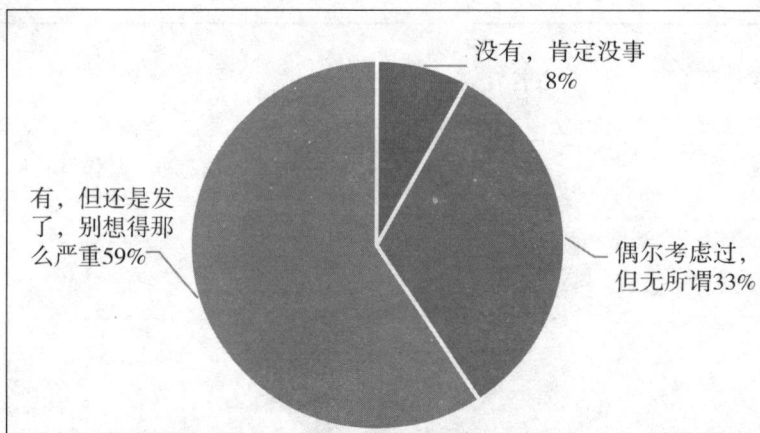

**图1-32　您发布或实施不良信息或行为、转发不良信息时，
考虑过要负道德或法律责任吗?**

　　综上所述，可以看出，中学生在网络空间的社会责任、道德责任和法律责任意识与行为是比较缺失的。诚然，需要不断加强中学生的网络责任教育，增强其网络社会责任感，规引网络责任行为，促成网络空间责任生存。

　　（五）中学生网络行为的个体心理状态分析

　　1. 大部分中学生为被动接触网络不良文化

　　在调查"中学生是在何种心理状态下接触到不良网络文化的"中发现（图1-33），大部分中学生认为是由于网站弹窗出来而被迫接触的，部分学生则表示是无意中接触到的，也有少部分学生认为是被吸引而接触和喜欢主动去接触这些不良网络文化的。这也显示出网站弹窗信息更加吸引中学生的无意注意，魅惑中学生的注意力转移进而导致心理自控力较低的中学生接触不良的网络文化，实施不良的网络行为。

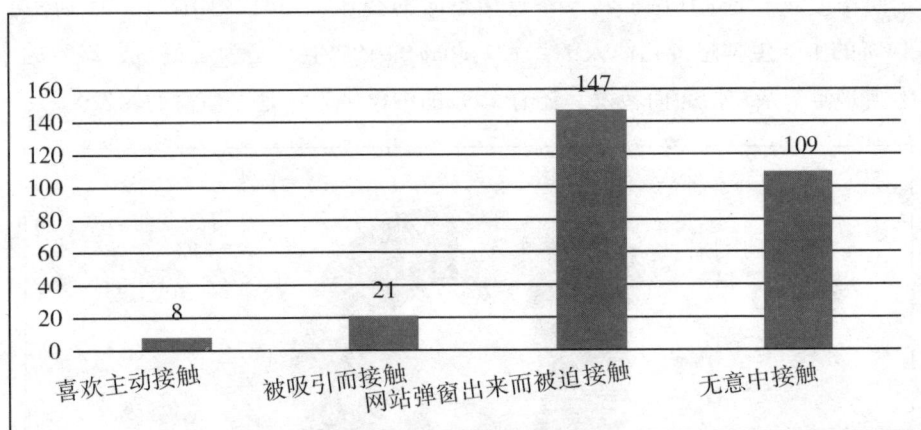

图1-33　您是在何种心理状态下接触到不良网络文化的？

　　2. 畸形心理驱使网络文化的异化盛行

　　从个人心理角度出发考察中学生在发布网络不良信息时的心理初衷是什么（如图1-34所示），我们可以看到：中学生在网上发布不良信息时，有19%的中学生是想得到点赞，26%的中学生是为了显示自己的存在，22%的中学生存有展示的欲望，31%的中学生表示只是跟潮流，占比最高，还有2%的中学生则是为了与他人攀比。

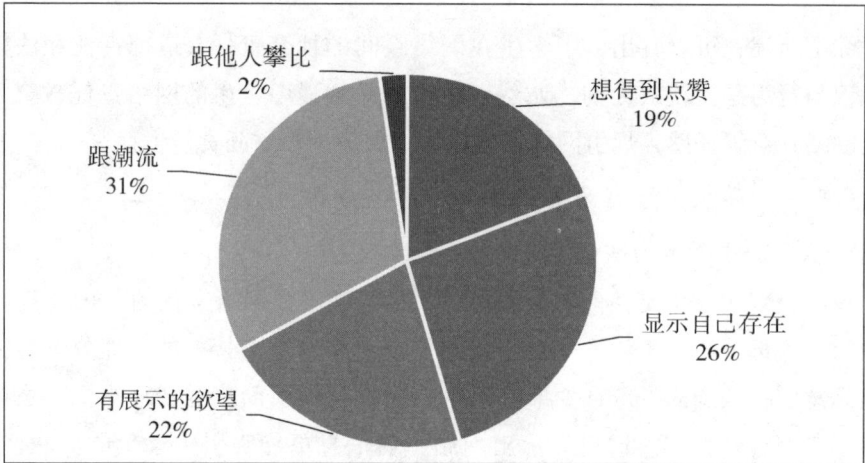

图 1 - 34　您在网络上发布不良信息时的心理状态如何？

而在考察中学生在网上转发不良信息时的心理状态时（如图 1 - 35 所示）：有 14% 的中学生是想得到他人的点赞，36% 的中学生只是为了好玩，21% 的中学生则是碍于亲友情面而转发，还有 29% 的中学生表示是习惯性的转发。

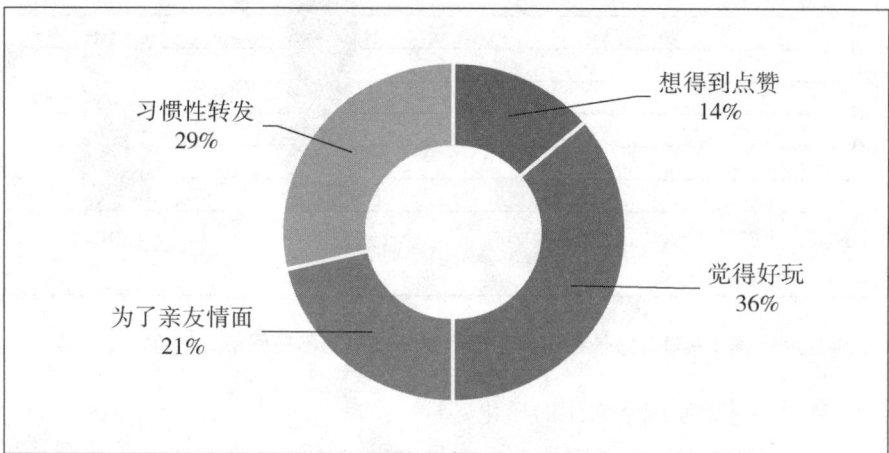

图 1 - 35　您在网络上转发不良信息时的心理状态如何？

由上述两点我们可以看出，无论是发布还是转发网络不良信息，中学生主要是由以下六种畸形心理驱使：一是盲目的跟风心理，部分学生表示是为了跟潮流；二是为了满足虚荣心，部分学生表示发布或转发这些不良信息是想得到他人的点赞，有的只是为了好玩，还有的是欲望的展示；三是寻求存在感，部分学生表示是为了显示自己的存在而进行发布或转发；四是碍于面子，有21%的学生是碍于亲友情面而转发信息的；五是习惯使然，接近3成的中学生是基于已然养成的转发习惯而转发；六是攀比心理，少部分学生表示之所以发布不良信息，主要是为了与他人进行攀比。畸形心理的形成从另一侧面也说明学生的网络"慎独"自律意识与行为的缺位，启示我们需要加强对中学生的网络"慎独"自律教育与培养。

（六）家校对中学生的网络行为的态度分析

1. 学校的网络行为教育明显缺位

学校是中学生学习科学文化知识、生活与成长的主要场所，学校对中学生的网络责任意识、情感与行为的教育与引导具有重要的作用。经调查发现，对于学校有无引导大家不要浏览网络不良信息（如图1-36所示），绝大部分的学生表示学校只是偶尔说说，部分学生则认为学校有落实这种引导作用，还有少部分学生认为学校并没有进行引导。

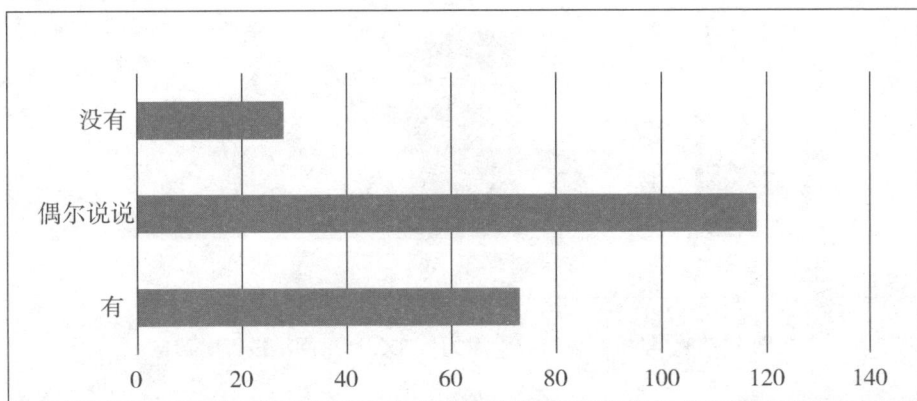

图1-36 学校有没有引导大家不要浏览不良信息？

而对于学校有无教育大家不要在网络上做违反道德法律的行为（如图1-37所示），绝大部分的学生也是认为学校只是偶尔说一下而已，部分学生则认为学校有落实到这种教育作用，但也有少部分的学生认为学校是没有对大家进行教育引导的。

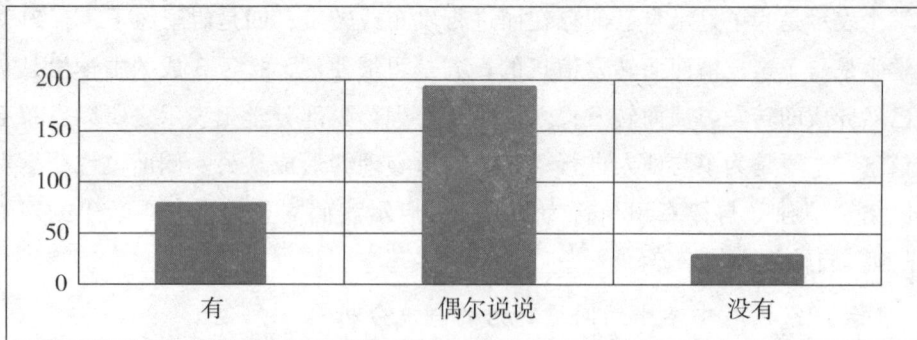

图 1-37　学校有无教育大家不要在网络上做违反道德法律的行为？

关于学校有无引导大家充分利用网络进行学习（如图 1-38 所示），绝大部分学生依然是认为学校只是表面说说而已，部分学生认为学校是有引导大家充分利用网络进行学习的，少部分学生则认为学校并没有落实好引导的作用。

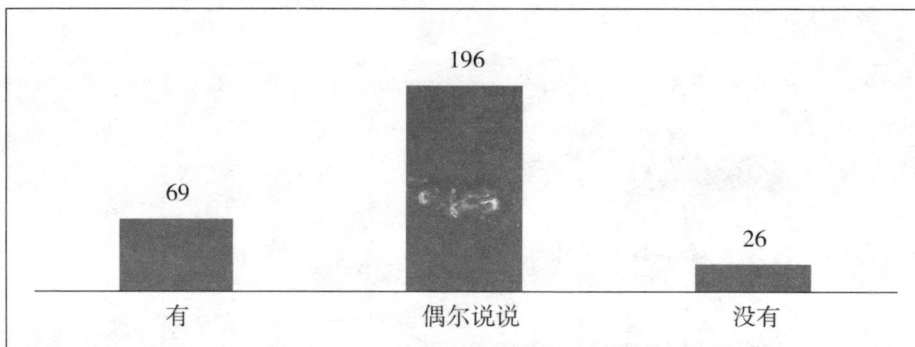

图 1-38　学校有无引导大家如何充分利用网络进行学习？

显然，学校在对中学生的网络责任行为的教育与引导上，并没有真正落实好其学校责任，有也只是偶尔说一下而已，并没有在现实实践中贯彻落实好，这不仅不利于中学生网络责任的虚拟生存与发展，也进一步说明学校在此方面的教育明显缺位。

2. 家庭的网络行为引导有待提升

如图 1-39 和图 1-40 所示，家长在对孩子远离不良网络文化和规引其不要做违反道德法律行为上，69% 的中学生认为家长只是偶尔说说，22% 的中学生认为家长有认真做好网络行为的教育与引导，还有 9% 的中学生表示家长并没有对自身的网络行为进行教育或引导。

没有
9%

有
22%

偶尔说说
69%

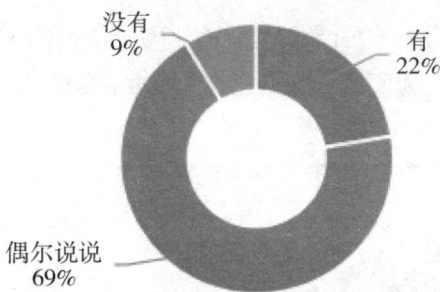

图1-39　家长是否有引导您
远离不良网络文化？

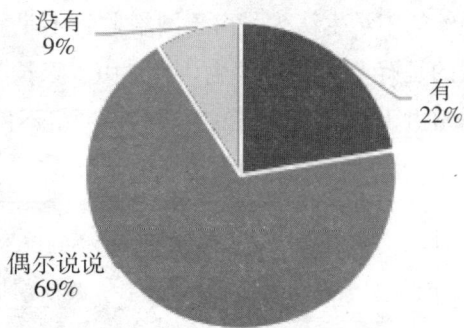

没有
9%

有
22%

偶尔说说
69%

图1-40　家长有无教育您不要在网络上
做违反道德法律的行为？

对于家长自身的网上行为规范，如图1-41所示，绝大部分的中学生认为自己的父母没有在网上实施过不良行为，但同时我们也看到，有部分的中学生认为自己父母经常或偶尔在网上实施不良行为，占比为25.69%，这必然会对孩子造成不良的影响。

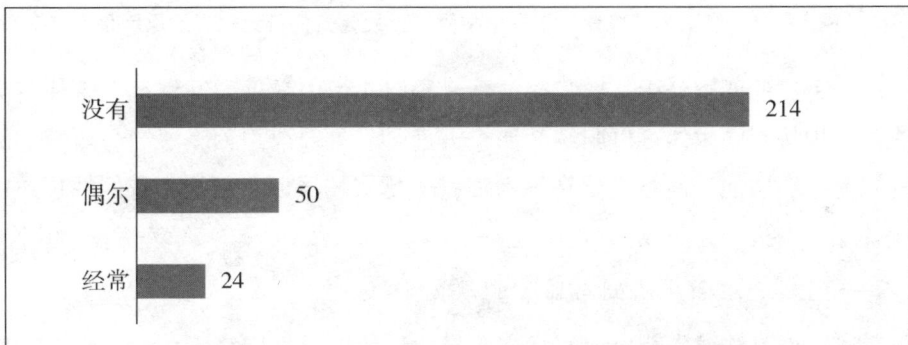

没有 214

偶尔 50

经常 24

图1-41　家长是否经常发布或转发不良信息，做违反道德、法律的行为？

综上所述，无论是从家长自身网络行为的自律管控还是从对孩子的教育引导上，家庭教育相对来说还是比较欠缺的，家长应重视和加强对孩子及自身的上网行为的自律性教育与引导。

二、中学生网络空间责任生存失范的成因分析

如图1-42所示，通过对中学生网络社会责任行为缺失成因的调查发现，有21%的中学生认为，造成这种网络责任行为缺失的成因最主要的是个人社会责任意识薄弱，占比最高；其次是有16%的中学生认为是网络文化污浊；各有

15%的中学生认为是由于网络监管不足和学生自身的好奇心与虚荣心所致；紧接的是有13%的中学生认为是由于家长与学校的引导缺位；有12%的中学生认为是由于网络道德规范无法约束网络不良行为所致；最后还有8%的中学生认为是由于法律惩治不到位造成的。

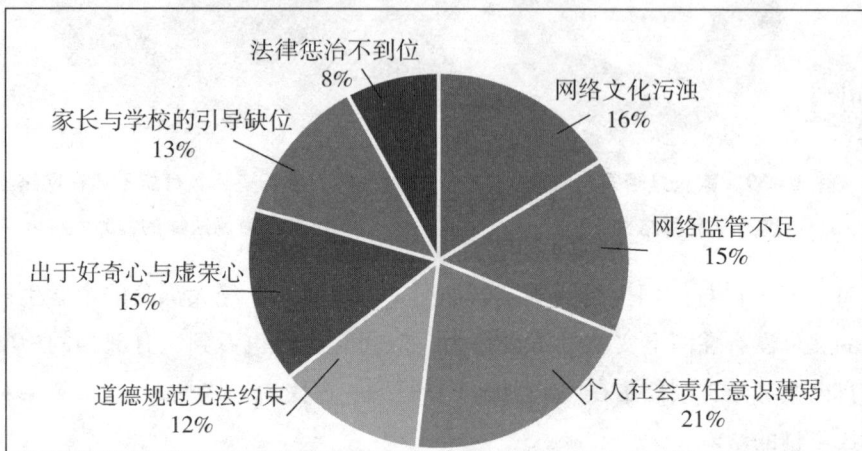

图1-42　您认为造成青少年学生在网络上社会责任行为缺失的原因是？

　　基于上述的调查分析，经归纳整合，我们认为中学生的网络社会责任行为缺失的原因按不同主体可以归纳为四个方面：一是政府层面，法制与监管的缺失；二是社会层面，网络文化环境污浊；三是家校层面，家校教育的缺位；四是个体层面，猎奇虚荣放纵不羁。

（一）政府层面：法制与监管的缺失

　　首先，网络法律失范导致网络文化异化，使中学生网络责任行为缺乏制度保障。尼葛洛庞帝曾强调："我觉得我们的法律就仿佛在甲板上吧嗒吧嗒挣扎的鱼一样。这些垂死挣扎的鱼拼命喘着气，因为数字世界是个截然不同的地方。大多数的法律都是为了原子的世界，而不是比特的世界而制定的……电脑空间的法律中，没有国家法律的容身之处。"① 当前，我国整治网络文化异化现象的法律法规尚不健全，导致司法部门对网络文化犯罪缺乏一定的审判标准；而现有的法律法规相对于迅速发展的网络技术与网络文化来说是相对滞后的，原有

_____

① ［美］尼葛洛庞帝. 数字化生存［M］. 胡泳，范海燕，译，海口：海南出版社，1997：278.

的规范条例难以规范当下网络文化发展的现状。例如，在大数据时代，数据已经成为政府决策、企业制定经营战略、个体实行个性化发展的重要资源，但同时也带来了诸如法律、伦理与价值的挑战，而我国《网络空间数据发展安全战略》《个人数据保护条例》等相关法律规范尚未制定实施，不利于对个人数据及隐私的保护，助长网络文化的异化生产与传播，对中学生的网络责任认知、情感、意志与行为造成恶性影响，不利于中学生网络虚拟空间责任的生存与发展。

其次，网络文化监管缺失导致网络文化异化，造成中学生网络责任行为的缺失。目前，我国网络文化行业的发展缺乏统一的规划与管控，引导力不足，行业之间更是协调失衡，导致整个网络文化服务体系较为杂乱。随着网络文化蕴含的丰厚经济利益被挖掘，网络文化服务的创造者与提供者更是为了迎合大众的口味蓄意制造形式多样的网络垃圾和精神"毒品"，毒害中学生的精神世界，诱惑中学生走入歧途，扰乱正常的网络市场秩序，影响网络文化的良性发展，阻碍中学生网络责任的生存与发展。

（二）社会层面：网络文化环境污浊

作为开放的舆论平台，互联网的发展给人们带来便捷的同时，也为网络谣言等不良文化的传播提供了平台与渠道。

近年来，随着市场经济的利益驱使，一些社会网站、各种群组以及社会组织的自律意识和自律行为逐渐"失控"，各种网络谣言、网络色情、网络暴力游戏、网络恶搞信息不断充斥着整个网络空间，网络文化环境不断被污染，网络生态危机不断凸显。在众多网络不良文化中，对中学生造成不良影响的主要是网络谣言与各种网络暴力游戏。首先，网络谣言已经成为我国一个重要的社会问题。利用互联网捏造虚假信息抹黑竞争对手、宣传虚假商业信息、损害消费者合法权益等现象层出不穷。一些别有用心者更是利用网络传播不实信息甚至造谣诽谤，更为严重的是利用网络对党和政府进行攻击。其次，各种网络游戏渗透于中学生的日常生活娱乐。当下较为火热的"英雄联盟、王者荣耀"等网络游戏已经成为中学生的日常娱乐消遣活动，而游戏的目的就是如何运用各种工具将对方打倒或杀死而取得胜利，这其中充斥着各种暴力血腥的手段与场面，会对中学生的生存观念与行为产生不良影响。

以上各种网络不良文化现象不仅扰乱着社会秩序，浑浊了整个网络空间，更给中学生的心理健康、人生观和价值观带来了恶劣影响。对于各种网络乱象，我们更是深恶痛疾。习近平总书记在全国宣传思想工作会议上指出："把网络舆论工作作为宣传思想工作的重要内容。加大网络内容建设，唱响网上主旋律。探索建立协调有力、规范有序、科学有效的舆论调控体系，打击网络违法犯罪，净化网络空间。"① 这就要求各网站、群组和社会媒体组织要自觉承担自身的责任，更多地传播正能量、弘扬主旋律，加大对网络乱象的治理，营造清明的网络文化环境。

（三）家校层面：二者教育引导缺位

家庭和学校作为中学生生活和受教育的基本和主要场所，对中学生的成长产生着潜移默化和深远持久的影响。但随着生活信息化和智能化，家长工作与生活几乎都是通过互联网、移动终端进行交流与完成。家长下班回家后更是"机不离手"，有时只顾着与朋友聊天、上网打游戏以至于置孩子于不顾，特别是家长无意识、不自觉的不良上网行为更是对孩子的上网行为施以不良的示范作用，更不必说会自觉教育和规引孩子的上网行为。由前所述的调查发现，即使大多数家长都能意识到要教育与规引孩子的上网行为，但在生活实践中很多中学生表示家长只是偶尔说说而已，有部分家长更是没有做到这一点。家庭教育的缺位，难以促成中学生网络空间的责任生存与发展。

从学校层面看，学校是中学生集中学习的场所，因此，学校更应当主动地引导教育学生自觉遵守网络法律规范，主动承担责任，文明上网。同时也应对学生的好奇与虚荣心理进行集中的心理教育与疏导，使学生能以健康的心理实施良好的网络行为。但客观现实是学校迫于升学率和各种考核评估，更加关注的是学生的科学文化知识学习，关注的是完成教学任务，忽略了对中学生在"互联网＋"时代的网络责任意识培育和行为教育。通过调查我们也看到，超过一半的学生认为学校在教育和引导学生文明上网、责任担当方面只是偶尔说一下，提及一下而已，有的中学生更是表示学校并没有真正做到教育学生如何文明上网，做一个负责的网民。这不利于伴随着互联网发展而成长的中学生的发展，也说明学校在教育中学生文明上网、责任自觉上是较为缺失的。

（四）个体层面：猎奇虚荣自我放纵

网络文化异化的盛行、中学生网络责任行为的缺失固然有外部因素的促成，但究其根源是源于中学生个体本身，这才是问题产生的内因。而中学生网络责

---

① 习近平. 胸怀大局把握大势着眼大事 努力把宣传思想工作做得更好［N］. 人民日报，2013－08－21（01）.

任行为缺失的内因主要是中学生自身的虚荣心与好奇心以及放纵不羁和自身的主体意识与主体责任意识的淡薄。

首先，中学生的猎奇和虚荣心理导致网络文化异化，进而造成自身网络责任行为的缺失。中学生正处于好奇心与虚荣心不断增强、可塑性与创造性大、自主性与依赖性并存的矛盾发展阶段，对各种新鲜事物都会产生强烈的好奇心，追求标新立异，模仿接受能力较强。因此，对网上的各种现象，尤其是与现实生活不一样的新奇东西会产生浓厚的猎奇心理，此时，别出心裁的个体与团体组织则会抓住并利用中学生这一心理特点，通过中学生之手肆意传播隐晦性较强的文化以实现自身的经济或其他目的，特别是西方国家通过对中学生实施文化渗透以危害我国青年和分裂我国，而这一切都会加剧异化网络文化的盛行和阻碍中学生网络责任意识的自我培育和责任行为的生成。

其次是人的主体意识消减。主体性"是人作为活动主体的质的规定性，是在主客体相互作用中得到发展的人的自觉、自主、能动和创造的特性"。① 人只有在与网络文化相互作用的过程中发挥其主观能动性与创造性才能彰显其主体意识，人的智慧和本质力量才能在对象物中显示出来。面对纷繁复杂的网络文化，主体（特别是中学生）若缺乏一种思辨思维和能力，缺乏自主性与能动性，极易陷入污秽文化的流水中，污染其心灵与精神，迷失方向，淹没于信息大潮中。如果缺乏对自身的有效控制，陷入痴迷和依赖，留恋虚拟世界，唾弃现实的存在，甚至错乱了自己在现实社会的角色定位，就丧失了其主体地位，沦为工具性的存在。人与网络文化的关系实质上是人与物的关系。网络文化的异化表征的是人对物的依赖性的加剧，根源在于人的主体意识的消减。

最后是主体责任意识淡薄。网络责任，强调的是一个人在网络上不得不做某事或必须承担某些责任。责任意识是指清楚明了地知道什么是责任，并自觉、认真地履行社会职责，把责任转化到行动中去的心理特征。现实生活中，人生存于特定的历史环境下，交往时空受到限制，与自身紧密联系的人都是熟人，生活于一个"熟人"社会中。因此，个人行为由于受到法律、道德以及社会舆论等外部约束，自律意识时刻内存于心。而在虚拟社会中，人交往的时空边界被打破，法律、道德约束与社会舆论监督的受限性骤然削弱，人注重的是自我内心感受，追求自身的快活，迷恋各种娱乐文化。特别是中学生，更是畅所欲

---

① 郭湛. 主体性哲学：人的存在及其意义 [M]. 昆明：云南人民出版社，2002：30 - 31.

言，缺乏换位思考，忽视他人感受，责任意识缺失，从而做出各种不负责任的事情，如传播网络色情、网络暴力等各种不良信息，参与网络诈骗和传销组织等。随着内心责任意识的丧失，人类的道德精神将被送进坟墓，网络文化也将异化成人类精神的枷锁，扼杀人们求知真理的理性精神。

第四节　网络文化异化境遇下中学生
责任生存的教育对策

网络文化异化境遇下，要实现中学生的网络责任生存，促进中学生网络虚拟生存与发展，需要各方的合力才能促成。既需要个人的内在努力，也需要政府、社会、家校的外部力量推动。为此，围绕着政府、社会、家校和个人四大层面所应承担的责任展开了调查，结果分析如下：

如图1-43所示，在为了促成中学生网络责任生存，政府应承担哪些责任方面，有25%的中学生认为政府应打造网络安全环境，各有26%的中学生认为政府应该强化网络法治和弘扬网络道德，还有23%的中学生则认为政府应培育网络先进文化。

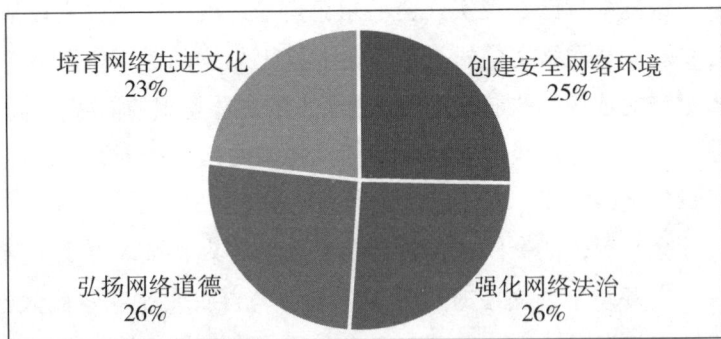

图1-43　为增强学生的网络社会责任感，您认为政府应担负哪些责任？

而在社会责任层面上（如图1-44所示），有36%的中学生认为应规范网站的管理，30%的中学生认为应加强论坛、微信群和QQ群的管理，还有34%的中学生认为需要建立网络不良信息纠错举报机制。

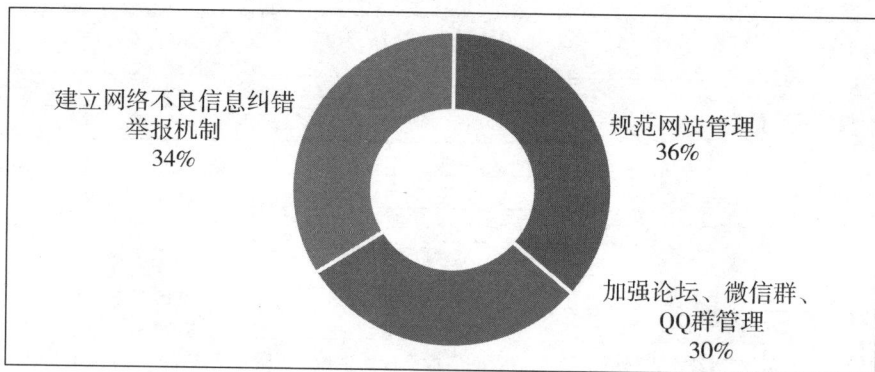

图 1 - 44 为增强学生的网络社会责任感,您认为社会应担负哪些责任?

图 1 - 45 显示的是家庭和学校在中学生实现网络责任生存过程中应该承担哪些责任。我们可以看到,绝大部分学生认为家校首先要加强网络责任教育,其次是家长要做好榜样,言传身教,最后是需要加强对学生的心理辅导。

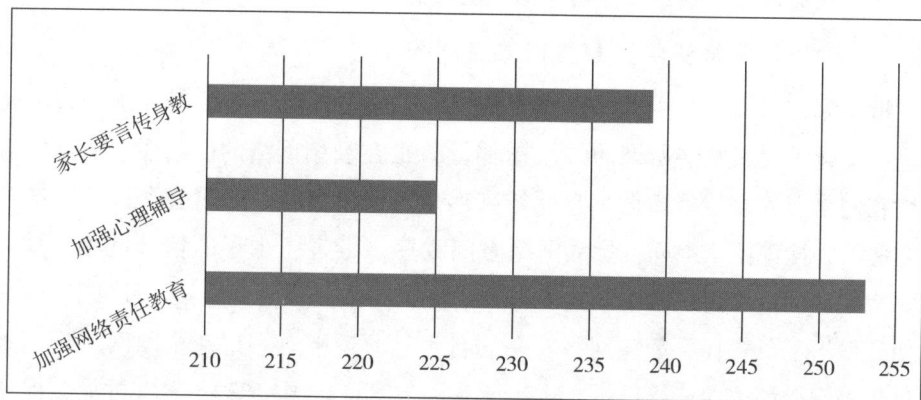

图 1 - 45 为增强学生的网络社会责任感,学校和家庭应担负哪些责任?

在个人层面上(如图 1 - 46 所示),中学生认为自身需要做的是增强网络社会责任感,树立网络成人成才意识以及网络空间共生共存理念。

综上所述,我们认为,在网络文化异化境遇下,为了实现中学生网络空间责任生成,更好地促进中学生网络虚拟生存与发展,需从政府、社会、家校和个人四条路径拓展:一是强化网络法治、弘扬网络道德和培育网络先进文化以实现网络安全与网络强国并进;二是通过规范网群主体责任和强推清洁机制营造清明的网络文化环境;三是加强责任教育和心理辅导,做到家庭与学校管教同向同行;四是坚持共生共存责任伦理原则,增强网络社会责任感和网创人才

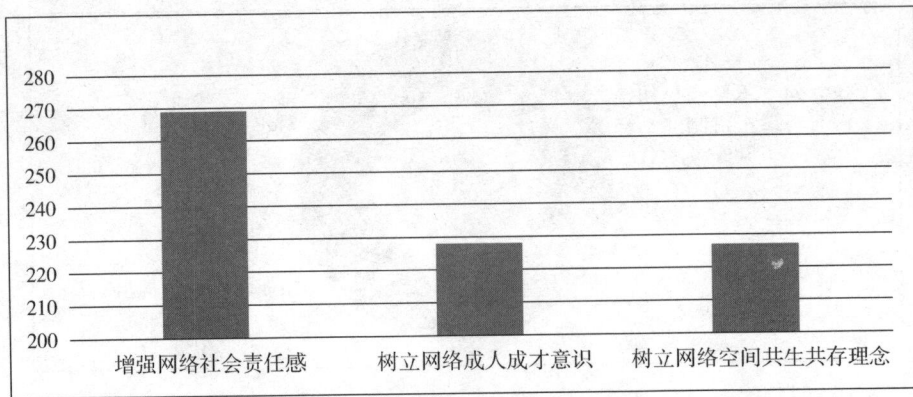

图 1-46　为增强网络社会责任感，您认为您个人应担负哪些责任？

意识，激发个体责任行为。

一、政府责任：网络安全与网络强国并进

（一）强化网络法治，打造网络空间安全

近年来，西方资本主义国家凭借其技术的先进优势不断地对我国进行文化渗透和文化殖民，某些所谓的"水军都督"也在利用网络的低门槛、匿名性等特性在网络上肆意传播虚假信息、妖言惑众、操纵舆论、践踏公众道德良知和社会底线，搅浑网络空间、扰乱网络空间秩序、毒害青少年的精神世界。具有不完全性和创造性特征的中学生极易在"流感"空间中受到感染，侵蚀其身心，致使其做出不负责任、危害网络安全的行为。习近平总书记在全国网络安全和信息化工作会议上明确指出："没有网络安全就没有国家安全。"① 可见，保证网络空间安全是维护国家安全的内在要求，同时，保证网络空间安全有利于中学生身心健康成长，有利于增强其法制意识与责任意识。而要打造网络安全空间，需要强化网络法治，推进网络空间法治化。推动网络空间法治化也是对网络技术本身自带的天然漏洞的有效管控。

首先，完善网络空间法律法规。近年来，我国互联网相关法律法规陆续出台实施，如《互联网信息服务管理办法》《互联网新闻信息服务管理规定》等，特别是在 2017 年 6 月 1 日起实施的《中华人民共和国网络空间安全法》对网络

———————

① 习近平. 在网络安全和信息化工作座谈会上的讲话［N］，人民日报，2016 - 04 - 26（02）.

国防安全、关键基础设施安全保护等问题进行立法，进一步为我国网络空间法治化提供了制度保障，我国互联网法律框架基本形成。但随着近年来大数据、云计算、物联网等技术的发展，虚假数据、数据安全、个人隐私、数据伦理等相关问题也引发人们的担忧，网络空间安全面临着新的严峻形势。特别是尚未实施有关未成年人的网络保护条例，这不利于规范中学生的网络行为，也不利于中学生网络空间社会责任的生成。因此，政府要因势而谋，顺势而为，根据网络空间发展现状及其发展规律，加快制定和完善《网络空间数据发展安全战略》《个人数据保护条例》等法律法规；此外，针对未成年人加快实施《未成年人网络保护条例（送审稿）》（2017 年 1 月 6 日通过）。织密法律之网，共建良好的网络空间秩序，依法治网。

其次，做好网络舆论的正确引导。信息化时代，网络空间成为人们日常交流的主要渠道，社会舆论导向也逐渐网络化，并成为孵化社会不良舆情、煽动不满情绪和颠覆主流价值观的主场所，网络舆情的影响力急剧增大，给国家的安全与稳定带来隐患。有效地管控网络舆情的发展动向，既关乎能否营造生态和谐的网络环境，更事关国家的安全与稳定。因此，为了引导网络舆情的正确走向，营造生态的网络舆论环境，一方面，政府要转变工作观念与工作方式，重视网络行政，多在网上"潜潜水"，了解网络民情和网络舆情发展动态并做好相关记录，为推进和完善网络法治化提供有效参考。另一方面，政府对网络舆情影响较大的事件应予以高度重视，积极回应网民提出的问题，有效地化解网民的对立情绪，对于不符合客观事实的各种臆造、猜测等行为，政府应通过官方网站并联合主流网站进行事实的澄清与权威的界定，维护网络空间有序平稳发展。此外，要做好移动终端的舆情管控。作为网络应用的主要群体，中学生接触最多的上网工具就是移动终端。由于信息传播的迅速性和移动终端的便携性特征，中学生易于受到不良网络舆情的引导，怀疑、颠覆自身的价值观，进而缺乏网络空间责任意识，导致责任行为的非自觉。

再次，建设网络法治文化。网络法治文化来源于网络法治建设实践又反作用于网络法治建设实践，是网络法治化的内在驱动力，为网络法治化建设提供文化支撑。只有当法治成为网民的一种内在价值观念和习惯，网络空间法治化才能得以真正实现。要使中学生成为网络空间法治的自觉遵守者和坚定捍卫者，可从以下几点着手。一是加强社会主义核心价值观的引领。要让社会主义核心价值观在现实生活中像空气一样无处不在，并且延伸到网络空间，引导中学生树立正确的价值观，增强甄别是非的能力；加强社会主义荣辱观教育，增强网络道德修养；普及民族精神和时代精神宣传教育，增强民族自豪感和民族文化自信。二是加强中学生群体普法宣传教育。创新普法教育模式，运用"互联网＋"思维，创建普法宣传微信、微博和微信公众平台，立体化、互动式、趣味性地传播网络空间法治文化，润物无声地使学生接受法治熏陶。三是引导中学生群体依法参与网络政治。积极引导中学生在遵守网络法律法规的基础上表达自身权益、参与网络问政、行使网络监督权，在参与网络政治的过程中提高个人的网络法制意识，履行网络法律责任。

最后，打造一支综合素质高的人才队伍。网络空间的竞争归根结底是人才的竞争。网络空间法治化的关键是打造一支综合素质高的人才队伍去执行。习总书记指出："人才体制机制改革步子要进一步迈开，建立灵活的人才激励机制，构建具有全球竞争力的人才制度体系。"① 为此，政府应联合社会组织进行信息安全人才的培养，培养一批执法能力强的高素质的执法队伍，满足网络空间执法的需求。另外，需要进一步创新人才保障机制，完善人才引留的优惠政策。为满足网络空间法治化建设的人才需求，政府还应在选拔任用、激励约束、落户安排及保障工作上完善工作机制以引进和保留高水平的网络信息安全人才，加强法治网络的顶层设计，让网络法律法规落到实处。

（二）弘扬网络道德，营造网络"慎独"氛围

"慎独"指的是人在独处时能谨慎不苟，保持高度的自律，使自身具有符合一定社会要求的道德品格与道德修养。要想消解网络文化异化对中学生的消极影响，营造网络"慎独"氛围，加强"慎独"自律是较为有效的途径。而要营造网络"慎独"氛围，关键是政府和媒体要发挥正确的价值宣传和引导作用。

首先，政府应充分利用网络技术开设优秀传统文化学习的网络开放课堂，挑选优秀精品资源，让中学生能随时免费地学习，接受优秀文化的熏陶，注重"精神成人"。其次，政府还应与时俱进，适应大数据时代的碎片化阅读、浅阅读等阅读模式，开设官方 App（如由中央党校主办的学习中国 App 能让中学生随时学习和了解我国发展动态），促使我国优秀传统文化成为中学生的掌中宝、"行走的灵魂"。再次，政府应充分发挥融媒介的作用，通过学生喜闻乐见的形

---

① 习近平. 在网络安全和信息化工作座谈会上的讲话［N］. 人民日报，2016 – 04 – 26（02）.

式传播正确的思想观念、传播马克思主义理论、宣扬积极向上的"慎独"文化，加强正面引导，形成积极的主流意识形态，培养中学生的网络道德自律。最后，弘扬先进模范事迹。通过主流网站、自媒体传播道德模范的先进事迹，如全国道德模范、全国十大好人等，让中学生在网络道德氛围中提高自律意识，促成网络责任行为。

（三）培育先进文化，树立网络文化自信

所谓文化自信，是指一个国家、民族和政党对自身文化及其内在价值的充分认同和肯定，对自身文化发展的坚定信念和信心，是一种由心而发的自信心和自豪感。2016年7月1日，在庆祝中国共产党成立95周年大会上，习近平总书记指出："我们要坚持道路自信、理论自信、制度自信，最根本的还有一个文化自信。""文化自信，是更基础、更广泛、更深厚的自信。"① 互联网的发展，为优秀文化传播和交流提供广阔舞台的同时，也给文化自信的培育带来阻力：多元的价值观念、交锋的文化观点不断地冲击着中学生的文化认知体系，致使其文化理念体系失衡、政治认同降低；网络空间的高度自由强化中学生的个性和独立性，中学生网络空间话语权大大提升，但缺乏正确的理论指导；"互联网＋"时代下传统的文化教育模式陈旧，不适应时代发展的要求。基于此，我们认为树立网络文化自信应从以下几方面着手：

首先，立足、理解、认同和坚持中华优秀传统文化。我们所强调的文化自信并不是要坚持资本主义文化自信，而是要坚持中国特色社会主义文化自信，最根本的是要坚定对中华优秀传统文化的自信。5000多年形成的博大精深的中华文化，积淀着中华民族最深沉的精神追求，包含着中华民族最根本的精神根基，代表着中华民族独特的精神标识，是中华民族生生不息、发展壮大的"丰厚养料"。政府应加强中华优秀传统文化的宣传教育，营造浓厚的社会文化氛围；学校应创设良好的校园文化氛围，宣扬具有哲学思想、人文精神和道德理念等的中华优秀传统文化，以文化人；教师要有意识地传承和弘扬传统文化的精华，讲清楚中华文化的历史渊源、发展脉络、基本走向、价值理念等，增强学生的文化自信和价值观自信。同时，应积极开设"国学文化精粹"等校本课程，激发学生兴趣，使其自觉接受优秀传统文化教育，坚定文化自信，增强文

---

① 习近平. 在庆祝中国共产党成立95周年大会上的讲话［EB/OL］. 新华网，2016 - 07 -01.

化自觉。

其次，不断巩固马克思主义意识形态的指导地位，规引网络文化发展走向。习近平总书记在全国宣传思想工作会议上指出："能否做好意识形态工作，事关党的前途命运，事关国家长治久安，事关民族凝聚力和向心力。"① 在思想交锋激烈的网络空间，西方资本主义国家不断进行文化渗透，腐蚀我国国民特别是中学生的文化认知观念，歪曲中学生的"三观"，降低其政治认同感。在网络空间提供给中学生更多的话语权背景下，如何正确引导学生甄别不同的文化，增强文化自信，这就需要巩固马克思主义在意识形态领域的指导地位，牢牢把握网络空间话语权，规引网络文化的发展方向。党和政府应做好新闻舆论引导工作，弘扬主旋律、传播正能量、讲好中国故事，肃清网络空间文风，推出有思想、有温度和有品质的作品吸引、感染学生，引导学生深入思考，提高学生的辩证思维与能力。

最后，充分利用网络资源形成精品课程以提升学生的文化自信。信息技术，特别是当下大数据、人工智能等新一代科技的发展不断改变着现有的教学模式，网络资源的丰富性也使得学生能获得更多的学习资源，网上教学逐渐常态化。因此，提高学生的文化素养与文化自信需要改变教学观念及教学模式，充分利用网络资源并整合成精品课程施以教学。但"数据孤岛""信息孤岛"等问题的客观存在阻碍了资源的有效流通与整合，不利于网上精品课程的顺利开展。为此，政府尤其是教育主管部门应加强管理，优化管理机制体制，打破数据流通壁垒，促进信息资源的有效开发，提高资源的利用效率，为网络精品课程的开发与实施提供强有力的支撑。

二、社会责任：网络文化环境的激浊扬清

（一）规范网群主体，站主守网有责

2017 年 10 月 8 日实施的《互联网用户公众账号信息服务管理规定》明确指出："随着移动互联网的发展，通过微博客、即时通信工具、移动应用程序等网络平台提供公众信息服务的新业态不断涌现，各类用户注册使用公众账号发布信息的规模和影响越来越大，满足了人民群众多样化信息需求，丰富了网络文

---

① 习近平. 胸怀大局把握大势着眼大事 努力把宣传思想工作做得更好［N］. 人民日报，2013 − 08 − 21（01）.

化生活。但一些互联网用户公众账号信息服务提供者落实管理主体责任缺失，部分用户公众账号使用者传播低俗色情、暴力恐怖、虚假谣言、营销诈骗、侵权盗版等信息，违反相关法律法规，违背社会公序良俗，社会反映强烈。"① 因此，中学生在网络空间的生存发展不可避免地要付出代价并克服代价而成长。为此，应加强虚拟社会的管理，建立长效的虚拟社会管控机制，明确责任归属，优化代价管控。一是坚持正确导向引领。各互联网用户及公众账号信息服务提供者和使用者，在发布服务信息时要做到自律管控，必须坚持正确的政治方向，自觉弘扬社会主义核心价值观，维护好网络生态。各级党政机关、企事业单位和人民团体，注册使用互联网用户公众账号发布政务信息或公共服务信息，服务经济社会发展，满足公众信息需求。二是建立网络行为评价机制。网络运营商要建立网络参与者的行为等级评价机制，通过系统生成虚拟主体的信用标识以警示和约束他人与自己。三是落实网络运行责任制。对各种网站、论坛、自媒体及公众服务平台等网络组织形式的负责人实行实名制，明确责任主体归属，并承担相应的法律责任，做到守网、守群有责。

（二）强推清洁机制，做网络清道夫

网络文化异化的盛行，实证了当前网络空间生态的污浊，网络生态危机的加剧。实现中学生网络责任生存，虚拟社会组织需要做好"清道夫"，让文明上网成为习惯。做好"清道夫"可从以下两方面入手。一是虚拟社会组织要增强政治意识，严守政治纪律，秉着对党、国家和人民高度负责的精神，站稳政治立场，明辨是非，实事求是，不让谣言盛行；网络组织必须要加大网络监控力度，推广和完善监测拦截技术，遏制不良信息传播，加强网络舆论监控和网络行为的稽查，引导价值观的正确走向。二是强化网络法律震慑力度。网络既是自由之网，也是法制之网。离开法律的保障，网络自由则无从谈起。网络运营商要完善网络不良信息举报窗口设置，利用虚拟主体趋善厌恶的心理及能动性，让虚拟主体随时举报网络不良信息和行为，并追究相应主体的责任。此外，还应及时地查处和打击网络违法行为，发挥法律对网络行为的威慑和规范作用。

---

① 中央网信办. 互联网用户公众账号信息服务管理规定［EB/OL］. 中国网信网，2017 - 09 - 07.

三、家校责任：家庭与学校管教同向同行

（一）责任教育：增强网络的社会责任意识

中学生社会责任意识是其个体认识自身社会责任，履行社会责任的一种独特的道德情感，体现的是一种主动承担责任的精神。树立网络社会责任意识是中学生虚拟生存与发展的需要。因此，学校与家庭应加强责任教育，不断提高中学生的网络社会责任意识。

学校首先要加强校园网络建设，做好把关，及时过滤网络不良信息，杜绝不良信息进入校园。其次，积极开展网络道德教育，培育中学生的网络道德意识，增强其法制观念。要使中学生认识到网络行为的选择应建立在不损害社会公共利益，服从和服务网络整体利益的基础上。最后，学校应创造性地开设相关网络文化课程，提高中学生分析、辨别网络信息的能力，提升中学生的网络道德素养。

家庭作为中学生成长的摇篮，家庭氛围、家长的言行举止，特别是父母实施的各种网络行为，都在潜移默化地影响着中学生的价值观念和行为选择。如何通过自身的言传身教引导孩子文明上网，父母可从以下方面着手：一是父母首先要增强自身的责任意识，提高自身道德素养，树立一个良好榜样；二是家长要时刻注意自身"慎独"意识的自觉建构和提升，自觉约束自身言行，发挥表率作用，树立模范榜样，引导孩子在观察模仿的过程中提高自己的自律意识和约束自己的行为，形成良好的道德品质；三是引导孩子正确看待网上各种不良信息和行为，提高孩子的理性批判能力，培育公共理性；四是父母在现实生活中要严格要求和约束孩子的行为，使孩子养成一个良好的责任行为习惯并作用于虚拟生存。

（二）心理辅导：实施网络行为的心理教育

调研发现，中学生网络行为的实施在一定程度上是基于好奇心理和跟风心理，这就不可避免地对自身已实施的不良行为而无所意识。为此，加强中学生上网的心理辅导，提高中学生对不良信息的免疫力以及对网络行为的选择能力就成为不可或缺的环节。首先，教师应充分利用课内外时间积极地与学生进行交流、沟通，交谈有关网络方面的话题，及时了解学生的上网观念与心态，做好必要的信息收集与成长档案。其次，教师还要让学生认识到由于网络虚拟社

会的管理存在某些法律法规漏洞，缺乏有效监管，导致网络陷阱数不胜数，防不胜防，不要陷入网络上的某些"美丽陷阱"里，特别是要提防西方资本主义国家的殖民文化渗透。最后，通过现实生活中的网络诈骗、网贷、网站倒卖信息等实例，提高中学生的网络安全意识和对网络信息的甄别能力。

从家庭层面看，一方面，家长应加强学习相关的心理疏导理论知识，提高心理教育理论水平和素养；另一方面，家长要扮演好孩子的朋友这一角色，平等相待，多与孩子进行交流，了解其心理状态，及时进行疏导，使孩子保持积极健康的心态，实施符合道德要求的网络行为。

四、个体责任：以共生共存激发责任行为

（一）坚持共生共存责任伦理原则

人类的生存与发展无不在一定的规则、法律、伦理规范的基础上进行，这是人类为了维持自身及社会有序的可持续发展的内在需求。从社会历史发展进程看，推动人类伦理发展的精神动力主要有以下三个方面。一是对神的信仰。这是基于生产力水平低、科学发展落后以及人们对自然、社会发展规律的无知而又想满足自身生存发展需要的被迫举措。二是信仰力量的推动。这一时期主要是从近代以来随着生产力水平的提高、科学之进步、人们思维认知水平的提升，各种价值观念和信仰不断地左右人们的生存发展。三是当代多元价值社会的责任伦理。马克思·韦伯认为，"世俗化的时代，是一个除魅的时代，是一个价值多元的时代，是一个工具理性替代价值理性的时代"。① "我们必须明白，一切伦理性的行为都可以归为两种根本不同的、不可调和的对峙的原则：信念伦理和责任伦理。这不是说，信念伦理就是不负责任，责任伦理就是没有信念。当然不能这么说。不过，究竟是按信念伦理准则行事——用宗教语言来说，就是基督徒做对了，成绩归功于上帝。还是按责任伦理原则行事——就是说，当事人对其行动的（近期）后果负责，两者有着天壤之别。"② 当代德裔美籍著名伦理学家忧纳思（H. Jonas）指出："当代伦理学的核心问题就是责任问题。"③诚见，信念伦理建立的基础是对宗教的信仰，而责任伦理建立的基础则是主体

---

① 许纪霖. 世俗社会的中国人精神生活［J］. 天涯，2007（1）：163.
② 韦伯. 韦伯文集：下［M］. 北京：中国广播电视出版社，2000：455.
③ 甘绍平. 伦理智慧［M］. 北京：中国发展出版社，2000：69.

对自己所施行的行为及其产生后果负责的一种理性自觉。因此，我们认为，在当代价值多元的世俗社会，责任伦理理应成为当代社会的伦理规范。那么，责任伦理形成的关键或核心是什么？马克思在论述人的本质时指出："人的本质在其现实性上来说是一切社会关系的总和。"① 人的本质属性是社会性，人不可脱离他人而生存发展。随着经济全球化和社会信息化向纵深发展，"人类生活在同一个地球村，各国相互联系、相互依存、相互合作、相互促进的程度空前加深，国际社会日益成为一个你中有我、我中有你的命运共同体"。② 这是习总书记在出席第七十届联合国大会一般性辩论时首次提出的"人类命运共同体"概念。从某种意义上来说，"人类命运共同体"说明了人类社会是一个"共生共存"的社会，为人在当代社会如何生存与发展提出了最高的责任伦理原则，体现的是人与自然、与他人、与社会和谐有序发展的生存状态。因此，我们认为，"共生共存"原则是当代社会责任伦理的最高原则或说核心。

网络社会作为现实社会的延伸与超越，网民的生存发展理所当然也要遵循"共生共存"这一原则。网络文化异化和中学生网络责任行为的缺失不仅说明了网络生态的恶化，也说明了作为文化创造主体的现实的人的"共生共存"的责任伦理意识缺失和原则的丢弃。为此，要通过深化中学生对"共生共存"原则的理解与内化来塑造负责任的自我。首先，中学生应解放思想，破除封建迷信，崇尚科学，理性看待虚拟社会与现实社会、虚拟自我与现实自我、个人与社会的关系，树立"网络空间命运共同体"理念，充分认识网络空间作为人类生存的"第二空间"的重要性，用"共生共存"原则提高自身的网络责任意识。其次，树立正确的理想信念。中学生要认识到人生的价值在于自身对他人和社会的发展进步所做的贡献，因此，理想的实现必须建立在为他人和社会服务的基础上，坚持集体主义的原则。在实践过程中要做到有所为有所不为，主动承担社会责任。个人为自身理想奋斗的进程，是不断地为社会创造物质财富和精神财富的过程。从这个意义上来讲，中学生要充分认识到为自身确定一个正确的理想信念并为之奋斗，也是承担社会责任的一种体现。最后，个人要发挥主观能动性，自觉提升自我的责任意识和责任感。作为责任主体的网络公民，特别是中学生群体，要正确评价自我、认识自我，学会自我管理、自我服务，积极

---

① 马克思恩格斯选集：第1卷［M］．北京：人民出版社，1995：54–57．

② 习近平．习近平总书记系列重要讲话读本［M］．北京：学习出版社，2016：265．

参加社会公益活动，在做中知、知中思、思中悟、悟中做，在承担责任中锻炼自己，提升自己。

（二）以社会责任情感促成网络责任行为

道德责任作为中学生网络空间责任生存的价值取向与旨归，其生成要素有"责任认知、责任情感、责任意志和责任行为四个要素。其中，责任情感是责任生成的核心要素"。① 中学生在责任认知的基础上，只有在责任情感上对道德责任规范心存敬畏，才能做到内化于心，形成道德意志，进而实施责任行为，成为负责的人。因此，中学生网络责任行为是现实个体在虚拟社会的情感交流中所生成的，换言之，我们需要通过增强中学生的网络社会责任情感来促成其网络责任行为的生成。而增强其网络社会责任情感的关键是要找到一种能够引领虚拟社会多元的价值观、具有生命力和张力的价值文化，凝聚虚拟社会的价值认同。我国学者张明仓先生将前人在这一领域探索的成果归纳为四个方面："一是关心公益，造福社会；二是平等互尊，互利互惠；三是以诚相待，杜绝欺诈；四是维护网络安全，反对数字化犯罪。"② 究其实质就是"慈善"，践行网络慈善行为。

网络慈善是公民或慈善组织在网络空间践行的公益慈善行为。网络慈善有利于把中学生的爱心延伸到网络，筑造一道美好的道德辐射网，凝聚网络社会的价值认同。为此，中学生要树立正确的慈善观，坚持"自愿原则"，做到诚实守信、不发布虚假信息、不妄自评议他人行为、不进行道德绑架。组织网络支援社团，建立慈善网站、论坛等进行网络募捐和传导慈善，为虚拟主体提供服务，志愿履行与自己无约定无法定的权利义务，服务并造福人类社会。

（三）以网创人才意识促进自我全面发展

人的自由全面发展是马克思关于人的发展学说的重要命题，是对人的终极关怀。网络技术的发展为虚拟生存实现对现实生存的延伸和超越提供了技术支撑，也为中学生的自由全面发展开辟了全新的空间。著名的传播学者麦克卢汉指出："人的任何一种延伸，无论是皮肤的、手的还是脚的延伸，对整个心理和

---

① 林瑞青. 责任生存：大学生虚拟生存的伦理范式 [J]. 当代教育科学，2017（4）：88-92.

② 张明仓. 虚拟实践论 [M]. 昆明：云南人民出版社，2005：242-243.

社会的复合体都产生影响。"① 显然，虚拟生存对中学生的身心发展产生了深刻的影响，虚拟发展已经成为中学生自由全面发展不可或缺的重要组成部分。在此意义上，中学生"虚拟生存的第一要义，应是践行网络空间的自我责任，即确证虚拟生存的生命意义与实现人生价值，以虚拟发展丰富学生的自由全面发展"。② 无论是虚拟发展抑或现实发展，其主体都是现实的人，因此，中学生良性的虚拟发展对其现实发展起到一个促进作用，反之亦然。这体现的是中学生发展的现实性与虚拟性的统一。而中学生良性的虚拟发展是基于在虚拟社会中施以负责任的道德行为而实现的。正如马克思所言："个人怎样表现自己的生活，他们自己就是怎样。因此，他们是怎样的，这同他们的生产是一致的——既和他们生产什么一致，又和他们怎样生产一致。"③ 因此，中学生要想实现虚拟责任生存，做一个有道德和负责任的"人"并作用于现实生活，就必须在虚拟社会中实施有责任的道德行为，这是现实主体在虚拟社会中生存与发展的道德诉求。

那么，在责任基础上如何更好地在网络时代发展自我，这就需要中学生明确时代发展的变化、趋势和需要。理念是行动的先导，一定的发展实践是由一定的发展理念来引领的。"创新发展"作为我国经济社会发展五大理念之首也佐证了我们首要树立的理念是"创新"。人才资源作为生产力诸多因素中最根本、最重要和最活跃的因素，要实现创新发展，就要把人才放在第一位。中学生要想促进自身的自由全面发展，在当代社会首先要具备创新意识。因此，中学生在虚拟发展过程中要树立"互联网＋"理念、自觉培育数据思维、提升网络信息素养，抓住"创新"这一"活水"，将互联网与现实生活各领域结合起来创新发展，创造更加丰富的物质财富与精神财富，在促进虚拟主体与现实主体、虚拟社会与现实社会的发展进程中实现自身的人生价值，确证生命意义，实现个人自由全面发展。

---

① ［加］马歇尔. 麦克卢汉. 理解媒介：论人的延伸［M］. 何道宽，译. 北京：商务印书馆，2000：21.
② 林瑞青. 责任生存：大学生虚拟生存的伦理范式［J］. 当代教育科学，2017（4）：88 - 92.
③ 马克思恩格斯选集：第 1 卷［M］. 北京：人民出版社，1995：67 - 68.

第二章

佛山人口质量综合分析及其优化对策[①]

人口质量（population quality）又称人口素质，是人口经济学的一个重要范畴，是指在一定的社会生产力、一定的社会制度下，人们所具备的思想道德、科学文化和劳动技能以及身体素质的水平。它包括社会成员的体质、智能和文化程度、劳动技能等因素。社会越发展，社会人口质量的总体水平也就越高。人口质量的直接指标主要有：反映人口身体素质状况的指标，如平均预期寿命、长寿水平、平均死亡年龄、幼儿死亡率、残疾人口所占比重等；反映人口文化科学素质状况的指标，包括识字率、文盲率、就学率、就业状况，以及每十万人口中各种文化程度人口数，人口的平均受教育年限等。

为了了解 2010 年以来我国人口在数量、素质、结构、分布以及居住等方面的变化情况，以便为制定国民经济和社会发展规划提供科学准确的统计信息支持，按照《国务院办公厅关于开展 2015 年全国 1% 人口抽样调查的通知》（国办发〔2014〕33 号）和《广东省人民政府办公厅转发国务院办公厅关于开展 2015 年全国 1% 人口抽样调查的通知》（粤府办〔2014〕47 号）要求，佛山市以 2015 年 11 月 1 日零时为标准时点，进行了 2015 年全国 1% 人口抽样调查。

为了增强佛山市的区一级单位的代表性，使调查数据更好、更准确地为各级政府和社会各界服务，佛山市统计局参照 2005 年全国 1% 人口抽样调查做法，根据广东省的要求，将本次调查的样本量在国家下达任务的基础上作了扩大，

---

① 本章为李晓春主持的佛山市 2017 年度哲学社会科学规划项目"佛山市人口质量综合分析及其对策研究（项目编号：2017 - GJ11）"的最终成果。作者为林瑞青、李晓春。

实际调查人口为 20.03 万人。① 其中常住人口②为 17.26 万人，占全市常住人口总量的 2.32% 。调查内容为人口和住户的基本情况，主要包括姓名、性别、年龄、民族、受教育程度、行业、职业、迁移流动、社会保障、婚姻、生育、死亡、住房情况等。

现根据佛山市本次人口抽样调查的数据，通过五区人口质量对比、与第六次全国人口普查数据③对比、与主要地区及范围对比的比较分析方法，全面了解 2010 年以来佛山市以及各区人口在数量、素质、结构、分布以及居住等方面的变化情况，以期为佛山市及各区制定国民经济和社会发展规划提供科学的统计信息支持。

第一节　佛山人口数量的总体数据分析

一、佛山市的常住人口数

据调查数据推算④（见表 2－1），截至 2015 年末，佛山市常住总人口为 743.06 万人。与 2010 年第六次全国人口普查的总人口 719.43 万人相比，五年间累计增加 23.63 万人，增长了 3.28%，年均增长率为 0.65% 。

从佛山市五区情况来看，五年来南海区的人口增长率最高，为 4.51% （年均增长率为 0.9%）；随之为顺德区（2.99%）、三水区（2.55%）、高明区（2.50%）；禅城区的人口增长率最低，仅为 1.78% 。

---

① 本次调查的登记对象为调查标准时点在抽中调查小区内居住的全部人口（不包括港澳台居民和外国人）。
② 常住人口包括：（1）居住在本乡、镇、街道，并已在本乡、镇、街道办理常住户口登记的人；（2）在本乡、镇、街道居住半年以上，常住户口登记在本乡、镇、街道以外的人；（3）在本乡、镇、街道居住不满半年，但已离开常住户口登记地半年以上的人；（4）居住在本乡、镇、街道，常住户口待定的人；（5）原住本乡、镇、街道，调查登记时在国外工作或学习的人。
③ 本分析报告所涉及的 2010 年第六次全国人口普查数据均为普查公报数，调查标准时点为 2010 年 11 月 1 日 0 时。
④ 本次调查为抽样调查，本报告原则上直接呈现原始调查数据。在必要时，为了便于分析，本报告将对有关数据进行推算。

表 2 - 1 佛山市及各区常住人口增长情况

	2010	2015	人口增长情况		
			增长数（万人）	增长率（%）	年均增长率（%）
合计	719.43	743.06	23.63	3.28	0.65
禅城区	110.11	112.07	1.96	1.78	0.35
南海区	258.88	270.56	11.68	4.51	0.89
顺德区	246.17	253.53	7.36	2.99	0.59
三水区	62.26	63.85	1.59	2.55	0.50
高明区	42.00	43.05	1.05	2.50	0.50

从主要地区及范围来看（见图 2 - 1），广州市人口五年间累计增长 6.3%，年平均增长率为 1.23%；[1] 深圳市人口五年间累计增长 9.85%，年平均增长率为 1.90%；[2] 广东省人口五年间累计增长 4.01%，年平均增长率为 0.79%；[3] 全国五年间人口累计增长 2.52%，年平均增长率为 0.50%。[4] 可见，佛山市的人口增长率低于广东省总体增长水平，约为广州市的 1/2，只有深圳市的 1/3，仅高出全国总体水平 0.76 个百分点。

---

[1] 本报告中涉及的广州市全国 1% 人口抽样调查数据，均出自：广州市统计局. 广州市 2015 年全国 1% 人口抽样调查主要数据公报 [EB/OL]. 广州市人民政府网站，2016 - 06 - 30.

[2] 本报告中涉及的深圳市全国 1% 人口抽样调查数据，均出自：深圳市统计局. 深圳市 2015 年全国 1% 人口抽样调查主要数据公报 [EB/OL]. 深圳政府在线，2016 - 06 - 14.

[3] 本报告中涉及的广东省全国 1% 人口抽样调查数据，均出自：广东省统计局. 广东省 2015 年全国 1% 人口抽样调查主要数据公报 [EB/OL]. 广东统计信息网，2016 - 05 - 10.

[4] 本报告中涉及的全国 1% 人口抽样调查数据，均出自：中华人民共和国国家统计局. 2015 年全国 1% 人口抽样调查主要数据公报 [EB/OL]. 国家统计局网站，2016 - 04 - 20.

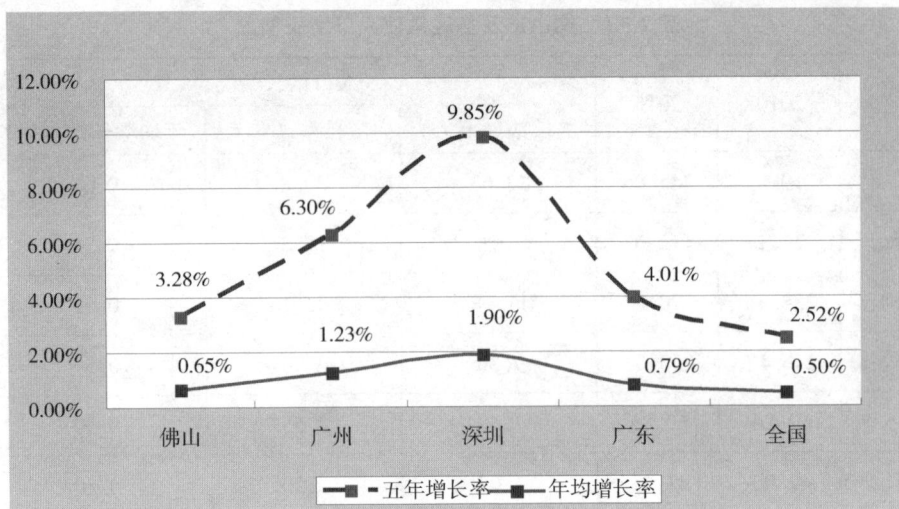

图 2 - 1 五年间主要地区及范围的人口增长率比较

二、佛山市人口的年龄构成

调查显示（见表 2 - 2），在佛山市常住人口中，0 ~ 14 岁人口为 94.89 万人，占 12.77%；15 ~ 64 岁人口为 597.71 万人，占 80.44%；65 岁及以上人口为 50.46 万人，占 6.79%。其中，60 岁及以上人口为 79.51 万人，占 10.70%。与 2010 年第六次全国人口普查相比，佛山市 0 ~ 14 岁人口的比例上升 0.92 个百分点，15 ~ 64 岁人口的比例下降 2.53 个百分点，65 岁及以上人口的比例上升 1.61 个百分点。

表 2 - 2　佛山市及各区的分年龄人口比重（%）

	合计	0 ~ 14 岁	15 ~ 59 岁	60 岁及以上	
				60 岁及以上	其中 65 岁及以上
合计	100	12.77	76.53	10.70	6.79
禅城区	100	13.64	73.16	13.20	8.66
南海区	100	12.22	78.18	9.60	6.02
顺德区	100	12.25	77.83	9.92	6.09
三水区	100	13.59	73.94	12.47	8.23
高明区	100	15.79	71.11	13.10	8.80

　　而从佛山市五区来看，高明区、禅城区、三水区年龄在 65 岁及以上人口占其总人口的比例均超过 8%，远超国际老龄化社会最新标准的 7%，依次达到 8.80%、8.66%、8.23%。南海区和顺德区则相对较低，分别为 6.02%、6.09%。

　　值得注意的是，高明区、禅城区、三水区年龄在 0～14 岁的人口占其总人口比例也较高，依次为 15.79%、13.64%、13.59%。南海区和顺德区则较低，分别为 12.22%、12.25%。

　　可见，高明区、禅城区、三水区（尤其是高明区）的劳动力人口偏低，人口老龄化较为明显。

　　从主要地区及范围来看（见表 2-3），广州市常住人口中，0～14 岁人口占 12.98%，15～64 岁人口占 79.12%，65 岁及以上人口占 7.90%；深圳市常住人口中，0～14 岁人口占 13.40%；15～64 岁人口占 83.23%；65 岁及以上人口占 3.37%；广东省常住人口中，0～14 岁人口占 17.37%；15～64 岁人口占 74.15%；65 岁及以上人口占 8.48%。可见，佛山市常住人口中劳动力人口高于全省总体水平，低于深圳市，与广州市相当，但老年人口比重比深圳市高一倍。

　　而与全国 1% 人口抽样调查数据相比，佛山市 0～14 岁人口的比例要低 3.75 个百分点（全国为 16.52%），15～64 岁人口的比例要高 7.43 个百分点（全国为 73.01%），65 岁及以上人口的比例要低 3.68 个百分点（全国为 10.47%）。[1]

表 2-3　主要地区及范围的分年龄人口比重一览（%）

区域	合计	0～14 岁	15～64 岁	65 岁及以上
佛山市	100	12.77	80.44	6.79
广州市	100	12.98	79.12	7.90
深圳市	100	13.40	83.23	3.37
广东省	100	17.37	74.15	8.48
全　国	100	16.52	73.01	10.47

　　以上说明，佛山市人口增长率比全国总体要高，主要体现在 15～64 岁人口

----

[1]　全国 15～59 岁人口占比为 67.33%，佛山要高 9.2 个百分点（为 76.53%）；全国 60 岁及以上人口占比为 16.15%，佛山要低 5.45 个百分点（为 10.70%）。

的增加，这显然是经济发达地区对劳动力人口①的吸引作用所产生的结果，这是广东主要地区常住人口的共同特征之一。但总体而言，佛山市人口的年龄构成还是呈现中间降、两头升的"上有老、下有小"的状态。另外，尽管目前佛山市人口老龄化②情况远低于全国总体水平，但 0～14 岁人口比重偏低，如果人口出生率上不去的话，可能会加快佛山市人口老龄化速度。

三、佛山市常住人口城乡分布

调查显示（见表2-4），佛山市的城镇常住人口为 705.46 万人，占佛山市常住人口的 94.94%；农村常住人口为 37.60 万人，仅占佛山市常住人口的 5.06%。

而从佛山市各区来看，禅城区人口 100% 为城镇常住人口，顺德区城镇常住人口也高达 98.57%；而农村常住人口比重较大的，依次为三水区（占本区人口的 27.39%）、高明区（占本区人口的 11.08%）。

表2-4　佛山市及各区常住人口城乡分布状况（万人）

	合计	城镇常住人口		农村常住人口情况	
		城镇常住人口	比重（%）	农村常住人口	比重（%）
合计	743.06	705.46	94.94	37.60	5.06
禅城区	112.07	112.07	100	0.00	0.00
南海区	270.56	258.84	95.67	11.72	4.33
顺德区	253.53	249.91	98.57	3.62	1.43
三水区	63.85	46.36	72.61	17.49	27.39
高明区	43.05	38.28	88.92	4.77	11.08

从主要地区及范围来看（见表2-5），广州市常住人口中，居住在城镇的人口占 85.53%，居住在乡村的人口占 14.47%；全省常住人口中，居住在城镇的人口占 68.71%，居住在乡村的人口占 31.29%。与全国相比，佛山市居住在

---

① 劳动力人口，是指有劳动能力和就业要求的劳动适龄人口。包括从事社会劳动并取得劳动报酬或经营收入的就业人口和要求工作而尚未获得工作职位的失业或待业人口。

② 按国际传统标准，一个国家 60 岁及以上人口占比达到 10%，即进入老龄化社会。最新标准是，一个国家 65 岁及以上人口占比达到 7% 时，即进入老龄化社会。

城镇的人口①比例要高 39.06 个百分点（全国为 55.88%），则居住在乡村的人口比例要低 39.06 个百分点（全国为 44.12%）。

可见，佛山市人口的城镇化程度较高，远高于全国和广东省总体水平，也高于广州市。

表 2-5　主要地区及范围常住人口城乡分布比重（%）

	城镇常住人口比重	农村常住人口比重
佛山市	94.94	5.06
广州市	85.53	14.47
广东省	68.71	31.29
全　国	55.88	44.12

四、佛山市人口的性别构成

从表 2-6 可见，佛山市的常住人口中，男性人口为 401.03 万人，占 53.97%；女性人口为 342.03 万人，占 46.03%。总人口性别比②由 2010 年第六次全国人口普查的 116.74 微升为 117.25。

表 2-6　佛山市及各区人口的性别比（女 = 100）

	合　计	家庭户人口性别比	集体户人口性别比
合　计	117.25	109.31	119.13
禅城区	107.15	102.76	151.64
南海区	124.25	110.55	210.29
顺德区	114.21	112.15	147.77
三水区	121.59	104.40	464.45
高明区	114.08	109.89	252.94

而从佛山市各区来看，佛山市的家庭户总人口性别比为 109.31。其中，最高的是顺德区（112.15），最低的是禅城区（102.76）。

在集体户中，各区的男女人口性别比普遍较高，以致佛山市集体户总人口

---

① 城乡人口，是指居住在我国境内城镇、乡村地域上的人口，城镇、乡村是按 2008 年国家统计局《统计上划分城乡的规定》划分的。

② 性别比，是指以女性为 100，男性对女性的比例。

性别比高达 199.13。其中，最高的为三水区，高达 464.45；最低的为顺德区，也高达 147.77。

值得注意的是，佛山市人口的性别比呈现上升趋势，而且集体户人口中普遍以男性居多，尤其是三水区、高明区、南海区的集体户，这必然将促使佛山市男女人口比例的失衡。

从主要地区及范围来看（见图 2 – 2），广州市常住人口的性别比为 105.08；深圳市常住人口的性别比为 115.56；全省常住人口的性别比为 109.60。与全国相比，佛山市总人口性别比要高 12.23 个点（全国下降为 105.02）①。

可见，佛山市人口的性别结构出现较为明显的失衡状况，明显高于全国、广东省及主要地区的总人口性别比水平。

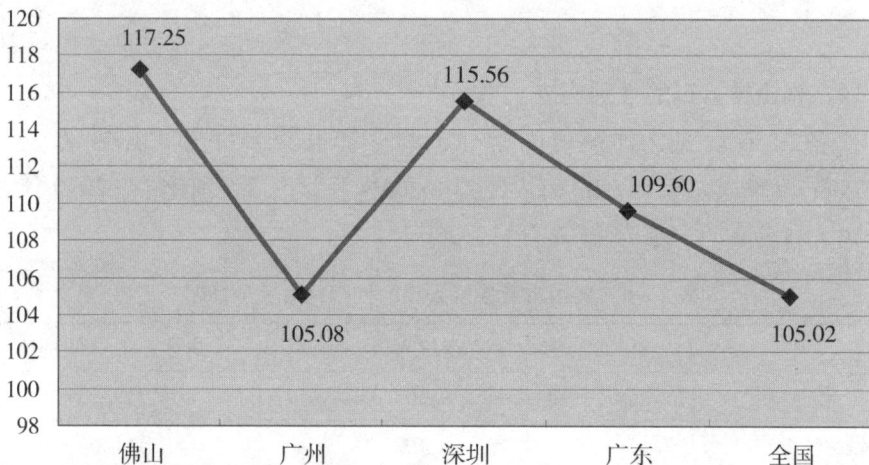

图 2 – 2　主要地区及范围常住人口性别比一览

五、佛山市人口的家庭户规模

据表 2 – 7 显示，截至 2015 年末，佛山市共有家庭户②238.98 万户，家庭户人口为 652.60 万人，平均每个家庭户的人口为 2.73 人，比 2010 年第六次全国人口普查的每户 2.85 人减少了 0.12 人。

---

① 佛山市男性人口比重比全国要高 2.75 个百分点（全国为 51.22%），而女性人口占比要低 2.75 个百分点（全国为 48.78%）。

② 家庭户，是指以家庭成员关系为主、居住一处共同生活的人组成的户。

从佛山市各区来看，平均家庭户规模较大的是高明区、三水区和禅城区，依次为2.94人/户、2.85人/户、2.80人/户。顺德区则较低，为2.62人/户。

表2-7 佛山市及各区家庭户基本情况

	家庭户数（万户）	家庭户人口（万人）	平均家庭户规模（人/户）
合计	238.98	652.54	2.73
禅城区	35.61	99.85	2.80
南海区	79.56	219.08	2.75
顺德区	90.24	236.57	2.62
三水区	19.64	56.06	2.85
高明区	13.93	40.98	2.94

从主要地区及范围来看（见图2-3），广州市平均每个家庭户的人口为2.75人；深圳市平均每个家庭户的人口为2.49人；广东省平均每个家庭户的人口为3.25人。而全国平均每个家庭户的人口为3.10人，与2010年第六次全国人口普查持平。

可见，佛山市家庭规模较广东省平均水平少0.52人，比全国水平少了0.37人，且家庭户规模在进一步缩小。且随着人们家庭观念的变化和发展需求的多元化（如生活、工作、上学、习惯等），佛山市家庭户的人口规模呈现逐步缩小的趋势。

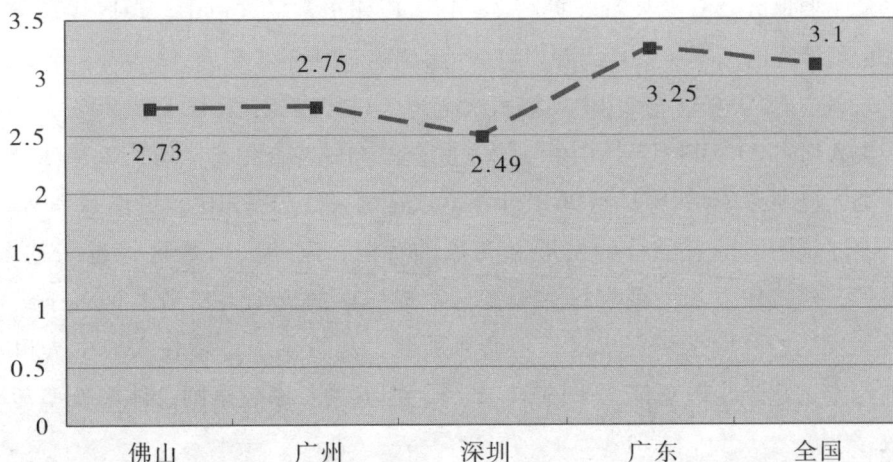

图2-3 主要地区及范围家庭户规模比较（人/户）

六、佛山市人口的流动状况

从表2-8可见，在佛山市常住人口中，现居住地与户口登记地所在的县（市、区）不一致且离开户口登记地半年以上的人口为360.09万人，占48.46%。与2010年第六次全国人口普查相比，增加2.08万人，增长0.58%。

从佛山市各区来看，南海区、顺德区人口流动的比重相对较大，依次达到53.73%、49.78%；而高明区、三水区人口流动比重相对较小，依次为34.89%、38.86%。

表2-8　佛山市及各区的人口流动状况（万人）

	常住人口数	居住本乡镇、街道，户口在外乡镇、街道离开户口登记地半年以上	
		流动人口数	比重（%）
合计	743.06	360.09	48.46
禅城区	112.07	48.68	43.44
南海区	270.56	145.37	53.73
顺德区	253.53	126.21	49.78
三水区	63.85	24.81	38.86
高明区	43.05	15.02	34.89

从主要地区及范围来看（见图2-4），广州市常住人口中，现居住地与户口登记地所在的区不一致且离开户口登记地半年以上的人口占42.44%；深圳市同类人口占78.03%，与2010年第六次全国人口普查相比，增长4.27%；广东省同类人口占29.51%，与2010年第六次全国人口普查相比，增长2.36%；全国同类人口则占21.29%，与2010年第六次全国人口普查相比，增长11.89%。

上述说明，随着经济的发展和交流的普遍，流动人口数也将越来越多。很显然，经济较发达的南海区、顺德区、禅城区的流动人口数要远多于经济相对欠发达的高明区、三水区。但必须看到，尽管佛山市常住人口中人口流动的比重远超于全国总体水平的21.29%，但其增长率较全国总体增长率却明显放缓。

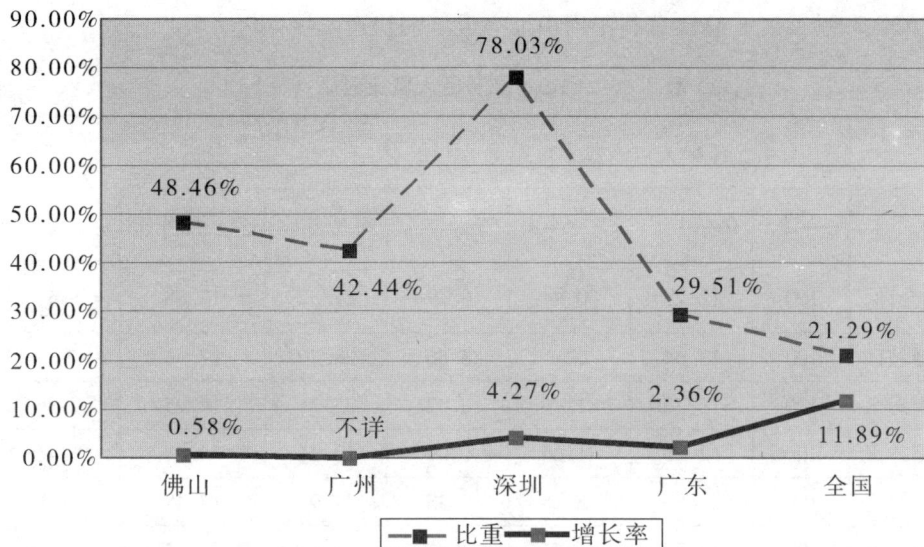

图2－4　主要地区及范围常住人口中人口流动比重及增长率

七、佛山市人口的抚养比

调查显示（见表2－9），佛山市的 15～64 岁[1]人口比重为80.44%。其中，高明区、禅城区、三水区的 15～64 岁人口比重略小，高明区最低（75.41%）；而南海区、顺德区的 15～64 岁人口比重略大，分别为81.76%、81.66%。

表中可见，佛山市人口的总抚养比[2]为24.32%。其中，高明区人口总抚养比略高，达到 32.60%，随之是禅城区（28.70%）、三水区（27.91%）；南海区和顺德区的人口总抚养比稍低，依次为22.31%和22.46%。总体而言，各区的少儿抚养比略高于老年抚养比。

由此表明，佛山市的劳动力供给相对充足，社会负担也相对较轻，尤其是

---

① 按我国即将推行的延迟退休年龄的政策，退休年龄将渐进式地延迟到 65 岁。
② 人口大体可分为少儿人口、劳动力人口、老年人口三类。抚养比是指非劳动力人口数与劳动力人口数之间的比率，它度量了劳动力人均负担的赡养费及劳动力人口的数量。即：总抚养比＝（老年人口＋少儿人口）/劳动力人口＝老年抚养比＋少儿抚养比。抚养比越大，表明劳动力人均承担的抚养人数就越多，这意味着劳动力的抚养负担就越重。老年抚养比更直接度量了劳动力的养老负担。人口老龄化的结果将直接导致老年抚养比的不断提高。因此，老年抚养比是老龄化社会中关注的重点。

南海区和顺德区，总体有利于佛山地方经济的快速发展。①

表 2 - 9　佛山市及各区人口抚养比（%）

	分年龄人口占总人口比重				抚养比		
	合计	0 ~ 14 岁	15 ~ 64 岁	65 及以上	总抚养比	少儿抚养比	老年抚养比
合计	100	12.77	80.44	6.79	24.32	15.88	8.44
禅城区	100	13.64	77.7	8.66	28.70	17.56	11.14
南海区	100	12.22	81.76	6.02	22.31	14.95	7.36
顺德区	100	12.25	81.66	6.09	22.46	15.01	7.46
三水区	100	13.59	78.18	8.23	27.91	17.38	10.53
高明区	100	15.79	75.41	8.8	32.60	20.93	11.67

第二节　佛山人口生育与死亡状况分析

一、佛山市出生人口情况

调查显示（见表 2 - 10），佛山市 2015 年（指 2014 年 11 月 1 日 0 时至 2015 年 10 月 30 日 24 时，下同）出生人口为 6.83 万人，出生率为 9.19‰。其中男性新生儿 3.64 万人，占 53.27%；女性新生儿 3.19 万人，占 46.73%。男、女性新生儿性别比为 114.02。

从生育孩次情况看，生育第一孩的占 58.10%，生育第二孩的占 38.05%，生育第三孩及以上的占 3.85%。

可见，佛山市已经能较好地控制住人口生育，基本将市民的生育孩次控制在以生育一孩为主，较好地控制了第三孩及以上孩次的生育（尤其是高明区）。

---

① 理论界将人口抚养比小于或等于 50% 称为人口机会窗口期。在窗口关闭之前的时间内，劳动力供给充足，社会负担相对较轻，有利于经济的快速发展。

表2-10 佛山市2015年分性别分孩次的人口出生状况

	出生人数（人）				第一孩比重（%）	第二孩比重（%）	第三孩及以上比重（%）
	合计	男	女	性别比			
合计	68 286	36 379	31 907	114.02	58.10	38.05	3.85
禅城区	11 092	6248	4844	128.98	59.18	38.92	1.90
南海区	27 449	13 865	13 584	102.07	57.80	37.60	4.60
顺德区	20 850	11 548	9302	124.15	57.41	38.05	4.54
三水区	4493	2422	2071	116.95	54.69	42.19	3.12
高明区	4402	2296	2106	109.02	64.52	34.68	0.80

二、佛山市育龄妇女生育状况

从表2-11可见，佛山市2015年育龄妇女总体生育率为30.73‰，生育年龄主要集中在25～29岁，生育率为74.08‰；其次是20～24岁，生育率为52.05‰；第三是30～34岁，生育率为40.92‰。40岁以上育龄妇女的生育率陡然下降。

从孩次生育率看，20～29岁育龄妇女以生育第一孩为主。30岁以上育龄妇女则以生育第二孩为主，但单独二孩政策刚放开，全面放开二孩政策在2015年尚未落地，故育龄妇女生育二孩的欲望尚未凸显。

表2-11 佛山市2015年分年龄育龄妇女生育率（‰）

年龄别	累计生育率	第一孩生育率	第二孩生育率	第三孩及以上生育率
合计	30.73	17.86	11.69	1.18
15～19	5.98	4.56	1.42	0.00
20～24	52.04	37.53	13.83	0.68
25～29	74.08	49.64	22.11	2.33
30～34	40.92	15.48	23.47	1.97
35～39	14.58	3.82	8.86	1.90
40～44	3.97	0.80	2.77	0.40
45～49	0.72	0.12	0.60	0.00

三、佛山市妇女活产子女情况

据表 2 - 12 显示，佛山市 15 ～ 50 岁妇女中，没有活产子女的占 29.38%，有 1 个活产子女的占 34.69%，有 2 个活产子女的占 30.29%，有 3 个活产子女的占 4.78%，有 4 个活产子女的占 0.74%，有 5 个及以上活产子女的占 0.12%。佛山全市 15 ～ 50 岁妇女平均活产子女数为 1.13 个。

其中，禅城区、顺德区没有活产子女的 15 ～ 50 岁妇女占比较高，分别为 33.55% 和 30.49%；而三水区和高明区略低，分别为 25.69%、25.73%。

以上说明，禅城区、顺德区的 15 ～ 50 岁妇女的未生育或不生育人数略高于三水区和高明区。

表 2 - 12　佛山市按活产子女数分的 15 ～ 50 岁妇女数占比（%）

	合计	活产 0 个占比	活产 1 个占比	活产 2 个占比	活产 3 个占比	活产 4 个占比	活产 5 个占比	妇女平均活产子女数（个）
合计	100	29.38	34.69	30.29	4.78	0.74	0.12	1.13
禅城区	100	33.55	39.07	23.40	3.24	0.66	0.08	0.99
南海区	100	27.91	33.41	32.05	5.62	0.85	0.16	1.19
顺德区	100	30.49	32.23	31.73	4.78	0.66	0.11	1.13
三水区	100	25.69	38.39	30.59	4.39	0.84	0.10	1.17
高明区	100	25.73	42.27	27.43	3.85	0.64	0.08	1.12

从图 2 - 5 可见，佛山市 15 ～ 50 岁妇女的平均活产子女数与妇女年龄增长成正比。15 ～ 19 岁妇女的平均活产子女数为 0.02 个，20 ～ 24 岁妇女的平均活产子女数为 0.23 个，25 ～ 29 岁妇女的平均活产子女数为 0.82 个，直到 30 岁以上，才达到平均有 1 个以上活产子女，最高平均值为 1.83 个。

由此可见，佛山市 15 ～ 50 岁妇女普遍存在晚育情形，明显推迟到 25 岁甚至 30 岁之后。

四、佛山市分年龄妇女子女存活比例

据表 2 - 13 显示，佛山市妇女存活子女数占活产子女数的比例为 99.63%，各年龄段妇女存活子女数占活产子女数的百分比无明显差距。说明长期以来佛

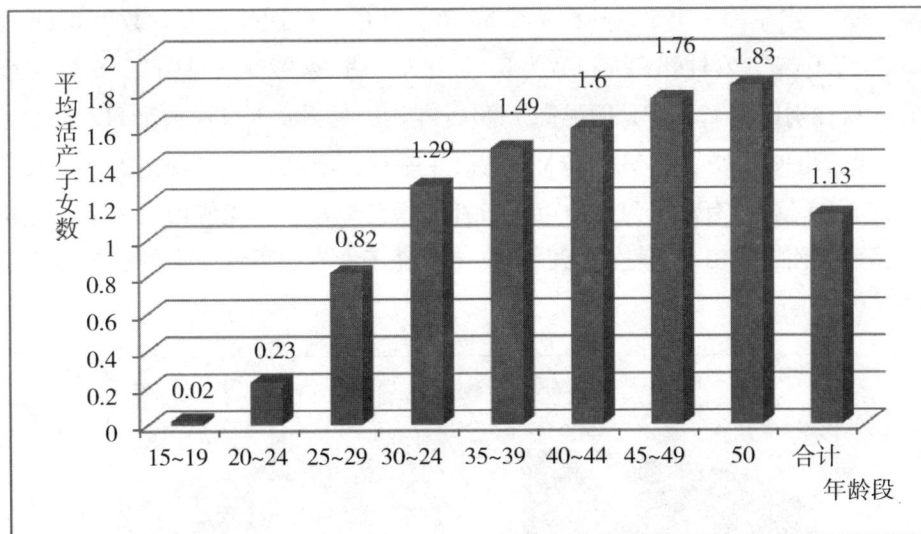

图 2 - 5 佛山市分年龄妇女平均活产子女数（个）

山市妇女活产子女的存活率一直保持在较高水平。

表 2 - 13 佛山市分年龄妇女存活子女数占活产子女数的百分比（%）

年龄段	妇女平均活产子女数（个）	妇女平均存活子女数（个）	存活子女数占活产子女数的百分比
合计	1.13	1.13	99.63
15～19	0.02	0.02	100
20～24	0.24	0.23	99.67
25～29	0.82	0.82	100
30～34	1.3	1.29	99.71
35～39	1.5	1.49	99.58
40～44	1.6	1.59	99.63
45～49	1.77	1.76	99.6
50	1.84	1.84	100

五、佛山市总体人口死亡状况

据调查推算，2015 年（指 2014 年 11 月 1 日 0 时至 2015 年 10 月 30 日 24 时）佛山市死亡人口数为 1.78 万人（死亡率 2.4‰），远低于 2015 年出生人口

6.83 万人（出生率 9.19‰），相差 3.84 倍。其中，男性死亡人口数为 0.98 万人，占 55.03%；女性死亡人口数为 0.80 万人，占 44.97%（见图 2 - 6）。男女死亡人口性别比为 122.37，明显高于 2015 年调查的男女人口性别比 117.25。

由此表明，一方面，佛山市人口的出生率远高于死亡率（出生人口为死亡人口的 3.84 倍），有利于为佛山市人口补充新鲜血液，减缓佛山市的老龄化进程。另一方面，佛山市男性的死亡率总体要高于女性，男性生命健康问题仍然值得关注。

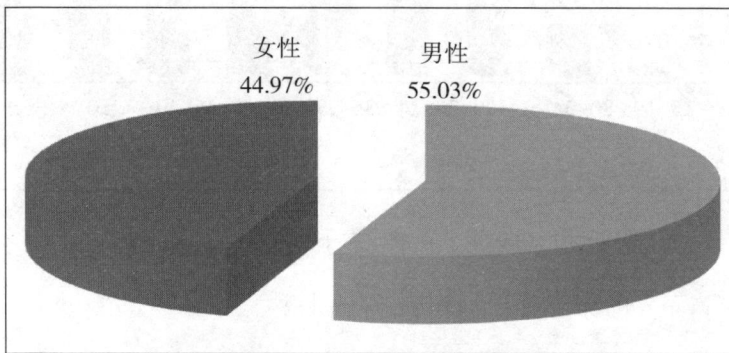

图 2 - 6　佛山市 2015 年分性别死亡人口比例

而从图 2 - 7 来看，佛山市死亡人口主要集中在 65～89 岁之间，其中 80～84 岁死亡人口占总死亡人口的比例最高（14.20%），其次是 75～79 岁，占 12.03%，第三是 85～89 岁，占 11.64%，第四是 65～69 岁，占 11.05%，第五是 70～74 岁，占 10.26%。据统计，佛山市 75 岁及以上死亡人口占 49.12%；0～19 岁青少年儿童死亡人口仅占总死亡人口的 0.20%。可见，佛山市人口的总体寿命较长，近五成人口可以活到 75 岁以上。而且，青少年儿童（未成年人）的存活率总体较高。

六、分年龄人口死亡率分析

据表 2 - 14 显示，佛山市人口总体死亡率为 2.4‰，其中男性人口死亡率为 2.44‰，女性人口死亡率为 2.35‰。总体而言，人口死亡率与年龄成正比，44 岁及以下的女性人口死亡率略高于同龄男性人口，而 45 岁及以后则相反，且男性人口死亡率明显高于同龄女性人口；95 岁及以上人口中，由于长寿女性人口高于男性，当然其死亡率相应显得高些。

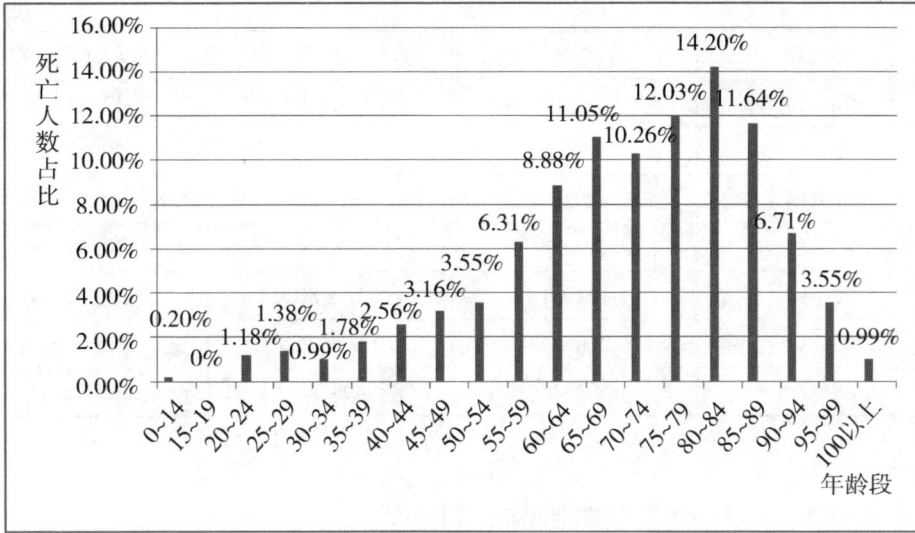

图2-7　佛山市分年龄死亡人口占总死亡人口比例

表2-14　佛山市分年龄人口死亡率（‰）

年龄段	合计	男性人口死亡率	女性人口死亡率
合计	2.4	2.44	2.35
0~4	0.07	0.12	0
5~9	0	0	0
10~14	0	0	0
15~19	0	0	0
20~24	0.32	0.14	0.54
25~29	0.28	0.32	0.23
30~34	0.21	0.17	0.27
35~39	0.44	0.43	0.45
40~44	0.58	0.47	0.71
45~49	0.82	1.14	0.45
50~54	1.32	2.03	0.45
55~59	3.78	5.53	1.86
60~64	5.39	8.13	2.89
65~69	9.58	10.53	8.71

续表

年龄段	合计	男性人口死亡率	女性人口死亡率
70～74	15.33	18.44	12.56
75～79	24.62	29.72	20.17
80～84	45.03	67.55	30.29
85～89	74.59	95.18	64.83
90～94	102.61	104.80	101.56
95～99	236.77	146.26	266.79
100 岁及以上	698.40	493.56	864.38

七、15 岁以上分婚姻分性别死亡人口

据图 2-8 显示，佛山市 2015 年 15 岁以上死亡人口中，未婚的占 5.13%，有配偶的占 60.55%，离婚的占 0.99%，丧偶的占 33.33%。

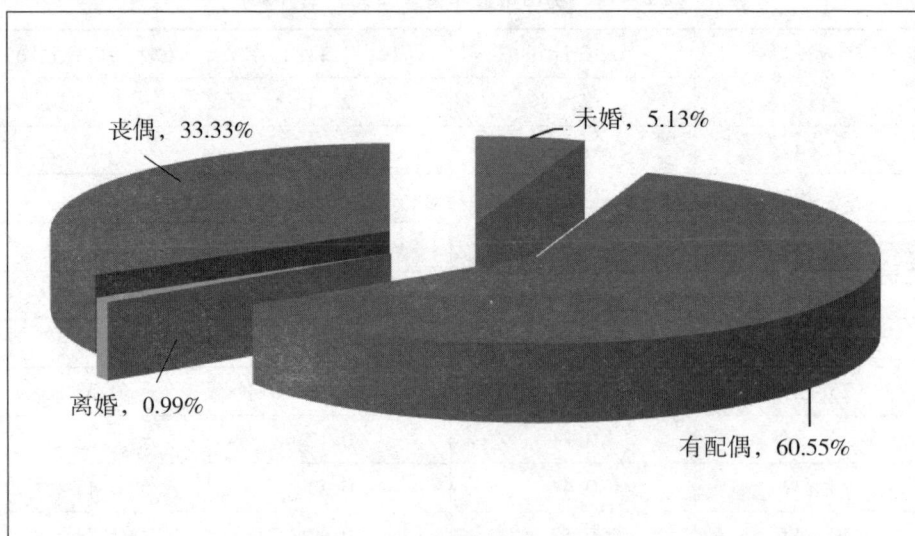

图 2-8　佛山市 2015 年 15 岁以上分婚姻死亡人口比例

而从图 2-9 来看，佛山市 2015 年 15 岁以上死亡人口中，男性死亡人口占 54.83%、女性死亡人口占 45.17%。其中，在未婚死亡人口中，男性占 57.69%、女性占 42.31%；在有配偶死亡人口中，男性占 68.40%、女性占 31.60%；在离婚死亡人口中，男性占 80.00%、女性占 20.00%；在丧偶死亡人口中，男性占 29.59%、女性占 70.41%。

　　显然，在未婚、有配偶、离婚等婚姻状况的死亡人口中，男性所占比例要高。这说明，男性寿命总体而言要低于女性，丧偶的死亡人口中女性所占比例远高于男性，得以证明。

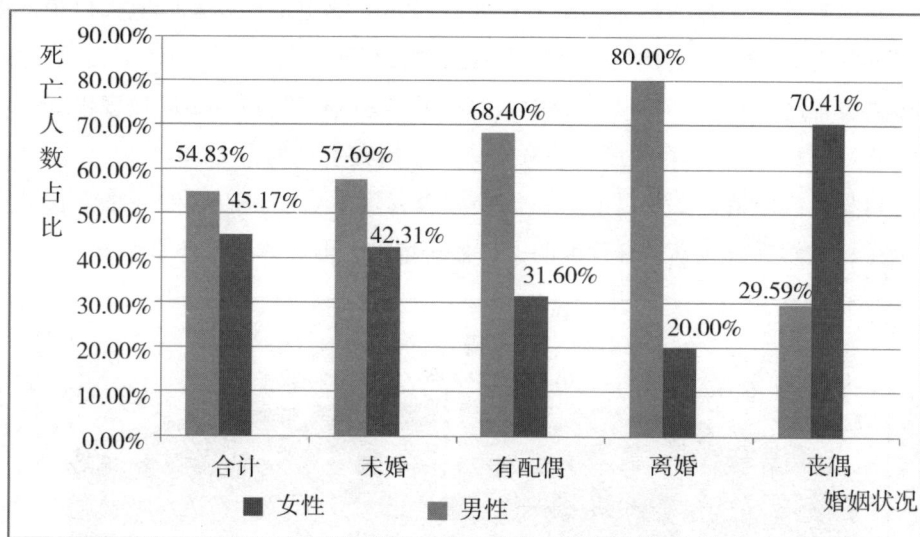

图 2-9　佛山市 2015 年分性别分婚姻死亡人口比例

第三节　佛山人口受教育与就业质量分析

一、佛山市人口的受教育程度

据调查数据测算，佛山市常住人口中，具有大学（含大专及以上）教育程度的人口为 105.08 万人；具有高中（含中职）教育程度的人口为 149.09 万人；具有初中教育程度的人口为 269.09 万人；具有小学教育程度的人口为 158.82 万人。①

与 2010 年第六次全国人口普查相比，每 10 万人中具有大学教育程度的人

——————————

①　以上各种受教育程度人口包括各类学校的毕业生、肄业生和在校生。

数由 9469 人大幅跃升为 14 142 人（增长率为 49.35%）；具有高中教育程度的
人数由 19 378 人上升为 20 065 人（增长率为 3.55%）；具有初中教育程度的人
数由 43 613 人下降为 36 214 人（增长率为 -16.97%）；具有小学教育程度的人
数由 20 658 人上升为 21 374 人（增长率为 3.47%）。

　　从受教育程度人口的比重看（见图 2 - 10），佛山市 6 岁及以上人口中，未
上过学的占 2.29%；占比最大的是具有初中教育程度的（占 38.55%）；随之是
小学教育程度（占 22.75%）、高中教育程度（占 14.10%）、中职教育程度（占
7.26%）；具有大学教育程度（专科、本科、研究生）的占 15.05%。

　　可见，佛山市 6 岁及以上人口的受教育程度主要还是以初中、小学教育程
度为主；虽然具有大学教育程度的人口显著增加，但总体比重还是偏低。

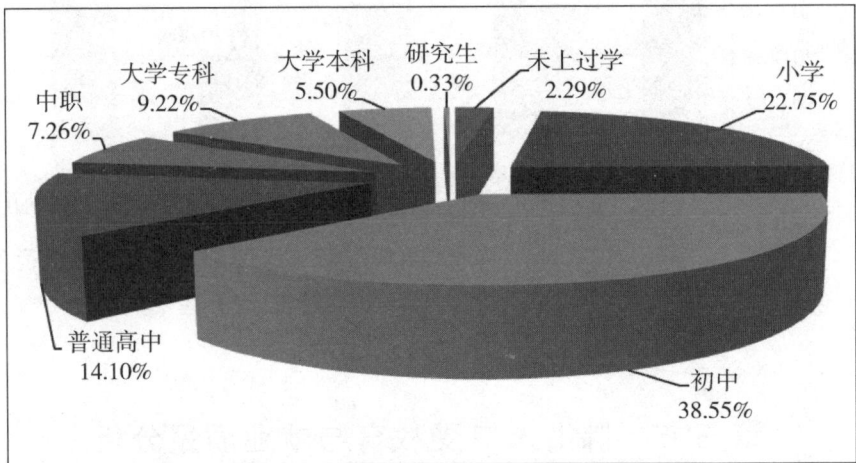

图 2 - 10　佛山市 6 岁及以上人口受教育程度占比

　　而从图 2 - 11 来看，佛山市 6 岁以上人口中，未上过学和仅具有小学教育
程度的人口以女性为主。而具有初中、高中、中职、大学教育程度的人口中，
则男性略高于女性，这与男性人口数大于女性有关。

　　再从表 2 - 15 来看，佛山市 6 岁及以上人口中，虽然未上过学的以 40 岁以
上尤其是 60 岁以上人口为主，但是 6～39 岁未上过学人口也占本类人口的
15.47%。同时，除适龄青少年外，年龄越高人口其受教育程度相对越低；而具
有大学教育程度者主要集中于 20～50 岁年龄段。

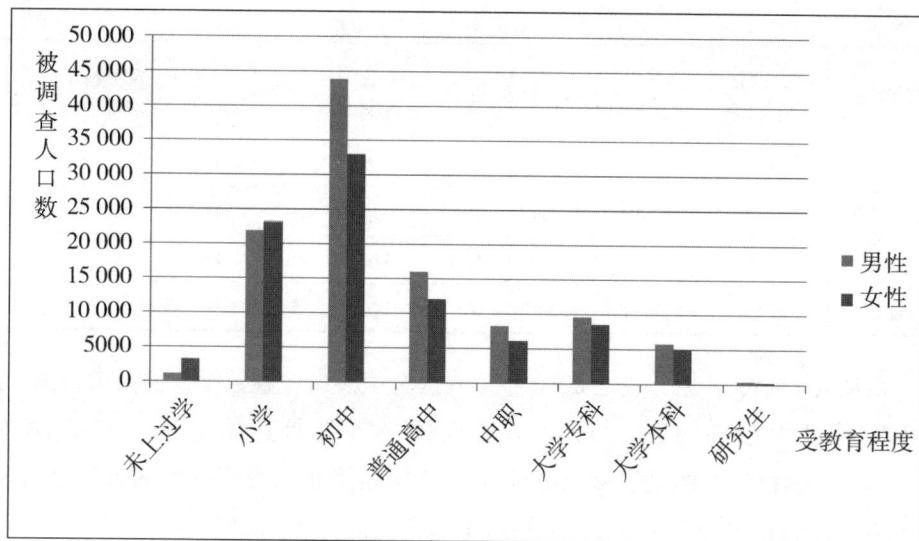

图 2 - 11 佛山市 6 岁及以上被调查人口分性别受教育程度（人）

表 2 - 15 佛山市 6 岁及以上被调查人口分年龄受教育程度（人）

年龄段	6岁及以上人口	未上过学	小学	初中	普通高中	中职	大学专科	大学本科	研究生
合计	198 895	4551	45 250	76 672	28 039	14 442	18 339	10 947	655
6～9	6901	462	6438	0	1	0	0	0	0
10～14	7317	21	3858	3351	80	7	0	0	0
15～19	11 132	17	153	3467	3925	1586	1333	650	1
20～24	18 743	26	359	5677	2816	3034	4418	2347	66
25～29	25 407	43	830	9257	4427	3428	4558	2672	192
30～34	23 339	50	1173	9875	4065	2635	3140	2245	156
35～39	19 818	85	1968	9827	3134	1716	1790	1211	87
40～44	21 934	163	3505	11 984	3225	944	1334	719	60
45～49	19 365	284	5343	9854	2141	395	762	537	49
50～54	13 811	217	4363	6245	1961	196	491	300	38
55～59	8474	209	3670	3023	1168	124	203	71	6
60～64	8278	399	4969	2026	607	124	113	40	0
65～69	5843	359	3879	1109	253	111	96	36	0

续表

年龄段	6岁及以上人口	未上过学	小学	初中	普通高中	中职	大学专科	大学本科	研究生
70~74	3380	453	2149	513	122	63	41	39	0
75~79	2435	549	1385	292	62	56	41	50	0
80~84	1568	593	757	130	31	18	15	24	0
85及以上	1150	621	451	42	21	5	4	6	0

而从表2-16可见，较之2010年第六次全国人口普查数据，佛山市每10万人中接受过大学教育的人口远高于全国、广东和其他地区（增长率为49.35%）。值得注意的是，佛山市每10万人中接受小学教育程度的人口也出现了小增长（增长率为3.47%），尽管这个增速远远低于深圳市的28.53%，而无锡市、南京市、广州市每10万人中接受小学、初中甚至高中教育的人口均出现明显的负增长。

表2-16　佛山市与主要范围及地区每10万人分受教育程度人口增长比较（人）

教育程度	时间及增长率	佛山	广州	深圳	广东	全国	无锡	南京
大学教育程度	2010	9469	19 228	17 644	8214	8930	12 876	26 119
	2015	14 142	23 654	22 668	11 014	12 445	16 590	35 358
	增长率%	49.35	23.02	28.47	34.09	39.36	28.84	35.37
高中教育程度	2010	19 378	22 923	23 903	17 072	14 032	17 805	20 823
	2015	20 065	25 714	25 289	19 846	15 350	18 433	18 469
	增长率%	3.55	12.18	5.80	16.25	9.40	3.53	-11.30
初中教育程度	2010	43 613	36 127	44 088	42 913	38 788	41 689	29 460
	2015	36 214	28 128	33 266	36 458	35 633	38 249	23 086
	增长率%	-16.97	-22.14	-24.55	-15.04	-8.13	-8.25	-21.64
小学教育程度	2010	20 658	15 724	8905	22 956	26 779	21 077	16 015
	2015	21 374	14 781	11 446	22 065	24 356	19 048	14 338
	增长率%	3.47	-6.00	28.53	3.88	-9.05	-9.63	-10.47

从主要地区及范围来看（见图2-12），佛山市每10万人中具有大学、高中教育程度的人数明显低于广州市、深圳市、无锡市、南京市；而具有初中、小学教育程度的人数则明显高于广州市、深圳市、无锡市，特别是南京市。可见，佛山市每10万人的受大学教育程度（含大专以上）的人数处于偏低水平，这在一定程度上将制约佛山市产业升级换代和创新驱动发展。

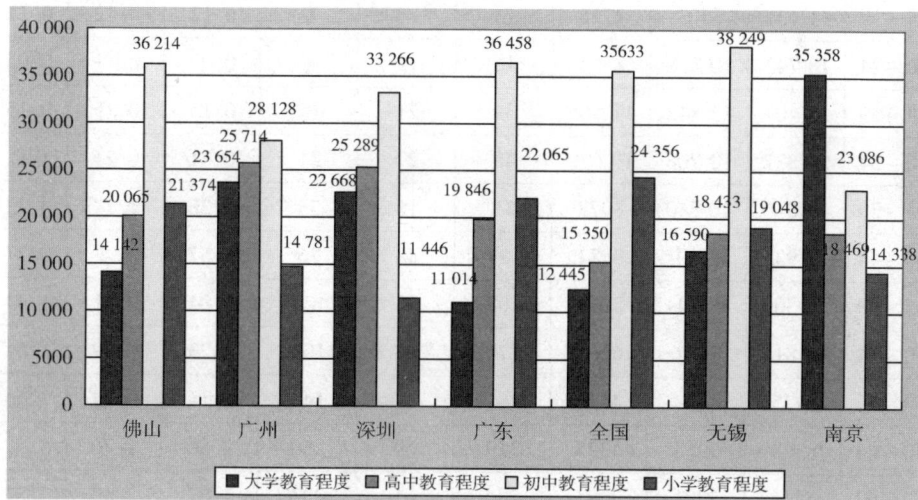

图2-12 主要地区及范围每10万人受教育程度人数比较

二、佛山市文盲人口状况

据表2-17显示，佛山市15岁及以上人口中，文盲人口占1.76%，女性文盲人口比重（2.96%）明显高于男性（0.73%），男性、女性文盲人口比为1:3.5。

从年龄角度看，佛山市15岁及以上人口中，文盲人口主要集中于40岁及以上尤其是70岁及以上人口，这符合中国教育发展基本规律。但是，15~29岁人口中仍有一定比例的文盲人口，或许这些文盲人口以残障人士为主，但这与佛山较为发达的经济基础也是不相称的。

表2-17 佛山市15岁及以上被调查人口中的文盲状况

	15岁及以上人口（人）			文盲人口（人）			文盲人口占15岁及以上人口比重（%）		
	合计	男	女	小计	男	女	小计	男	女
合计	184 676	99 251	85 425	3254	728	2526	1.76	0.73	2.96
15~19	11 131	6403	4728	13	7	6	0.12	0.12	0.13
20~24	18 742	10 388	8354	16	12	4	0.09	0.11	0.05
25~29	25 407	13 842	11 565	39	21	18	0.15	0.15	0.15
30~34	23 337	12 708	10 629	48	27	21	0.21	0.21	0.2
35~39	19 818	10 840	8978	51	16	35	0.26	0.14	0.39
40~44	21 935	12 101	9834	124	48	76	0.57	0.4	0.77
45~49	19 365	10 541	8824	202	75	127	1.04	0.71	1.44
50~54	13 811	7551	6260	170	67	103	1.23	0.89	1.64
55~59	8475	4433	4042	181	37	144	2.14	0.84	3.56
60~64	8278	3953	4325	319	69	250	3.86	1.76	5.77
65~69	5844	2791	3053	284	61	223	4.87	2.19	7.31
70~74	3381	1588	1793	371	46	325	10.95	2.87	18.1
75~79	2435	1131	1304	433	76	357	17.78	6.75	27.34
80~84	1567	616	951	487	83	404	31.07	13.49	42.46
85及以上	1150	365	785	516	83	433	44.81	22.65	55.12

三、佛山市人口分行业就业状况

据表2-18显示，佛山市16岁及以上人口的就业行业主要集中于制造业，占53.97%；随之是批发和零售业（占14.51%），建筑业（占4.33%），住宿和餐饮业（占3.93%），农林牧渔业（占3.82%），交通运输、仓储和邮政业（占2.94%），公共管理、社会保障和社会组织（占2.64%），居民服务、修理和其他服务业（占2.62%）。

表2-18 佛山市各区16岁及以上被调查人口分行业就业状况(人)

	就业人口	农、林、牧、渔业	采矿业	制造业	电力热力燃气及水生产和供应业	建筑业	批发和零售业	交通运输、仓储和邮政业	住宿和餐饮业	信息传输软件和信息技术服务业	金融业	房地产业	租赁和商务服务业	科学研究和技术服务业	水利、环境和公共设施管理业	居民服务修理和其他服务业	教育	卫生和社会工作	文化体育和娱乐业	公共管理社会保障和社会组织	国际组织
合计	129 348	4939	44	69 813	799	5603	18 767	3804	5081	1145	2118	2290	1657	643	937	3395	2971	1344	583	3414	1
各行业就业比重	100	3.82	0.03	53.97	0.62	4.33	14.51	2.94	3.93	0.89	1.64	1.77	1.28	0.50	0.72	2.62	2.30	1.04	0.45	2.64	0.00
禅城区	16 956	47	3	5843	161	737	4037	574	908	375	679	473	446	137	144	604	543	360	114	771	0
南海区	49 593	1394	26	28 660	330	1746	7373	1339	1779	349	690	756	618	200	322	1109	1121	401	214	1166	0
顺德区	45 542	1644	7	26 538	185	2319	5405	1257	1738	335	578	871	465	253	340	1275	882	371	185	894	0
三水区	10 372	1191	3	5316	71	475	1083	423	353	47	115	106	82	31	75	262	230	138	46	324	1
高明区	6885	663	5	3456	52	326	869	211	303	39	56	84	46	22	56	145	195	74	24	259	0

从各区情况看，禅城区 16 岁及以上人口就业主要集中于制造业（占 34.45）、批发和零售业（占 23.81%）、住宿和餐饮业（占 5.36%）；南海区主要集中于制造业（占 57.79%）、批发和零售业（占 14.87%）；顺德区主要集中于制造业（占 58.27%）、批发和零售业（占 11.87%）、建筑业（占 5.09%）；三水区主要集中于制造业（占 52.25%）、农林牧渔业（占 11.48%）、批发和零售业（占 10.44%）；高明区主要集中于制造业（占 50.20%）、批发和零售业（占 12.62%）、农林牧渔业（占 9.63%）。

可见，佛山市 16 岁及以上人口中，超过五成人口就业行业集中于制造业，尤其是顺德区和南海区；其次是批发和零售业，尤其是禅城区。而三水区和高明区，从事农林牧渔业人口则占比较高。

从就业人口的性别来看（见图 2－13），制造业、建筑业、交通运输仓储及邮政业等行业的就业人口以男性为主。而批发零售业、住宿餐饮业、居家服务等服务性行业的就业人口则呈现男女比例相当的情形。

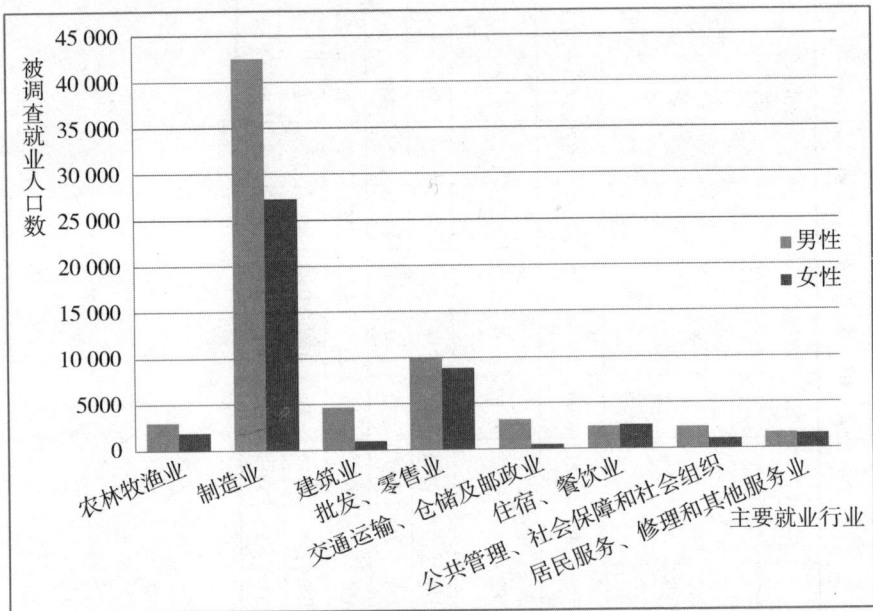

图 2－13　佛山市 16 岁及以上人口主要就业行业分性别就业情况

四、佛山市人口分年龄就业状况

从分年龄、分职业角度看（见表 2－19），各类职业的就业年龄以 20～54 岁

（尤其是25～49岁）人口为主。其中，党的机关、国家机关、群团和社会组织、企事业单位负责人的就业人口主要集中于25～54岁（尤其是30～49岁）之间；专业技术人员的就业人口集中于20～49岁（尤其是25～39岁）之间；办事人员和有关人员的就业人口集中于20～49岁（尤其是25～34岁）之间；社会生产服务和社会生活服务的就业人口集中于20～59岁（尤其是25～49岁）之间；农、林、牧、渔业生产及辅助人员的就业人口集中于25岁及以上（尤其是40岁及以上）；生产制造及有关人员的就业人口集中于16～54岁（尤其是25～44岁）之间。

表2-19 佛山市16岁及以上被调查人口分年龄分职业就业状况（人）

	就业人口（人）	党的机关、国家机关、群团和社会组织、企事业单位负责人	专业技术人员	办事人员和有关人员	社会生产服务和社会生活服务	农、林、牧、渔业生产及辅助人员	生产制造及有关人员	其他从业人员
合计	129 348	5943	10 625	8870	43 188	4813	55 752	157
16-19	3229	20	165	90	939	10	2000	5
20-24	13 225	207	1156	1048	4458	82	6264	10
25-29	21 877	662	2314	1884	7524	200	9277	16
30-34	20 556	933	2158	1627	6778	242	8794	24
35-39	17 642	989	1637	1172	5644	302	7877	21
40-44	19 493	1217	1384	1016	6188	484	9187	17
45-49	16 650	945	1012	864	5507	780	7520	22
50-54	9640	554	542	577	3508	969	3467	23
55-59	4140	263	174	365	1601	742	978	17
60-64	1984	102	59	171	740	614	298	0
65及以上	912	51	24	56	301	388	90	2

从分年龄、分行业角度看（见表2-20），佛山市16岁及以上人口就业，主要集中于20～54岁之间。其中，制造业就业人口主要集中于20～50岁之间，尤其是25～49岁之间；批发和零售业、住宿和餐饮业、居民服务等服务性行业就业人口在年龄上则有较大弹性空间，一般可在16～59岁之间就业；而农、林、牧、渔业就业人口的年龄稍微偏大，主要集中于40岁及以上人口。但信息传输软件和信息技术服务业、金融业、房地产业、科学研究和技术服务业、租赁和商务服务业等就业人口则主要为中青年人，年龄主要介于20～44岁之间。

表2-20　佛山市16岁及以上被调查人口分年龄、分行业就业状况(人)

	就业人口	农、林、牧、渔业	采矿业	制造业	电力热力燃气及水生产和供应业	建筑业	批发和零售业	交通运输仓储和邮政业	住宿和餐饮业	信息传输软件和信息技术服务业	金融业	房地产业	租赁和商务服务业	科学研究和技术服务业	水利环境和公共设施管理业	居民服务修理和其他服务业	教育	卫生和社会工作	文化体育和娱乐业	公共管理社会保障和社会组织	国际组织
合计	129 348	4939	44	69 813	799	5603	18 767	3804	5081	1145	2118	2290	1657	643	937	3395	2971	1344	583	3414	1
16~19	3229	10	0	2110	2	80	351	39	279	29	12	25	15	5	5	110	94	5	49	9	0
20~24	13 225	84	3	7906	37	371	1819	253	609	237	261	249	220	85	25	372	290	131	87	186	0
25~29	21 877	208	4	12 364	113	638	3296	602	787	279	592	513	367	157	83	519	401	286	99	569	0
30~34	20 556	254	8	11 583	115	674	3290	583	654	282	431	359	324	181	72	451	428	239	105	523	0
35~39	17 642	330	5	9923	114	693	2714	544	687	137	251	262	219	70	60	386	536	198	58	455	0
40~44	19 493	494	8	10 770	155	1094	2831	674	718	81	282	281	182	38	110	514	450	191	78	541	1
45~49	16 650	810	5	8679	133	1050	2291	563	690	61	188	259	156	63	168	466	411	151	50	456	0
50~54	9640	979	7	4307	80	625	1277	357	415	24	79	172	85	26	165	301	269	86	41	345	0
55~59	4140	761	3	1409	32	268	557	145	141	11	21	104	54	10	132	150	72	34	11	225	0
60~64	1984	619	1	562	10	83	224	39	84	2	1	43	20	4	84	102	12	15	2	77	0
65及以上	912	390	0	200	8	27	117	5	17	2	0	23	15	4	33	24	8	8	3	28	0

五、佛山市人口分受教育程度就业状况

据表 2-21 显示，佛山市 16 岁及以上就业人口中，未上过学，以及具有小学、初中、高中、中职、大学专科教育程度的人口，其就业职业主要为社会生产服务和生活服务人员、生产制造及有关人员。而具有大学本科、研究生教育程度的人口，其就业职业主要为专业技术人员、社会生产服务和生活服务人员。而从职业大类来看：

表 2-21　佛山市 16 岁及以上被调查人口分受教育程度的职业状况（人）

职业大类	就业人口	未上过学	小学	初中	普通高中	中职	大学专科	大学本科	研究生
合计	129 348	790	18 227	58 222	19 207	11 325	13 058	8002	517
党的机关、国家机关、群众团体和社会组织、企事业单位负责人	5943	17	484	2156	1398	417	903	534	34
专业技术人员	10 625	9	200	1462	1486	1304	2912	2966	286
办事人员和有关人员	8870	18	537	2003	1624	978	2160	1484	66
社会生产服务和生活服务人员	43 188	218	5693	18 382	7588	4146	4715	2351	95
农、林、牧、渔业生产及辅助人员	4813	70	1894	2201	409	146	83	9	1
生产制造及有关人员	55 752	457	9395	31 951	6672	4323	2273	647	34
其他从业人员	157	1	24	67	30	11	12	11	1

党的机关、国家机关、群众团体和社会组织、企事业单位负责人主要以具有初中、高中教育程度的人口为主。具有大学教育程度的人口在这个职业中仅占 24.75%，可见其在此职业中尚有较大的拓展空间。

专业技术人员主要以具有大学教育程度的人口为主（占 58.00%），但从佛山制造业产业升级、创新驱动发展的角度看，目前具有大学教育程度的人口在本职业中的比重还亟待快速提升。

办事人员和有关人员以具有初中、高中、大学专科、大学本科教育程度的人口为主。

社会生产服务和生活服务人员以具有初中、高中教育程度的人口为主。

农、林、牧、渔业生产及辅助人员，以及生产制造及有关人员，以具有小学、初中教育程度的人口为主。

六、佛山市人口分行业就业状况

从行业角度看（见表2-22），农、林、牧、渔业，制造业，建筑业，批发和零售业，交通运输、仓储和邮政业，住宿和餐饮业，居民服务、修理和其他服务业等行业的就业人口，以具有小学、初中和高中教育程度者为主。而信息传输、软件和信息技术服务业、金融业、房地产业、租赁和商务服务业、教育、公共管理、卫生和社会工作、社会保障和社会组织等行业的就业人口，则以具有大学教育程度者为主。

表2-22　佛山市16岁及以上人口分行业分受教育程度就业状况（人）

行业	就业人口	未上过学	小学	初中	普通高中	中职	大学专科	大学本科	研究生
合计	129 348	790	18 227	58 222	19 207	11 325	13 058	8002	517
农、林、牧、渔业	4939	69	1913	2254	432	159	94	18	0
采矿业	44	0	10	14	7	6	4	0	3
制造业	69 813	427	9896	35 816	10 022	6414	5203	1951	84
电力、热力、燃气及水生产和供应业	799	2	77	207	137	95	143	128	10
建筑业	5603	97	1450	2740	608	219	272	208	9
批发和零售业	18 767	65	1946	7677	3825	1876	2384	963	31
交通运输、仓储和邮政业	3804	10	398	1775	779	349	370	119	4
住宿和餐饮业	5081	29	751	2992	716	342	185	63	3
信息传输、软件和信息技术服务业	1145	0	20	126	157	145	389	287	21
金融业	2118	2	21	184	337	162	673	700	39
房地产业	2290	14	251	655	382	209	417	351	11
租赁和商务服务业	1657	3	91	404	242	144	438	320	15

行业	就业人口	未上过学	小学	初中	普通高中	中职	大学专科	大学本科	研究生
科学研究和技术服务业	643	1	24	107	81	57	170	187	16
水利、环境和公共设施管理业	937	23	373	298	56	36	84	63	4
居民服务、修理和其他服务业	3395	38	597	1607	492	353	222	84	2
教育	2971	2	78	393	277	315	641	1141	124
卫生和社会工作	1344	0	47	141	103	140	402	439	72
文化、体育和娱乐业	583	0	37	209	90	61	100	78	8
公共管理、社会保障和社会组织	3414	8	247	623	463	243	867	902	61
国际组织	1	0	0	0	1	0	0	0	0

七、主要行业分受教育程度就业人口占比变动分析

从表2-23可见，佛山市就业人口中，大学教育程度的人口占16.69%，高中中职教育程度人口占23.60%，初中以下教育程度人口占59.71%。很显然，佛山市就业人口中高学历人口占比还较低。

从佛山市各主要行业就业人口的受教育程度看，接受大学教育的就业人口比重较高的是批发和零售业（18.00%），其次是交通运输、仓储和邮政业（12.96%），作为佛山支柱产业的制造业则位列其三（10.37%）。自2010年第六次全国人口普查以来，佛山市每10万人接受大学教育程度的人数出现了49.35%的大跃升，大量地充实到了各行业，但制造业的大学教育程度就业人口比重仍有一定的提升空间。

表 2-23　佛山市主要行业分受教育程度就业人口占比①

行业	年份	就业人口	初中以下教育程度（含未上过学、小学、初中）		高中教育程度（含中职）		大学教育程度（含大专、本科、研究生）	
			就业人口	比重（%）	就业人口	比重（%）	就业人口	比重（%）
合计	2010	429 801	286 921	66.76	91 890	21.38	50 990	11.86
	2015	129 348	77 239	59.71	30 532	23.60	21 577	16.69
制造业	2010	241 835	173 662	71.81	50 679	20.96	17 494	7.23
	2015	69 813	46 140	66.09	16 436	23.54	7237	10.37
批发和零售业	2010	59 465	36 996	62.21	15 916	26.76	6553	11.02
	2015	18 766	9687	51.62	5701	30.38	3378	18.00
建筑业	2010	16 365	12 663	77.38	2368	14.47	1334	8.15
	2015	5604	4287	76.50	827	14.76	490	8.74
住宿和餐饮业	2010	15 522	11 665	75.15	3225	20.78	632	4.07
	2015	5082	3773	74.24	1058	20.82	251	4.94
农、林、牧、渔业	2010	23 745	21 026	88.55	2378	10.01	341	1.44
	2015	4940	4237	85.77	591	11.96	112	2.27
交通运输、仓储和邮政业	2010	12 138	8002	65.93	3020	24.88	1116	9.19
	2015	3804	2183	57.38	1128	29.65	493	12.96

　　而从变动角度看，与 2010 年全国第六次人口普查数据相比，制造业的初中以下教育程度就业人员占比由 71.81% 下降为 66.09%，下降了 5.72%；高中教育程度就业人员占比上升到 23.54%，上升了 2.58%；大学教育程度就业人口占比上升到 10.37%，上升了 3.14%。其中，变动最大的是批发和零售业，初中以下教育程度就业人员占比下降为 51.62%，下降了 10.59%；高中教育程度就业人员占比上升到 30.38%，上升了 3.71%；大学教育程度就业人口占比上升到 18.00%，上升了 6.98%。而住宿与餐饮业则变动不大。

---

　　①　2010 年的为全国第六次人口普查数据，2015 年的为全国 1% 人口抽样调查数据。

第四节 佛山人口婚姻与家庭现状分析

一、分性别分年龄的婚姻状况

调查显示（见图 2 – 14），佛山市 15 岁及以上人口中，未婚人口占总人口的 22.14%（其中未婚男性占男性总人口的 25.82%、未婚女性占女性总人口的 17.87%），有配偶的人口占总人口的 73.23（其中有配偶男性占男性总人口的 71.79%、有配偶女性占女性总人口的 74.91%），离婚人口占总人口的 1.29%（其中离婚男性占男性总人口的 1.16%、离婚女性占女性总人口的 1.44%），丧偶人口占总人口的 3.34%（其中丧偶男性占男性总人口的 1.23%、丧偶女性占女性总人口的 5.78%）。

以上说明，佛山市 15 岁以上人口中，男性未婚人口的比重要明显高于女性，但男性有配偶人口、离婚人口的比重均低于女性，男性丧偶人口的比重更明显低于女性。

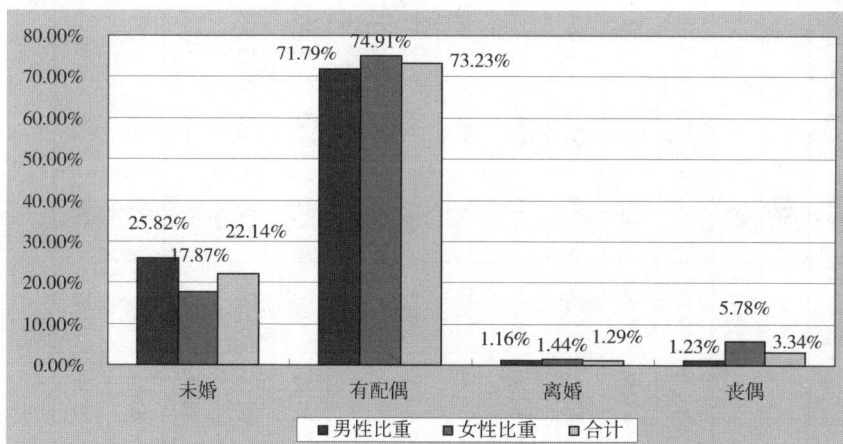

图 2 – 14 佛山市 15 岁及以上人口分性别的婚姻状态人口比重

从年龄角度看（见表 2 – 24），未婚人口主要集中于 15 ~ 34 岁之间（尤其是年轻人）。有配偶人口主要集中于 25 ~ 54 岁之间，晚婚已成为佛山人对待婚姻的常态。离婚人口主要集中于 30 ~ 54 岁之间。丧偶人口主要集中于 45 岁及以上人群。

表2-24　佛山市15岁及以上被调查人口分年龄分性别婚姻状况

	合计			未婚			有配偶			离婚			丧偶		
	合计	男	女	小计	男	女	小计	男	女	小计	男	女	小计	男	女
合计	184 220	99 024	85 196	40 791	25 565	15 226	134 910	71 089	63 821	2374	1148	1226	6145	1222	4923
15~19	11 106	6388	4718	10 941	6320	4621	162	66	96	0	0	0	3	2	1
20~24	18 707	10 370	8338	15 206	9159	6047	3484	1204	2280	15	6	9	2	1	1
25~29	25 350	13 809	11 541	9419	6415	3004	15782	7322	8460	141	68	73	8	4	4
30~34	23 289	12 684	10 605	2860	2043	817	20 069	10 448	9621	339	186	153	21	5	16
35~39	19 777	10 823	8955	947	662	285	18 372	9928	8444	412	216	196	46	16	30
40~44	21 896	12 082	9814	630	432	198	20 623	11 388	9235	559	251	308	84	11	73
45~49	19 321	10 523	8796	345	231	114	18 392	10 070	8322	360	181	179	224	42	182
50~54	13 779	7534	6245	209	141	68	12 980	7228	5752	273	111	162	317	55	262
55~59	8443	4417	4027	72	50	22	7821	4223	3598	114	57	57	436	85	351
60~64	8241	3935	4306	60	35	25	7391	3725	3666	74	39	35	716	137	579
65及以上	14 311	6459	7851	102	76	26	9834	5487	4347	87	33	54	4288	864	3424

从性别角度看,有明显差异的是,35 岁及以上各年龄段男性未婚人口为女性未婚人口的 2 倍以上。45 岁及以上各年龄段女性丧偶人口比重大幅度高于男性。说明男性未婚人口的婚姻问题值得关注。

二、分受教育程度分性别的婚姻状况

从表 2 - 25 可见,佛山市 15 岁及以上人口中,未婚人口占同类人口比重较高的主要集中于具有高中、中职、大学教育程度的人群。其中,具有大学专科教育程度的未婚人口占同类人口的比重最高(44.39%),其次是具有大学本科教育程度的未婚人口占同类人口的比重达到 42.60%,具有研究生教育程度的未婚人口占同类人口的比重也达到 33.59%。因此,高学历人群的未婚问题较为突出,值得关注。

有配偶人口占同类人口比重较高的依次是具有小学、初中教育程度的人口,分别为 86.32%、81.13%。此类人群主要为年长者,因此有配偶人口占同类人口比重高属于正常情况。

离婚人口占同类人口比重较高的依次是具有高中、初中、大学专科、中职和大学本科教育程度者,依次为 1.73%、1.37%、1.26%、1.18% 和 1.06%。

丧偶人口占同类人口比重最高的是未上过学的人口,为 41.89%。此类人群主要为年长者,故亦属于正常情形。

表 2 – 25 佛山市 15 岁及以上分受教育程度的各婚姻状态人口比重

	合计		未婚		有配偶		离婚		丧偶	
			小计	比重	小计	比重	小计	比重	小计	比重
合计	184 220	100	40 791	22.14	134 910	73.23	2374	1.29	6145	3.34
未上过学	4066	100	187	4.6	2145	52.75	31	0.76	1703	41.89
小学	34 877	100	1179	3.38	30 105	86.32	339	0.97	3254	9.33
初中	73 189	100	11 961	16.34	59 380	81.13	1002	1.37	846	1.16
普通高中	27 877	100	8532	30.61	18 658	66.93	482	1.73	205	0.73
中职	14 399	100	5963	41.41	8204	56.98	170	1.18	62	0.43
大学专科	18 264	100	8108	44.39	9879	54.09	230	1.26	47	0.26
大学本科	10 899	100	4643	42.6	6113	56.09	115	1.06	28	0.25
研究生	649	100	218	33.59	426	65.64	5	0.77	0	0.00

据表2-26显示，佛山市15岁及以上人口中，未婚人口占比最高的是具有初中教育程度者，占29.32%。随之是具有高中教育程度者（占20.92%）和具有大学专科教育程度者（占19.88%）。有配偶人口占比最高的是具有初中教育程度者，占44.01%。离婚人口占比最高的也是具有初中教育程度者，占42.21%。但丧偶人口占比最高的是具有小学教育程度者，占52.95%。

表2-26 佛山市15岁及以上被调查人口分婚姻状态的各受教育程度人口比重

	合计		未婚		有配偶		离婚		丧偶	
			小计	比重	小计	比重	小计	比重	小计	比重
合计	184 220	100	40 791	100	134 910	100	2374	100	6145	100
未上过学	4066	2.21	187	0.46	2145	1.59	31	1.31	1703	27.71
小学	34 877	18.93	1179	2.89	30 105	22.31	339	14.28	3254	52.95
初中	73 189	39.73	11 961	29.32	59 380	44.01	1002	42.21	846	13.77
普通高中	27 877	15.13	8532	20.92	18 658	13.84	482	20.3	205	3.34
中职	14 399	7.82	5963	14.62	8204	6.08	170	7.16	62	1.01
大学专科	18 264	9.91	8108	19.88	9879	7.32	230	9.69	47	0.76
大学本科	10 899	5.92	4643	11.38	6113	4.53	115	4.84	28	0.46
研究生	649	0.35	218	0.53	426	0.32	5	0.21	0	0.00

从表2-27看出，佛山市15岁及以上人口中，男性未婚人口明显高于女性未婚人口，性别比高达167.9，比2015年佛山市人口的性别比117.25约高出50点。而且，受教育程度越低，未婚人口的性别比越高，二者基本成反相关：未上过学为196.83 < 小学为351.72 > 初中为247.6 > 高中为147.81 < 中职为183.01 > 大学专科为125.22 > 大学本科为111.87 > 研究生为84.03。也就是说，未婚人口中主要为受教育程度较低的人群；而受过高等教育的未婚人口中反而女性越来越占多数，尤其是接受过研究生教育的女性未婚人口占研究生未婚人口的多数。

表2-27 佛山市15岁及以上被调查人口分性别分受教育程度婚姻状况

受教育程度	合计			未婚			有配偶			离婚			丧偶		
	小计	男	女	小计	男	女	小计	男	女	小计	男	女	小计	男	女
合计	184 220	99 024	85 196	40 791	25 565	15 226	134 910	71 089	63 821	2374	1148	1226	6145	1222	4923
未上过学	4066	937	3129	187	124	63	2145	642	1503	31	12	19	1703	159	1544
小学	34 877	16 193	18 684	1179	918	261	30 105	14 417	15 688	339	159	180	3254	700	2554
初中	73 189	41 797	31 392	11 961	8520	3441	59 380	32 513	26 867	1002	507	495	846	258	589
普通高中	27 877	15 944	11 933	8532	5088	3444	18 658	10 553	8105	482	235	247	205	67	138
中职	14 399	8306	6093	5963	3856	2107	8204	4362	3843	170	75	95	62	13	49
大学专科	18 264	9666	8598	8108	4508	3600	9879	5036	4843	230	105	125	47	17	30
大学本科	10 899	5819	5080	4643	2451	2191	6113	3306	2806	115	53	62	28	8	19
研究生	649	362	287	218	100	119	426	260	166	5	2	3	0	0	0

在有配偶人口和离婚人口中，男性人口与女性人口基本保持平衡，并无明显的失衡状态。

但在丧偶人口中，受教育程度越低，丧偶人口的性别比越低，二者基本成正相关：未上过学为 10.30 < 小学为 27.41 < 初中为 43.80 < 高中为 48.55 < 中职为 26.53 < 大学专科为 56.67 > 大学本科为 45.00。也就是说，丧偶人口中主要为受教育程度较低的人群；而受教育程度越低的丧偶人口中反而女性越占多数。此人群主要为年长者，女性受教育程度不高，故属于正常现象。

三、分职业分性别婚姻状况

从表 2-28 可见，未婚人口中，从事党的机关、国家机关、群众团体和社会组织、企事业单位负责人，社会生产服务和生活服务人员，农、林、牧、渔业生产及辅助人员，生产制造及有关人员等职业的，以男性未婚人口为主。最为失衡的是从事农、林、牧、渔业生产及辅助人员职业者，男性未婚者是女性未婚者的 16.33 倍；生产制造及有关人员（3.74 倍），党的机关、国家机关、群众团体和社会组织、企事业单位负责人（2.37 倍）、社会生产服务和生活服务人员（1.76 倍）。但专业技术人员、办事人员和有关人员职业中，则出现相反情形，以女性未婚人口为主，女性未婚者分别是男性未婚者的 1.59 倍、1.66 倍。

除专业技术人员外，绝大多数职业中的有配偶人口中，男性人口明显多于女性。专业技术人员中，女性有配偶人口、离婚人口均占多数。这与专业技术人员人口中女性占多数有关系。由于女性专业技术人员潜心于科学研究，加之女性的性格相对矜持内敛，与异性接触较少，就出现了未婚人口多、离婚率高的现象。

表2-28 佛山市15岁及以上被调查人口分职业分性别婚姻状况

职业	合计 合计	合计 男	合计 女	未婚 小计	未婚 男	未婚 女	有配偶 小计	有配偶 男	有配偶 女	离婚 小计	离婚 男	离婚 女	丧偶 小计	丧偶 男	丧偶 女
合计	129 395	77 156	52 240	26 384	17 639	8745	100 553	58 398	42 155	1668	878	790	790	241	549
党的机关、国家机关、群众团体和社会组织,企事业单位负责人	5943	4329	1615	461	325	136	5324	3921	1403	130	72	58	28	12	16
专业技术人员	10627	4056	6571	2570	993	1577	7857	3007	4850	170	50	120	30	6	24
办事人员和有关人员	8870	4461	4409	1938	729	1209	6758	3648	3110	115	56	59	59	27	32
社会生产服务和生活服务人员	43 208	25 263	17 945	8804	5614	3190	33 361	19 248	14 113	693	325	368	349	75	274
农、林、牧、渔业生产及辅助人员	4813	2933	1880	208	196	12	4386	2629	1757	72	50	22	147	58	89
生产制造及有关人员	55 776	36 006	19 770	12 378	9764	2614	42 737	25 857	16 880	486	324	162	175	61	114
其他从业人员	158	108	50	25	18	7	130	88	42	2	1	1	2	2	0

四、佛山市家庭户规模及类别状况

据表 2 - 29 显示，佛山市家庭户以四人及以下户为主，占比较高的依次是二人户（占 27.08%）、一人户（占 25.23%）、三人户（占 19.65%）、四人户（占 14.82%）。

从各区情况看，禅城区家庭户规模占比较高的依次是三人户（占 27.35%）、二人户（占 24.15%）、一人户（占 20.82%）、四人户（占 15.70%）。南海区家庭户规模占比较高的依次是二人户（占 27.67%）、一人户（占 24.54%）、三人户（占 19.02%）、四人户（占 15.14%）。顺德区家庭户规模占比较高的依次是一人户（占 29.38%）、二人户（占 28.87%）、三人户（占 15.39%）、四人户（占 13.21%）。三水区家庭户规模占比较高的依次是二人户（占 25.50%）、三人户（占 22.64%）、一人户（占 21.26%）、四人户（占 17.12%）。南海区家庭户规模占比较高的依次是三人户（占 26.94%）、二人户（占 2188%）、一人户（占 19.18%）、四人户（占 18.00%）。

表 2 - 29　佛山市各区被调查家庭户规模

	合计	一人户	二人户	三人户	四人户	五人户	六人户	七人户	八人户	九人户	十人及以上户
合计	68 092	17 178	18 438	13 382	10 092	5248	2353	752	356	177	116
比重（%）	100	25.23	27.08	19.65	14.82	7.71	3.46	1.1	0.52	0.26	0.17
禅城区	10 147	2113	2450	2775	1593	794	286	71	37	21	7
南海区	22 668	5561	6271	4313	3431	1820	802	254	118	53	45
顺德区	25 712	7553	7422	3958	3396	1836	943	328	150	79	47
三水区	5597	1190	1427	1267	958	443	193	61	33	15	10
高明区	3968	761	868	1069	714	355	129	38	18	9	7

从表 2 - 30 可见，佛山市家庭户以一代户①为主，占 49.79%；随之是二代户（占 35.31%）、三代户（占 14.66%）、四代户（占 0.25%）。

从各区情况看，禅城区、高明区以二代户为主；南海区、顺德区明显以一

---

① 一代户，即同一辈人同在一户，一般指夫妻两人的家庭；二代户，即子女和父母居住一起的家庭；三代户，即三代同堂的家庭；依次类推。

代户为主;而三水区则以一代户、二代户为主。

表 2 - 30　佛山市各区被调查的家庭户类型

	家庭户数	一代户	二代户	三代户	四代户
合计	68 092	33 900	24 039	9981	172
比重	100	49.79	35.31	14.66	0.25
禅城区	10 147	4245	4400	1483	19
南海区	22 668	11 296	8079	3239	54
顺德区	25 712	14 446	7418	3779	69
三水区	5597	2429	2308	845	15
高明区	3968	1484	1834	635	15

五、佛山市有老年人口家庭户情况

根据表 2 - 31 数据推算,佛山市有 60 岁及以上老年人口的家庭户占家庭户总数的 22.56%;有一个 60 岁及以上老年人的户占家庭户总数的 12.46%(单身老人户占家庭户总数的 3.03%);有两个 60 岁及以上老年人的户占家庭户总数的 9.90%(只有一对老夫妇的户占家庭户总数的 2.71%);有三个 60 岁及以上老年人的户占家庭户总数的 0.20%。

从佛山市各区情况看,禅城区有 60 岁及以上老年人口的家庭户占本区家庭户总数的 27.71%,南海区则占 21.81%,顺德区仅占 19.33%,三水区占 27.75%,高明区占 28.13%。这与各区家庭户规模大小有关,家庭户规模越小,家庭户数就越多,有 60 岁及以上老年人口家庭户的占比就越小。

表 2 - 31　佛山市各区被调查的有 60 岁以上老年人口的家庭户

	合计	有一个 60 岁及以上老年人的户				有二个 60 岁及以上老年人的户				有三个 60 岁及以上老年人的户
		小计	单身老人户	一个老年人与未成年的亲属户	其他	小计	只有一对老夫妇的户	一对老夫妇与未成年的亲属户	其他	
合计	15 363	8485	2062	49	6374	6741	1846	70	4825	137
占家庭户比重(%)	22.56	12.46	3.03	0.07	9.36	9.90	2.71	0.10	7.09	0.20
禅城区	2781	1413	372	5	1036	1346	446	23	877	21

续表

	合计	有一个 60 岁及以上老年人的户				有二个 60 岁及以上老年人的户				有三个 60 岁及以上老年人的户
		小计	单身老人户	一个老年人与未成年的亲属户	其他	小计	只有一对老夫妇的户	一对老夫妇与未成年的亲属户	其他	
南海区	4943	2666	664	11	1991	2246	606	14	1626	32
顺德区	4970	2889	522	16	2351	2020	342	10	1668	62
三水区	1553	867	307	9	551	670	288	11	371	16
高明区	1116	650	197	8	445	459	164	12	283	6

六、佛山市家庭户住房间数和面积

从表 2-32 可见，佛山家庭户住房间数以一间为主，占 34.63%；其次是三间，占 23.99%，第三是二间，占 17.15%。平均每户住房间数为 2.66 间。

从各区情况看，平均每户住房间数较多的是南海区和三水区，分别为 2.87间、2.86 间。南海区和顺德区的家庭户住房间数以一间为主，而禅城区、三水区、高明区的家庭户住房间数则以三间为主。

表 2-32　佛山市各区被调查家庭户按住房间数分的户数

	家庭户户数	一间	二间	三间	四间	五间	六间	七间	八间	九间	十间及以上	平均每户住房间数（间/户）
合计	61 009	21 129	10 462	14 639	6345	4055	2537	647	571	196	428	2.66
比重（%）	100	34.63	17.15	23.99	10.40	6.65	4.16	1.06	0.94	0.32	0.70	
禅城区	9963	2536	2629	2943	948	387	248	75	104	21	72	2.62
南海区	18 930	5896	3372	4330	1821	1496	1139	350	277	116	133	2.87
顺德区	23 480	10 719	2626	4110	2826	1783	867	178	147	37	187	2.48
三水区	5072	1191	1007	1611	541	332	257	40	39	21	33	2.86
高明区	3564	787	828	1645	209	57	26	4	4	1	3	2.46

从表 2-33 可见，佛山市家庭户人均住房建筑面积以 20~39 平方米为主，其中，人均住房建筑面积在 20~29 平方米的家庭户占家庭户总数的 19.79%；其次是 30~39 平方米、70 平方米及以上的，分别占 12.79%、12.67%；再次是 9~12 平方米、8 平方米及以下的，分别占 11.21%、11.17%。

从各区情况看，各区基本以人均住房建筑面积为 20～39 平方米（尤其是 20～29 平方米）的家庭户最多。

表 2－33 佛山市各区被调查家庭户按人均住房建筑面积分的户数

	家庭户户数	人均住房建筑面积（平方米）									
		8 以下	9—12	13—16	17—19	20—29	30—39	40—49	50—59	60—69	70 以上
合计	61 009	6814	6840	6034	2401	12 075	7801	5373	3227	2717	7727
比重（%）	100	11.17	11.21	9.89	3.94	19.79	12.79	8.81	5.29	4.45	12.67
禅城区	9963	736	897	851	412	1959	1578	1148	625	479	1278
南海区	18 930	1867	1814	1967	769	3591	2592	1820	1038	960	2512
顺德区	23 480	3674	3496	2369	660	4345	2250	1559	1174	952	3001
三水区	5072	332	306	405	250	1090	821	590	259	254	765
高明区	3564	205	327	442	310	1090	560	256	131	72	171

从户主受教育程度看（见表 2－34），佛山市家庭户平均每户住房间数最多的是户主具有小学教育程度的，户均住房间数 3.09 间，其次是户主未上过学的和具有大学教育程度的。人均住房间数最多的是户主未上过学的，人均住房间数为 1.09 间，其次是户主具有大学教育程度的。人均住房建筑面积最多的是户主未上过学的，人均住房建筑面积为 40.27 平方米，其次是户主具有大学教育程度的。

表 2－34 佛山市按户主受教育程度分的被调查家庭户住房状况

受教育程度	户数（户）	人数（人）	平均每户住房间数（间/户）	人均住房建筑面积（平方米/人）	人均住房间数（间/人）
合计	60 492	172 266	2.68	33.42	0.94
未上过学	1873	5287	3.07	40.27	1.09
小学	14 893	47 648	3.09	35.83	0.97
初中	25 681	69 117	2.41	29.56	0.89
普通高中	7988	22 866	2.71	34.67	0.95
中职	2884	7617	2.5	32.78	0.95
大学专科	3855	10 591	2.77	38.23	1.01
大学本科	3048	8338	2.78	37.89	1.02
研究生	270	802	2.96	37.69	1

　　而户主仅具有初中、高中、中职教育程度的，其家庭住房条件处于偏低水平，具体为：高中＞中职＞初中，前者优于后者。

　　总体而言，户主具有大学教育程度的家庭户，其平均每户住房间数、人均住房间数、人均住房建筑面积均处于较高水平。而未上过学、具有小学教育程度的户主绝大多数为年长者，经过半辈子的财富积累，家庭住房条件也居于较高水平。

　　从表 2 - 35 可见，佛山市家庭户的住房来源主要为租赁其他住房，占39.71％；其次是自建住房，占32.28％；第三是购买新建商品房，占15.93％。其中，租赁其他住房的家庭户户主主要为具有初中、高中、中职教育程度的人口；自建住房的家庭户户主主要为具有小学和初中教育程度的人口；而购买新建商品房的家庭户户主主要为具有大学教育程度的人口。

　　这说明，未上过学和具有小学教育程度的家庭户户主多为佛山本地人，必然以自建住房为主；具有初中、高中、中职教育程度的家庭户户主，由于经济条件相对较差，故以租赁其他住房为主；而具有大学教育程度的家庭户户主，主要为外来户籍人口和本地户籍流动人口，故以购买新建商品房为主。

表 2 - 35　佛山市分户主受教育程度、分住房来源的被调查家庭户户数（户）

受教育程度	合计	购买新建商品房	购买二手房	购买原公有住房	购买经济适用房、两限房	自建住房	租赁廉租房公租房	租赁其他住房	其他
合计	60 492	9637	2339	1702	80	19 528	2117	24 021	1068
比重（％）	100	15.93	3.87	2.81	0.13	32.28	3.50	39.71	1.77
未上过学	1873	47	25	52	4	1349	53	303	40
小学	14 893	748	241	345	12	8247	416	4607	277
初中	25 681	2458	724	458	39	6772	930	13 928	372
普通高中	7988	1981	456	335	6	1985	194	2869	162
中职	2884	801	184	143	7	466	68	1159	56
大学专科	3855	1799	346	184	6	481	184	769	86
大学本科	3048	1634	334	167	6	219	264	359	65
研究生	270	169	29	18	0	9	8	27	10

　　从家庭户户主职业看（见表 2 - 36），购买新建商品房的家庭户，其户主主要为专业技术人员、办事人员和有关人员等；自建住房的家庭户，其户主主要

为党的机关、国家机关、群众团体和社会组织、企事业单位负责人，农、林、牧、渔业生产及辅助人员；租赁其他住房的家庭户，其户主主要为社会生产服务和生活服务人员、生产制造及有关人员和其他从业人员。

表 2-36　佛山市按户主职业、住房来源分的被调查家庭户户数

职业	合计	购买新建商品房	购买二手房	购买原公有住房	购买经济适用房两限房	自建住房	租赁廉租房公租房	租赁其他住房	其他
合计	43 486	7042	1698	647	59	9884	1738	21 867	551
党的机关、国家机关、群众团体和社会组织、企事业单位负责人	2809	819	178	30	0	985	59	684	54
专业技术人员	3148	1297	302	178	11	422	253	605	80
办事人员和有关人员	2930	997	186	100	0	876	68	648	55
社会生产服务和生活服务人员	15 183	2828	765	229	17	3418	509	7204	213
农、林、牧、渔业生产及辅助人员	2211	46	15	8	8	2031	6	87	10
生产制造及有关人员	17 138	1037	250	102	23	2139	841	12 610	136
其他从业人员	67	18	2	0	0	13	2	29	3

第五节　佛山老年人口质量水平分析

一、佛山市各区分性别老年人口质量

调查显示（见表 2-37），佛山市 60 岁及以上人口占总人口的 10.7%（79.51 万人）。其中，健康人口占 64.11%（50.97 万人），基本健康人口占

29.15%（23.18万人）；不健康但生活能自理人口占5.41%（4.30万人）；生活不能自理人口占1.33%（1.06万人）。

表2-37　佛山市60岁及以上被调查人口的健康状况（人）

	60岁及以上人口			健康			基本健康			不健康,但生活能自理			生活不能自理		
	合计	男	女	小计	男	女	小计	男	女	小计	男	女	小计	男	女
合计	22 552	10 395	12 157	14 459	7009	7450	6573	2788	3785	1221	476	745	299	121	178
禅城区	4179	1942	2237	2841	1372	1467	1123	476	647	163	67	96	54	27	27
南海区	7361	3490	3871	4649	2311	2338	2172	964	1208	443	180	263	97	35	62
顺德区	7144	3171	3973	4745	2219	2526	1939	771	1168	360	144	216	100	37	63
三水区	2267	1031	1236	1396	678	718	694	290	404	143	46	97	34	17	17
高明区	1601	760	841	829	429	400	646	287	359	112	39	73	14	5	9

从性别角度看（见图2-15），佛山市及各区老年人口中，女性均占多数。男性人口占老年人口的46.09%（36.64万人），女性人口则占53.91%（42.87万人）。在健康人口、基本健康人口、不健康但生活能自理人口、生活不能自理人口中，均以女性人口占多数。其中，不健康但生活能自理人口中，男性占38.98%（1.68万人）、女性占61.02%（2.62万人）；生活不能自理人口中，男性占40.47%（0.43万人）、女性占59.53%（0.63万人）。

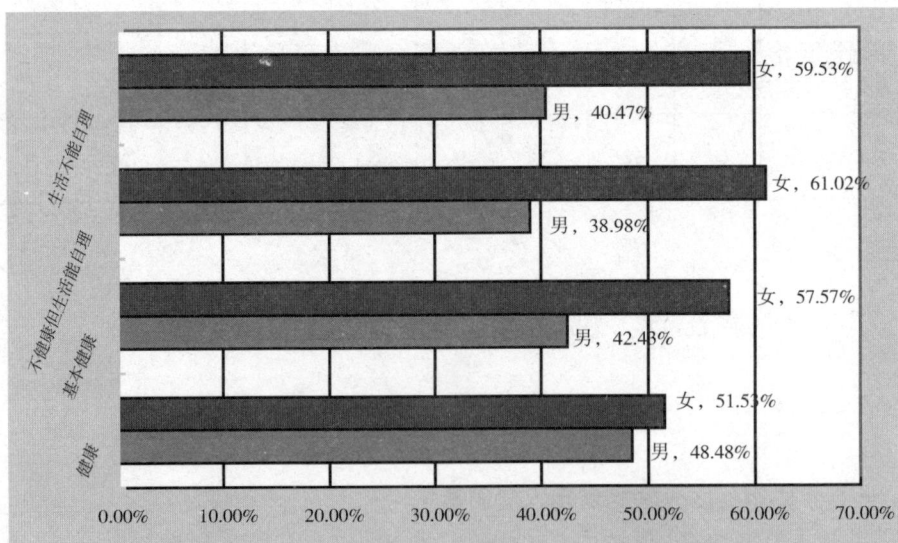

图2-15　佛山市60岁及以上被调查人口的分性别健康状况占比

二、佛山市老年人口分年龄健康状况

调查显示（见表2-38），佛山市60岁及以上人口中，不健康但生活能自理、生活不能自理的人口主要集中于65～89岁人群。这是因为老年人口的寿命主要集中在这一年龄段。值得注意的是，随着年龄的增长，不健康但生活能自理、生活不能自理的人口中的男女性别比均由大变小，且年龄越高女性人口越占多数。

表2-38　佛山市60岁及以上人口分年龄健康状况（人）

	60岁及以上人口			健康			基本健康			不健康，但生活能自理			生活不能自理		
	合计	男	女	小计	男	女	小计	男	女	小计	男	女	小计	男	女
合计	22 552	10 395	12 157	14 459	7009	7450	6573	2788	3785	1221	476	745	299	121	178
60～64	8242	3937	4305	6363	3105	3258	1726	768	958	132	54	78	21	10	11
65～69	5816	2778	3038	4029	1962	2067	1579	719	860	178	84	94	30	13	17
70～74	3356	1578	1778	1939	938	1001	1188	527	661	195	88	107	34	25	9
75～79	2425	1125	1300	1233	618	615	930	394	536	227	95	132	35	18	17
80～84	1563	613	950	572	261	311	687	251	436	234	75	159	70	25	45
85～89	766	244	522	232	89	143	303	86	217	167	52	115	64	17	47
90～94	313	101	212	81	30	51	127	35	92	72	26	46	33	10	23
95～99	69	19	50	10	6	4	33	8	25	16	2	14	10	3	7
100及以上	2	0	2	0	0	0	0	0	0	0	0	0	2	0	2

三、佛山市老年人口主要生活来源

调查发现（见表2-39），佛山市60岁及以上人口的主要生活来源以离退休金、养老金为主，占46.47%；其次是家庭其他成员供养，占35.27%；其三是劳动收入，占11.46%。

从各区情况看，禅城区、南海区60岁及以上人口的主要生活来源以离退休金、养老金为主；顺德区主要依靠家庭其他成员供养，以及离退休金、养老金为主；三水区、高明区则以家庭其他成员供养为主。

以上说明，佛山市60岁及以上人口的生活尚未得到较好的社会保障，依靠家庭其他成员供养的模式依然占有较大比重。显然，除了禅城区之外，其他各区的养老社会保障工作还有待加快步伐。

表 2-39　佛山市各区 60 岁及以上人口主要生活来源

	60岁及以上人口	劳动收入	离退休金养老金	最低生活保障金	财产性收入	家庭其他成员供养	其他
合计	22 552	2584	10 479	262	552	7954	721
比重（%）	100	11.46	46.47	1.16	2.45	35.27	3.19
禅城区	4179	221	3313	7	33	532	73
南海区	7361	1006	3105	66	324	2636	224
顺德区	7144	878	2795	60	143	3082	186
三水区	2267	286	751	24	46	1005	155
高明区	1601	193	515	105	6	699	83

四、佛山市老年人口婚姻状况

从表 2-40 可见，佛山市及各区 60 岁及以上人口的婚姻状况良好，均以有配偶为主。其中，有配偶的占 76.38%、丧偶的占 22.19%、未婚的占 0.72%、离婚的占 0.71%。说明佛山市 60 岁及以上人口的婚姻关系较为稳定，离婚率较低。

表 2-40　佛山市各区 60 岁及以上人口婚姻状况

	60岁及以上人口	未婚	有配偶	离婚	丧偶
合计	22 552	162	17 225	161	5004
比重	100	0.72	76.38	0.71	22.19
禅城区	4179	22	3259	36	862
南海区	7361	54	5745	56	1506
顺德区	7144	47	5351	40	1706
三水区	2267	18	1680	19	550
高明区	1601	21	1190	10	380

五、佛山市老年人口受教育程度

调查显示（见表2-41），佛山市及各区60岁及以上人口中，具有小学教育程度的占60.00%，具有初中教育程度的占18.15%，未上过学的占13.13%，具有大学教育程度的仅占2.22%。

表2-41　佛山市各区60岁及以上人口受教育程度

	60岁及以上人口	未上过学	小学	初中	普通高中	中职	大学专科	大学本科	研究生及以上
合计	22 552	2960	13 530	4093	1091	375	310	193	0
比重（%）	100	13.13	60	18.15	4.84	1.66	1.37	0.85	0
禅城区	4179	439	2068	876	366	168	159	103	0
南海区	7361	850	4824	1184	298	86	78	41	0
顺德区	7144	1179	4417	1165	235	64	46	38	0
三水区	2267	283	1353	478	99	28	18	8	0
高明区	1601	209	868	390	93	29	9	3	0

第六节　优化佛山人口质量的对策建议

引言：佛山人口质量的主要优势与劣势分析

据前述可见，佛山市人口质量具有一定的优势，主要表现在：（1）佛山市尚未进入老龄化社会（65岁及以上人口占6.79%），劳动力人口比重相对较大，高于全省和全国平均水平；而且人口出生率（9.19‰）远超人口死亡率（2.4‰），这在一定程度上放缓了进入老龄化社会的步伐。（2）城镇常住人口比重极高（占94.94%），为佛山打造制造业之城提供了良好的劳动力基础。

（3）人口总抚养比较低（24.32%），远低于全国的总体水平（37%）①，表明佛山市劳动力供给相对充足，社会负担相对较轻。（4）就业人口高度集中于佛山制造业，其次是批发零售业，具有一定的制造业人才储备，并形成了较好的制造行业（产业）发展动力。

但是，佛山市人口质量也存在明显的劣势，在一定程度上将制约佛山市经济社会的快速发展。这些劣势主要体现为：（1）人口增长不足，佛山市人口增长率不及广东省平均水平，远远落后于深圳市、广州市，容易引发劳动力短缺的"用工荒"问题。（2）流动人口比重和增长率均偏低，略高于广州市但远低于深圳市，对外来务工人员的吸引力还有待增强。（3）人口性别比远高于广东省及全国的总体水平，而且男性未婚人口数远高于女性未婚人口数，这容易给社会带来某些不和谐因素。（4）人口受教育程度偏低，大学学历人口比重远低于广州市和深圳市，中小学学历人口比重较大且集中于制造业中就业，这在一定程度上制约了佛山高端制造业、创新产业及高新企业的快速发展。（5）家庭户以一代户、二代户为主，三代同堂、四代同堂等现象较少，与老年人同住的家庭户仅为16.82%（不含纯老年人口家庭户），这在某种程度上不利于对老年人的关心和照顾。（6）老年人健康人口占比不高（64.11%），且超过36%的老年人的主要生活来源为依靠他人供养或领取低保金，社会保障事业尚有待发展完善。

基于对佛山市全国1%人口抽样调查数据的剖析，我们认为，佛山市可以通过如下途径提升人口整体素质。

一、加大人力资本投资，以聚合高层次人才

前述可见，佛山市人口受教育程度偏低，大学学历人口比重远低于广州市和深圳市，因此人口质量整体不高已成为佛山市产业升级和推进创新驱动发展的瓶颈之一。长期以来，佛山市保持较快的经济发展速度，人口质量也随之得到改善，与全国第六次人口普查数据相比，人口受教育程度有了很大提升。但是，与广州市、深圳市等地区相比，佛山市人口质量的提升速度仍然滞后于地方经济发展速度，二者之间呈现出不协调发展的关系。为此，应加大人力资本

---

① 全国人口抚养比数据来自：中国人口总抚养比、少儿抚养比及老年抚养比分析［EB/OL］. 中国产业信息网，2016 – 09 – 02.

投资，以聚合高层次人才。

（一）以财力置换人力，聚合高端人才

地方经济的快速发展为佛山积累了丰厚的财富，钱袋富起来了，要想更富，就要使脑袋也"富"起来。对当前的佛山而言，"财力换人力"策略不仅可行，而且势在必行。

一是招人才，结合产业发展需要，以优越条件面向海内外高薪招揽人才在佛山安家立业、生根开花，安心服务佛山、奉献佛山。

二是用人脑，按行业产业发展需要，聚合海内外各方高端人才，建立高端人才智库，用他人之智慧为佛山经济社会发展出谋划策、献智出力。中关村"互联网＋智能制造"国际技术协同创新中心、密歇根大学国际智能制造创新中心等平台签约落户佛山就是很好的做法。用人脑的目的在于拓宽视野，登得更高，望得更远。

三是借人力，通过各种方式和途径与高新企业和高端人才合作，借他人之力做大做强佛山的产业。佛山市与德国的库卡、瑞士的 ABB、日本的安川电机和发那科全球工业机器人四大巨头合作项目，与华为签订战略合作协议等，这种"借鸡生蛋"的做法就是借人力的实例。

（二）以环境赢取人心，实现筑巢引凤

高层次人才择业，更看重人文环境、工作环境和生活环境。因此，我们要着重解决四个问题：一是筑什么巢？二是如何筑巢？三是引什么凤？四是如何引凤？

筑什么巢？一为产业之"巢"。佛山作为制造业之城，势必以智能制造为主攻方向，加快产业转型升级，通过重点发展智能数控装备、工业机器人、智能家电等智能装备和产品，加快发展先进装备制造业，牢牢占据智能制造制高点，筑好"佛山智造"这个"巢"。二为政策之"巢"。有了好的产业优势，还必须有好的引才育才政策，创造良好的成长空间，让有识之才愿意来、乐意来，来了能干事、干成事。三为环境之"巢"。用好的事业、宽松的政策和理想的待遇使高端人才立业乐业，但佛山还必须大力建设良好的人文环境和优美的生活环境，以使高端人才安家爱家。

如何筑巢？一是制订佛山产业转型升级规划和行业/产业发展行动计划，譬如不仅要制订互联网＋智能制造、先进装备制造业等佛山智造的发展规划，更要有明确的行动方案，让高新技术企业和高端人才领略佛山的宏伟蓝图，看到具体的行动。二是实施高新技术企业引进计划和高层次创新人才引进计划，实施创新创业扶持计划、科技型企业家成长计划和高级技能人才培养计划。三是实施人才强市战略，提升高层次人才的社会地位和福利待遇，通过建设博士后工作站等人才培育空间招揽人才。四是提升佛山城市文化软实力，弘扬陶瓷、武术、粤剧等岭南特色文化，实施佛山历史文化名城计划，加快推进先进社会公共服务和公共资源配置。五是城市环境优化，实施城市升级计划、美丽乡村升级计划、古村落活化行动，等等。

引什么凤？就佛山目前而言，更需要具有时代引领意识和引领能力的高新技术企业和高端人才。一是高层次创新人才，包括高水平创新科研团队和行业专门技术人才。二是科技型企业家和创业家，以及具有国际化视野和现代管理理念的职业经理人。三是技能人才，即精于制造的现代产业工人（工匠）。四是高素质人口，对具有本科学历以上的人员，可考虑放宽入户条件，甚至直接入户，引导就业，以快速提升佛山人口总量和人口整体质量。

如何引凤？一是全职引进，让高新技术企业、高端人才落户佛山，全心全意为佛山产业发展服务，这样可以直接提升佛山市人口质量。二是柔性引进，包括以合作、定期工作、不定期服务、对口帮扶等形式，间接提升佛山市人口质量。三是使佛山成为行业/产业研发中心、服务中心、展示中心、产业化基地、集散基地，吸引高新技术企业和高端人才聚焦佛山、服务佛山。

（三）以创新创业推动，激发人才潜能

目前，佛山的高新技术企业数量远远落后于深圳市，也落后于广州市、东莞市，创新创业人才短缺是其中的重要原因。一方面要大力吸引具有创新创业精神的技术人才来佛山创新创业，另一方面要充分激发本地人才的创新创业精神和创新创业动力。

一是落实扶持政策。好的政策是点石成金的指挥棒，要尽快落实大力培育高新技术企业，对高企实施税收优惠政策和扶持措施，吸引高层次人才创新创业。

二是优化创新创业环境。加快创建一大批像佛山国家火炬创新创业园、瀚天科技城、新媒体产业园这样的国家、省、市、区级的创业孵化器，以之为载体，建成专业化的开放式创客空间和创业服务平台，并打破各种藩篱，实现创新创业要素开放集聚共享和便利服务的良好环境。

三是激发企业创新创业精神。鼓励高新技术企业和创新型企业组建工程中心、重点实验室等研发机构，"借脑"与"富脑"相结合，以"富脑"为主，逐渐转向独立研发，以提升自我创新能力，形成企业核心竞争力。

二、发展教育服务事业，分层优化人口质量

近年来，佛山市教育事业快速发展，全面推进了佛山市人口的受教育程度的提升，但是，佛山市 20～39 岁的青年人口中，接受过大学教育的仅占26.2%，有 39.7% 的人口仅有初中教育程度，16.5% 的人口具有高中教育程度，12.4% 的人口具有中职教育程度，仍有 5.23% 的人口仅为小学教育程度甚至未上过学，这必然不利于佛山先进制造业尤其是智能制造的快速发展。为此，仍需要大力发展教育服务事业，分层优化人口质量。

（一）以全面覆盖为目标，保证义务教育质量

要提升佛山市人口质量，义务教育是基础。调查显示，佛山市 15～19 岁青少年人口中，有 0.15% 的人口未上过学、1.37% 的人口仅上过小学。可见，由于流动人口较多、部分学生厌学辍学等原因，佛山市尚有少数适龄青少年未参加九年义务教育（1～9 年级）。

一要全面落实九年义务教育，积极推行十二年义务教育。推动全社会（尤其是家庭）落实适龄青少年参加九年义务教育是佛山市人口质量提升和佛山人成人成才的基础，是佛山市经济社会永续快速发展的关键。要针对青少年人口中未接受初中及以上教育的人群，分析其原因，尽可能采取各种措施确保适龄青少年"一个不能少"地完成九年义务教育。尤其要加快提升新市民随迁子女入读公办学校比例。

同时，鉴于目前佛山尚未推行覆盖高中的十二年义务教育，一些贫困家庭的学生特别是农村学生初中毕业后无法进入高中学习，佛山市各级政府应建立高中贫困学生援助保障机制。率先对建档立卡的家庭经济困难学生实施高中免除学杂费，实现家庭经济困难学生资助全覆盖。并借鉴有关国家、地区十二年义务教育经验，积极推行十二年义务教育制度，逐步分类推进中等职业教育免除学杂费，以推动佛山市人口质量向更高的层次提升。

二要不断提升义务教育的质量，促进民办高质量教育的发展。实施义务教育教育质量提升工程、名校名师建设工程，全面提升义务教育的教育质量。同时，鼓励民间资本投资创办高水平基础教育学校，集聚海内外优质师资，培育

具有国际视野和时代引领意识的青少年英才。全面深化广东省教育综合改革试点，推进教育现代化先进市。

（二）以工科教育为统领，做强地方高等教育

从目前情况看，佛山市接受大学教育的人口比例落后于深圳市、广州市，做大做强佛山市地方高等教育势在必行。首先要以广东省建设高水平理工科大学为契机，大力推动佛山科学技术学院创建广东省高水平应用型理工科大学，引导其瞄准高端新型电子信息、半导体照明、生物医药，以及云计算、大数据、物联网等产业，对接智能数控装备、工业机器人、智能家电等智能装备，以及陶瓷机械、木工机械、塑料机械等优势行业，以服务地方产业发展为目标，调整专业设置、扩大招生规模，为佛山市产业发展培养大批应用型理工科高级专门人才。

其次，要大力引进海内外重点高校、名牌高校来佛山办学，通过建设一批有影响力的人才培养基地，吸引广大优秀学子来佛山就读，培养热爱佛山、留在佛山、服务佛山的大规模高级人才。加快建设广东省研究生联合培养基地、构建"大学＋龙头企业＋一流科研院所机构"新模式，培养更多更高端的应用型专门人才，为佛山先进制造业、互联网＋智能制造注入无限活力。

（三）与地方产业相对接，做大佛山职业教育

调查显示，佛山市人口就业主要集中于制造业（占53.97%），这是与佛山市的优势产业相吻合的。但是，就业人口的受教育程度偏低必然制约着佛山智能制造和先进制造业的发展。就目前而言，佛山市应全面加大先进制造、智能制造的技术人才培养。扎实创建现代职业教育综合改革示范市，完善从中职、高职、应用型本科到专业学位研究生的人才培养模式。

一要充分发挥技校、中专、职校等中等职业技术学校在培养技术工人方面的优势，培养一批精于制造的、具有工匠精神的、适应佛山产业发展的产业工人。

二要充分发挥佛山职业技术学院、顺德职业技术学院、广东理工职业学院等佛山本地高等职业院校的优势，对接佛山地方产业，培养大规模的高级技能人才和技术改良专才。

三要重点发挥佛山科学技术学院等理工科大学的人才培养优势，培养大批有理论基础的高级应用型技术骨干和产品研发人才。

四是要发挥广东省研究生联合培养基地和佛山各大博士后工作站在高端人才培养上的优势，培养一批留得住、干得好、有担当的创新创业型技术精英和科技开发人员。

（四）以技术培训为抓手，培育高级技术工人

鉴于佛山市制造业就业人口受教育程度偏低的现实，务必加强产业工人的技术培训。各级政府应出台产业工人技能跃升计划，发挥佛山中职学校、高职院校和应用型理工科大学的教育优势，发挥技能培训机构的专业长处，对各产业的技术工人分类开展定期或不定期的技能培训，提升一线技术工人的实践操作能力、技术分析能力、技术故障处理能力和技术改良能力，培养其树立精益求精、锲而不舍，精于设计、工于制造的工匠精神，使之成为合格的现代化产业工人。

三、强化人口管理服务，分层分类优化人口质量

强化人口管理服务是提升佛山市人口质量的有效方式之一，佛山市应采取分层分类方式来优化人口质量。

（一）遏制生育的性别选择行为

调查显示，佛山市人口的性别比高达 117.25，远超广州市（105.08）以及广东省（109.6）和全国（105.02）的总体水平，甚至与佛山市第六次全国人口普查数据相比也有所上升。究其原因，可能与佛山市常住人口中的流动人口以男性居多有关，但深圳市流动人口比例高达 78.03％，其人口性别比也没有佛山市高（为115.56），而且佛山市 2015 年新生儿性别比也高达 114.14。因此，不排除其中存在生育性别选择的情形。

居高不下的人口性别比使男性人口明显多于女性，势必带来男性择偶困难、女性安全感下降等一系列的社会问题，因此，建议人口与计划生育主管部门分析佛山市人口性别比高企的原因，提出相应对策，特别应加强佛山市各类医疗服务机构的管理，严禁非医学需要的胎儿性别鉴定和生育性别选择行为。

（二）推行差异化优生优育政策

目前，佛山市 0～14 岁少儿人口比重偏低，远低于广东省和全国的总体水平，也低于深圳市、广州市，同时育龄妇女的生育也普遍呈现晚育情况，城市

人口（尤其是工薪阶层①中的高学历人口）甚至出现少生育、不生育情形（如禅城区、顺德区），而乡村人口、流动人口则相对早生育、多生育。因此，应该推行差异化优生优育服务。

一是提供制度保障，加强工薪阶层尤其是高学历人口的优生服务。对于工薪阶层而言，生育小孩比乡村人口要付出更多的机会成本、时间成本、人力成本和财力成本，从而消解了其生育欲望，但恰恰是这个阶层的人更注重下一代的生育质量和教育质量，重视胎儿的健康筛查和今后对小孩教育的投入，对提升佛山市人口质量具有关键性作用。因此，要及时制定更为宽松的生育扶持政策、二孩生育扶持政策，为工薪阶层育龄妇女提供更多的权益保障，确保其不因生育而丧失过多的工作机会、成长机会，并保障其在怀孕、生产、哺乳期间有充足的时间和精力。

二是加强宣传教育，转变乡村人口和流动人口的优生优育观念。乡村人口和流动人口的生育欲望较强，但对孕前检查、孕期筛查、小孩教育等问题重视不够，容易出现生育质量不高、教育质量偏低，甚至生而不育的情况，在一定程度上不利于佛山市人口质量的整体提升。因此，应该通过宣传教育，转变乡村人口、流动人口的生育观念，通过政府免费的、便利的优生优育服务，引导其为了下一代的身体健康和教育质量提升而付出努力。

（三）强化高学历人才婚姻服务

调查显示，佛山市受教育程度越高未婚人口比重越高，其中，受教育程度高的未婚人口以女性为主、受教育程度低的未婚人口以男性为主。通常情况下，受教育程度高的人口由于接受教育花费了更多岁月，且学历越高花费岁月越多，所以高学历人口晚婚晚育现象更为普遍。但这是一支提升佛山市人口质量的重要力量，故应强化高学历人才的婚姻服务。

一是建议各级妇联、工会重视高学历人才的婚姻服务。从群众组织层面，通过联欢、交友、交流、学习等方式，尽快形成制度，定期或不定期为高学历未婚人群提供更多与异性交往的机会。尤其要抓住幼儿园、学校、医院、科研机构等高学历人才多、女性人口多、对外交流机会少的单位，有针对性地开展系列交友活动，帮助其解决恋爱与婚姻问题。

---

① 工薪阶层，是指在政府机关、企事业单位工作，依靠脑力劳动或体力劳动获取薪金收入的人员，包括国家机关工作人员、企事业单位员工等，但临时性务工人员除外。

二是建议相关单位要做好高学历员工的婚姻服务。妇联、工会组织应指导佛山市各单位内部的妇联、工会机构，及时了解本单位未婚员工、单身员工的情况，有计划、有组织、有针对性地进行分类婚姻服务。

（四）做大孕妇婴幼儿服务市场

时间和精力不足已成为当前育龄妇女降低生育欲望的重要原因之一。因此，应引导民间力量做大孕妇、婴幼儿服务市场，培训一定数量合格的月嫂、保姆等家政服务人员，加强妇女生育陪护和休养、哺乳，以及婴幼儿养育的辅助服务。

（五）优化流动人口的管理服务

与深圳市、广州市相比，虽然佛山市的人口增长速度相对减缓，流动人口比重也相对较低，但远高于广东省和全国的总体水平，流动人口占到佛山市常住人口的48.46%。我们知道，流动人口通常以外来务工人员为主，其自身受教育程度整体偏低，也普遍不重视对随迁子女的教育，人口质量良莠不齐。因此，务必优化流动人口的管理服务。

一要落实流动人口的教育服务。一方面政府要出台扶持政策，引导企事业单位为本单位受教育程度偏低的员工提供学历进修、业务培训、观念教育的机会，为低学历人员学习进修、培训提供资金扶持。另一方面，保障流动人口随迁子女的受教育权益，逐步提升流动人口随迁子女接受佛山市公办学校教育的比例，最终对符合条件的随迁子女实现100%提供公办学校教育服务。

二要加强流动人口的就业服务。常住人口中的流动人口受教育程度偏低、缺乏一技之长，导致其就业质量不高、薪酬水平偏低、就业岗位不稳定。建议劳动就业主管部门从政府层面加强流动人口就业服务的统筹管理，提升流动人口（外来务工人员）的就业质量，以吸引更多的人来佛山就业，缓解企业用工短缺问题。其中，顺德区和南海区应加强制造业技能培训服务；禅城区应加强服务业技能培训服务；三水区和高明区应加强农林牧渔业的技术培训服务。

三要重视流动人口的行为监管。流动人口由于其就业具有不稳定性、薪酬收入低等原因，面对自己的贫困与城市的繁华，极容易产生仇富心理和违法犯罪心理，不利于建设平安佛山、和谐佛山，因此应加强对流动人口的行为监管，对不良行为予以及时干预和疏导，使之成为遵纪守法的公民。

四要促进流动人口的社会融入。流动人口由于不具有本地户籍，在社会保障上不具有市民待遇，同时存在同工不同酬现象。制度上的二元结构导致了流动人口成为城市的边缘人、过客，一切美好事物看起来那么近但却那么远、那么熟悉又那么陌生。只有不断促进流动人口的社会融入，才能使之对佛山产生认同感、归属感和荣誉感，也才能形成主人翁精神，更好地服务佛山、奉献佛山。

五要完善市民文化与休闲服务。通过联合图书馆、文化书屋、书吧等途径，快捷、便利地向市民输送各类文化营养，在农家书屋实现行政村全覆盖的基础上实现自然村全覆盖。丰富和净化民间休闲文化，以社会主义核心价值观为引领，引导市民参与先进文化、主流文化活动，提升个人思想道德修养和文化素养。

四、发展老年人事业，应对人口老龄化社会问题

调查显示，佛山市 65 岁及以上人口占比为 6.79%，低于广东省和全国的总体水平，虽然在整体上未跨入老龄化社会，但高明区、禅城区、三水区已经进入老龄化社会。目前，佛山市 0～14 岁少儿人口占比仅为 12.77%，15～64 岁人口占比为 80.44%，而 2015 年的人口死亡率为 2.4‰。而且，佛山市人口的增长率（3.28%）远低于广州市（6.30%）和深圳市（9.85%），甚至低于广东省的总体水平（4.01%）。毫无疑问，这些因素都将在一定程度上加快佛山市跨入老龄化社会的步伐。面对即将跨入的老龄化社会，佛山市各级政府应积极主动地从政府层面和社会层面提前引导发展老年人事业，以应对人口老龄化社会带来的诸多问题。

（一）实现基本社会保障全覆盖

调查发现，佛山市 60 岁及以上人口中，其主要生活来源靠离退休金、养老金的仅占 46.47%，而靠家庭其他成员供养的高达 35.27%。另外，虽然佛山市人口总抚养比较低（24.32%），但随着老龄化社会的渐行渐近，社会负担尤其是家庭的抚养负担必然加重，尤其是高明区、禅城区和三水区。

为此，建议各级政府应加大常住人口尤其是佛山户籍人口的社会保障力度，建立健全城乡居民基本养老、生育、大病保险和疾病应急救助制度，实现基本社会保障全覆盖。

（二）做细做大老年人居家服务

佛山市 60 岁及以上老年人中，基本健康人口占 29.15%，不健康但生活能自理人口占 5.41%，生活不能自理人口占 1.33%。但是纯老年人户在有老年人户中的占比为 25.44%（单身老年人户占 13.42%，老年夫妇户占 12.02%），老

年人与未成年人的亲属户占比为 0.78%。很显然，不管是纯老年人户，还是老年人与未成年人亲属户，对老年人的照顾都是缺位的。即便是老年人与成年子女的亲属户，也可能因为子女忙于工作而无暇照顾需要照顾的老年人。

据推算，佛山市纯老年人户有 13.72 万户（单身老年人户有 7.24 万户，老年夫妇户有 6.48 万户），老年人与未成年人的亲属户有 0.41 万户。佛山市 60 岁及以上老年人中，基本健康人口有 23.18 万人，不健康但生活能自理人口有 4.30 万人，生活不能自理人口有 1.06 万人。因此，建议社会工作主管部门出台政策，大力鼓励、引导和培育更多的民间社会工作公益性组织，加强老年人居家服务业务。同时，鼓励民间资本创办家政服务的商业性组织，为有条件的老年人家庭提供更为优质的老年人居家服务。

（三）重视老年人健康医疗服务

调查显示，佛山市 60 岁及以上老年人中，健康人口仅占 64.11%。而存在一定程度不健康的老年人中，基本健康的 23.18 万人，不健康但生活能自理的 4.30 万人，生活不能自理的 1.06 万人。

因此，建议卫生医疗主管部门充分考虑到老年人的特殊性和老年人卫生健康的特点，鼓励和引导卫生医疗机构在老年人保健、疾病预防、疾病治疗等方面采取灵活多样的服务方式，满足老年人多样化的健康医疗服务需求。尤其应关注男性老年人的健康医疗问题。

（四）丰富老年人文化与生活服务

老年人通常有更多闲暇时间，如果不对老年人的文化生活进行引导，往往会出现长时间打麻将打牌、赌博买彩、久坐闲聊、宅家看电视等无益于老年人身心健康的情形。因此，各级政府应鼓励和引导有关部门采取必要措施丰富老年人的休闲生活。

一是不断创新老年人休闲娱乐文化。文体、工会等部门可积极挖掘佛山武术文化精华，创新老年人休闲武术，举办老年人文体活动，分时段免费开放活动场馆等。旅游主管部门可向老年人开放利用资源。各类社团根据自身专长、各社区（村委）根据各自特点，可主动开发老年人休闲、文化服务项目等。

二是市场化推进各类颐养院、养老院。在做细做大老年人居家服务的基础上，要鼓励和引导民间资本投入老年人生活服务事业，市场化推进各类颐养院、养老院建设，以满足有经济条件、有服务需要的老年人对晚年生活的服务诉求。

第三章

佛山青年思想与思想政治工作审视[①]

　　"青年兴则国家兴，青年强则国家强。青年一代有理想、有本领、有担当，国家就有前途，民族就有希望。"习近平总书记在十九大报告中对青年给予了厚望。新时代的发展离不开青年的参与，青年是经济社会发展的中流砥柱，是国家的未来和希望。党和国家历来高度重视青年、关怀青年、信任青年，始终坚持把青年作为党和人民事业发展的生力军。佛山市委、市政府也高度重视青年工作，始终站在巩固扩大党执政的青年群众基础的战略高度上，把青年作为促进佛山市经济发展、港澳融合的主力军；促进青年更好、更快地成长、发展与融合；注重激发青年参与佛山市建设的热情与活力，引领佛山青年勇担时代重任，并将其作为佛山市基础性、战略性工程。

　　为系统、深入地了解和把握新形势下佛山青年的思想现状，确保意识形态安全，调动佛山青年的积极性和创新性，使其主动融入和投身于粤港澳大湾区的建设，将蕴含在佛山广大青年中的丰富潜力智慧开发出来，根据市委深调研课题任务安排，团市委作为牵头单位，联合市教育局、市总工会、市妇联及佛山科学技术学院，就当下佛山市青年的思想政治工作，包括各区各相关部门开展青年思想政治工作的主要内容、形式、手段、方法、渠道与载体，在开展青年思想政治工作中遇到的主要问题，以及在新形势下开展青年思想政治工作面临的主要挑战、潜在的风险点等问题做了专题调研。

---

　　① 本章为杜环欢主持的共青团佛山市委员会《佛山市青年思想状况及思想政治教育工作调查研究》（2019）的最终成果。作者为杜环欢、李艳姿、樊谨超、胡庆亮。

第一节 调研情况概述

为确切了解和掌握佛山市青年思想状况及思想政治工作现状，加强青年群体意识形态工作，课题组在佛山市各级党团组织、各类学校、企事业单位、两新组织采用座谈会、实地走访、问卷调查、资料查阅等多种方式深入开展调研。调研根据青年群体特征与项目实际需求分别设计普及性调研与针对性调研两类调查问卷。面向佛山市青年共发放问卷 22519 份，回收有效问卷 22489 份，其中线上有效问卷 21050 份，纸质有效问卷 1219 份，针对性调研有效问卷 220 份。

一、问卷设计

本次调研根据佛山市青年实际情况，采取线上为主、线下为辅，电子问卷与纸质问卷相互补充的方式，针对调研目的的差异性分别设计了普及性调研与针对性调研两类调查问卷。

（一）普及性调查问卷

普及性调查问卷的设计是为掌握佛山市青年思想基本状况，从而把握佛山市青年思想意识动态及走向，发现潜在风险与问题，并及时做出预防与应对。同时了解佛山市目前思想政治教育工作的实效，分析佛山市青年思想政治工作中存在的不足与难点，并剖析成因，为推进佛山市青年工作提出意见与建议。

普及性调查问卷共 36 题，由四部分构成：一是基本信息收集，包括性别、年龄、民族、政治面貌、所在区域等；二是青年的思想与价值观状况，包括个人期望、愿景、信仰、压力来源等情况，同时了解群体化思想特征，从而客观评估青年思想动态与价值观发展状况；三是了解青年群体工作、学习与生活。通过收集青年各方面的行为习惯信息，掌握现代青年行为爱好等特征，为改进思想政治教育工作提供依据；四是青年意识形态与思想政治教育工作的基本情况，内容包括青年对主流政治及敏感问题的态度与关注度、参加思想政治教育活动情况、对佛山市青年思想政治工作了解情况等。目的在于了解佛山市青年主流意识形态情况，了解佛山市青年工作实效，发现青年意识形态中的潜在危机，为佛山市思想政治教育工作提出合理性建议。

（二）针对性调查问卷

针对性调查问卷的设计是对普及性问卷的有效补充，共九题。其目的是通过调研青年对网络使用、意识形态渗透及港台敏感问题的态度，针对性研究青年群体的网络意识形态状况、受非主流意识形态影响程度、主流意识形态归属认同感等问题。

二、普及性问卷调研情况分析

（一）受访者基本情况

此次调研面向佛山市五区青年共发放两类问卷，共 22519 份，回收有效问卷 22489 份，其中青年线上有效问卷 21050 份，中学生纸质有效问卷 1219 份，高等院校学生针对性调研有效问卷 220 份。

参与本次调研的男性青年 10934 人，女性青年 11335 人，总体比例 1∶1，可知性别差异对调研结果干扰较小。其中 23 周岁以下青年占比最大（84.2%），各年龄段占比情况如表 3−1：

表 3−1 受访者基本情况

选项	小计	比例
A.14~17 周岁	3901	17.52%
B.18~23 周岁	15 035	67.51%
C.24~28 周岁	1685	7.56%
D.29~35 周岁	1648	7.41%
本题有效填写人次	22 269	

受访者民族为汉族的占 97.9%，少数民族的占 2.1%。政治面貌为中共党员的占 7.93%、共青团员占 68.66%、民主党派占 0.32%、群众占 23.09%。学历为高中（中专）及以下共 4272 人占 20.3%、大专共 10073 人占 47.85%、本科共 6250 人占 29.69%、硕士及以上共 453 人占 2.15%，表明 69.07% 的受访者曾有或正有接受我国高等教育的经历。从受访者地域分布来看，禅城区占 13.12%、南海区占 20.74%、顺德区占 32.80%、三水区占 19.47%、高明区占 13.87%。从青年身份看，学生为主体，占 81.96%，具体身份情况如表 3−2 所示：

表 3 – 2　受访者身份组成情况

选项	小计	比例
A. 中学生	3703	16.63%
B. 大学生（含大专）	14 549	65.33%
C. 政府及事业单位工作人员	2045	9.18%
D. 私人企业单位工作人员	1041	4.67%
E. 其他	931	4.19%
本题有效填写人次	22 269	

　　根据接受调研的青年各情况占比，可将主要群体标签归纳为：①年龄在 29 周岁以下；②曾经有或正在接受高等教育；③以在校青年学生为主；④党团政治面貌特征明显。这部分群体有接受主流思想政治教育及参与各类思想政治教育活动的经历，同时又具备现代青年思想活跃、接受能力强、追求个性发展等群体特征，为佛山市主流青年群体。调研人群与相关数据符合本次调研需求，匹配度高，有代表性与科学性。

　　（二）思想与价值观状况

　　此部分由个人理想信念情况及他我视角下青年群体思想特征两部分组成，主要是为了了解个人期望、愿景、信仰、压力来源等情况，同时从他我视角下，了解群体化思想特征，从而客观评估青年思想动态与价值观发展状况。

　　1. 问卷在理想信念问题上调查了受访者的实际情况，结果如图 3 –1 所示。

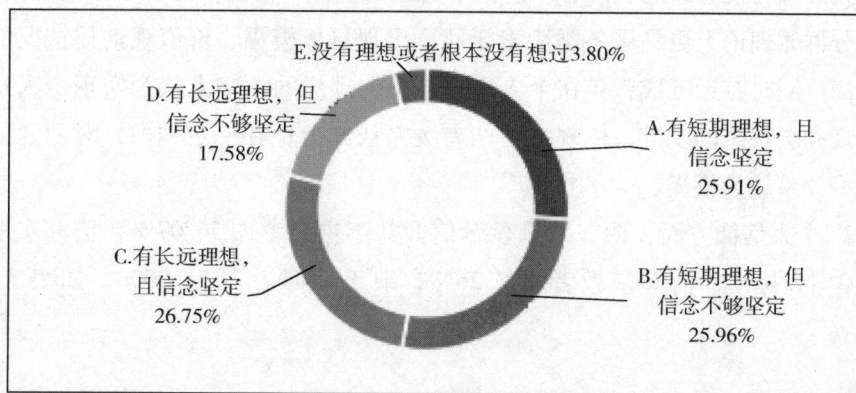

E. 没有理想或者根本没有想过 3.80%

D. 有长远理想，但信念不够坚定 17.58%

A. 有短期理想，且信念坚定 25.91%

C. 有长远理想，且信念坚定 26.75%

B. 有短期理想，但信念不够坚定 25.96%

图 3 –1　受访者理想信念情况

结果显示，有短期理想的受访者占51.87%，其中信念坚定者占25.91%，信念不够坚定者占25.96%。在拥有长远理想的受访者（占44.33%）中，信念坚定的占26.75%，信念不够坚定的占17.58%。同时，没有理想或者根本没有想过的受访者有3.80%，仅占少数。由此可知，受访者里绝大部分人都拥有自己的理想，并且半数的人信念较为坚定。

2. 在个人理想与社会理想问题上，调查结果如表3-3所示。

表3-3 青年对待个人理想与社会理想的态度情况

选项	小计	比例
A.先实现个人理想，才会有实现社会理想的基础	10 926	49.06%
B.在实现社会理想中实现个人理想	9535	42.82%
C.个人理想与社会理想没有关系	571	2.56%
D.不太清楚	1237	5.56%
本题有效填写人次	22 269	

调查结果显示，认为先实现个人理想，才会有实现社会理想的基础和在实现社会理想中实现个人理想的受访者人数相当，分别占49.06%和42.82%，认为个人理想与社会理想没有关系或者不清楚两者之间关系的青年共占8.12%。

以上两项数据表明九成以上受访青年有短期或长期目标和愿景，同时可以将个人理想与社会理想相结合。但其中四成以上青年存在信念不够坚定的问题，此部分群体理论上更易受各类因素干扰，出现目标模糊、价值观动摇情况的概率更高。同时有近五成青年在个人理想与社会理想的认知上认为实现个人理想是实现社会理想的基础，体现出在两者关系认知上存在一定偏向，对两者的辩证统一关系较为模糊。

3. 个人信仰方面，调查结果显示信仰共产主义者占56.07%，信仰实用主义者占11.18%，信仰宗教者占2.26%，缺乏信仰者占21.00%。如表3-4所示：

表3-4 青年信仰情况

选项	小计	比例
A.共产主义	12 486	56.07%
B.实用主义	2490	11.18%
C.宗教	505	2.26%
D.没有信仰	4678	21.00%
E.其他	2110	9.49%
本题有效填写人次	22 269	

　　数据表明在青年群体中，拥有符合中国特色社会主义主流信仰的人数过半，无信仰者占21%，信奉实用主义、宗教或其他信仰人数占22.93%。结合调研对象拥有党团政治面貌者占76.59%（其中党员7.93%，团员68.66%），在校青年学生占81.96%（其中中学生占16.63%，大学生占65.33%）的情况，佛山市各青年集聚组织或高校对青年精神文化领域建设，尤其是信仰意识的引导仍有提升空间，同时须提防非法组织通过宗教信仰或其他思想对青年开展意识形态领域渗透。

　　4.在青年对未来期望上，努力赚钱过上富裕生活和追求符合自己兴趣的生活，情况占比相当，分别占34.48%和31.79%，其次是实现自我价值，得到他人认可和为他人做贡献服务社会，分别占21.24%和7.87%，暂时不清楚未来期望的受访者占比最少。在未来期望方面，调查结果基本符合当代青年强调物质追求、自我意识强烈、个性化特征明显的群体特征，青年为社会集体服务、贡献的意识观念普遍不强。结果如表3-5所示。

表3-5 青年对未来的期望情况

选项	小计	比例
A.努力赚钱过上富裕的生活	7678	34.48%
B.为他人做贡献服务社会	1753	7.87%
C.追求符合自己兴趣的生活	7080	31.79%
D.实现自我价值，得到他人认可	4731	21.24%
E.暂时不清楚未来期望	440	1.97%
F.其他	587	2.65%
本题有效填写人次	22 269	

5. 受访青年目前压力、烦恼或困难等的主要来源，调查结果如表 3 – 6 所示。

表 3 – 6　受访青年主要压力来源

选项	小计	比例
A. 学业或工作压力	16 047	72.06%
B. 生活需求与经济收入不匹配的矛盾	10 300	46.25%
C. 家庭关系压力	4466	20.05%
D. 对未来生活及个人发展的迷茫	11 630	52.22%
E. 对国家发展缺乏信心	1029	4.62%
F. 人际关系及情感压力	6614	29.70%
G. 其他	2631	11.81%
本题有效填写人次	22 269	

　　数据显示，在青年目前烦恼、压力或焦虑方面，总体而言生活实际问题、个人发展追求与短期收入问题三方面是主导因素，其中学业或工作占 72.06%，对未来生活及个人发展感到迷茫占 52.22%，经济收入情况占 46.25%；此外是个人情感关系问题，其中家庭关系压力、人际关系与情感及其他情感压力占比分别为 20.05%、29.70% 与 11.81%；影响最小的是社会、国家因素，对国家发展缺乏信心而产生负面情绪占比最低，为 4.62%。

　　青年的烦恼、压力前三项来源的分布情况与对未来的期望情况（占比最高前三项为青年希望在未来可以过上富裕生活、追求符合自身兴趣的生活及实现自我价值）总体呈线性关系。在一定程度上表明五成以上受访青年的主要压力、烦恼是由于未来期望与现实情况相矛盾，即个人追求与实现路径不匹配的问题。

　　6. 在受访青年认为目前大部分青年积极要求入党的最主要原因方面，调查结果如图 3 – 2 所示。

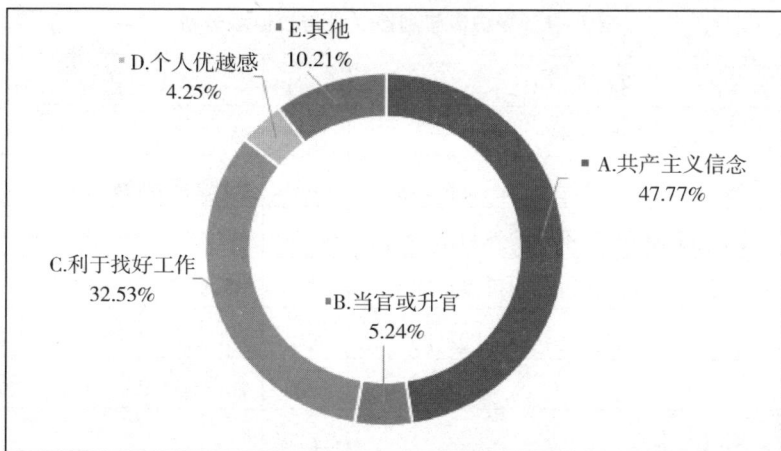

图 3 - 2　目前大部分青年主要入党动机

由此可看出，在个体青年看来，青年群体积极入党的原因主要来自共产主义信念（占47.77%），其次是利于找到好工作（占32.53%）；其他个人因素、可当官升官和个人优越感因素比例较小（分别占10.21%、5.24%与4.25%）。此项数据表明，在入党动机上，青年受共产主义信仰影响，思想与动机总体较积极、正向，但同时也明显有实用主义思想特征。

7. 在"您认为下面哪种情况最符合现在多数青年思想实际"问题上，64.26%受访青年认为在不损害自己利益的情况下，愿意帮助别人；14.40%的青年在别人帮助过自己的情况下愿意帮助别人；8.54%的青年会为了他人利益牺牲自身利益；6.15%的青年将个人利益放在首位，只考虑自身利益；2.34%的青年选择了不惜损害他人利益达到自身利益。此数据一定程度反映出受访青年利益主张与价值观，近八成青年主动并愿意接受道德约束，在此条件下追求最大限度的自身利益；一成青年在利益观上明显出现偏差；一成青年具备一定的奉献与牺牲精神，能以高标准的利益主张进行自我约束。具体情况如表3-7所示。

表3-7　受访青年利益主张与价值观分析

选项	小计	比例
A.为了他人的利益可以牺牲自己利益	1902	8.54%
B.在不损害自己利益的情况下，愿意帮助别人	14 312	64.27%
C.只考虑自身利益情况，不顾他人利益	1371	6.16%
D.如果别人帮助了自己，自己也可以帮助别人	3207	14.40%
E.不惜损害别人的利益以达到自己的目的	521	2.34%
F.其他	956	4.29%
本题有效填写人次	22 269	

8. 在青年群体存在的思想问题上，调查结果如表3-8显示。

表3-8　受访青年存在的主要思想问题分析

选项	小计	比例
A.为他人服务及社会奉献意识不高	13 547	60.83%
B.社会责任感较差	11 912	53.49%
C.爱国情怀与民族意识淡然	7603	34.14%
D.缺乏理想信念，意志容易动摇	12 610	56.63%
E.过分强调自我，看重个人得失	10 665	47.89%
F.自主意识不强，容易受他人影响	10 646	47.81%
G.其他	2384	10.71%
本题有效填写人次	22 269	

数据显示，青年群体最突出的思想问题是为他人服务及社会奉献意识普遍不高（占60.83%），集体主义观念不强、奉献精神不够；其次，青年存在理想信念缺乏、意志容易动摇（占56.63%），社会责任感较差（占53.49%），过分强调自我、看重个人得失（47.89%）三大类型思想问题；爱国主义情怀淡然的只占34.14%。

9. 问卷针对对受访青年有重大不良影响的思想因素做了相关调查，调查结果如表3-9所示。

表3-9　对青年群体有不良影响的思想因素

选项	小计	比例
A.拜金主义	14 691	65.97%
B.急功近利	14 696	65.99%
C.官本位现象	7896	35.46%
D.追逐权力、逃避责任	14 487	65.05%
E.缺乏诚信	11 138	50.02%
F.精神空虚、没有信仰	11 341	50.93%
G.其他	2605	11.70%
本题有效填写人次	22 269	

　　结果表明，对青年群体有最大不良影响的是浮躁心态造成的负面思想，其中拜金主义占65.97%、急功近利思想占65.99%、追逐权力、逃避责任占65.05%；其次为颓废心态的思想问题，其中缺乏诚信占50.02%，精神空虚、缺乏信仰占50.93%；由世界观、价值观引起的不良思想因素相对占比较少，如官本位现象思想占35.46%，其他不良思想因素占11.70%。

　　10. 问卷对当代青年应该重点发扬的精神做了相关调查，调查结果如表3-10所示。

表3-10　当代青年认为应该重点发扬的精神

选项	小计	比例
A.艰苦奋斗精神	18 641	83.71%
B.无私奉献精神	14 532	65.26%
C.开拓创新精神	16 269	73.06%
D.集体主义精神	15 031	67.50%
E.爱国主义精神	14 956	67.16%
F.其他	2625	11.79%
本题有效填写人次	22 269	

结果显示，83.71%的青年认为应发扬艰苦奋斗精神，其次73.06%的青年认为应发扬开拓创新精神，然后是集体主义精神、爱国主义精神、无私奉献精神，分别占67.50%、67.16%与65.26%，其他精神占11.79%。

结合以上所有数据，佛山市青年的思想与价值观问题，主要体现在以下几个方面。①信念信仰问题。青年信念、意志力不够坚定，容易动摇。同时对个人与社会理想认知存在一定偏差，在精神信仰方面存在一定潜在风险。②理想实现问题。在理想目标方面，佛山市三成以上青年希望过上富裕生活，近三成青年追求符合自身兴趣的生活，近两成青年希望可以实现自身价值，得到他人认可。但在现实压力源和烦恼因素方面，超过四成青年因经济收入与生活需求不匹配感到担忧，超七成的青年因当前学习工作压力感到烦恼，超五成青年对个人发展与未来生活感到迷茫。压力烦恼源与理想追求几乎重合，反映出当前青年理想目标与现实状况存在一定差异，需提高个人追求与具体的实现路径的匹配程度。若长期存在理想现实差异化的问题，则会导致青年因无法改变现状，无法实现理想而产生负面心态，在此基础上若缺乏正确引导及帮助，在一定程度上会加剧本市青年亚思想、亚文化的形成与发展，形成悲观心态与怨恨心态，最终转化为极端心态。③价值观知行不合一问题。受社会大环境与地理因素影响，佛山市青年强调物质追求、讲究自我、追求个性的群体特征显著，同时对主流精神、核心价值观认同及群体存在问题又有准确认识。总体而言在思想认知上有良好价值取向，但日常行为存在一定反差，知行不合一。

（三）工作、学习、生活

此部分通过收集青年各方面的行为习惯信息（如：现实生活感受、遇到困难时的选择、生活话题内容及获取信息的习惯等），试图掌握现代青年行为爱好，准确把握佛山市青年"喜欢去哪里""喜欢做什么""喜欢怎么做"等生活特征，为改进思想政治教育工作的实效性、针对性与吸引力提供依据。

1. 在受访青年对目前的工作、学习与生活总体感受方面，调查结果如图3-3所示。

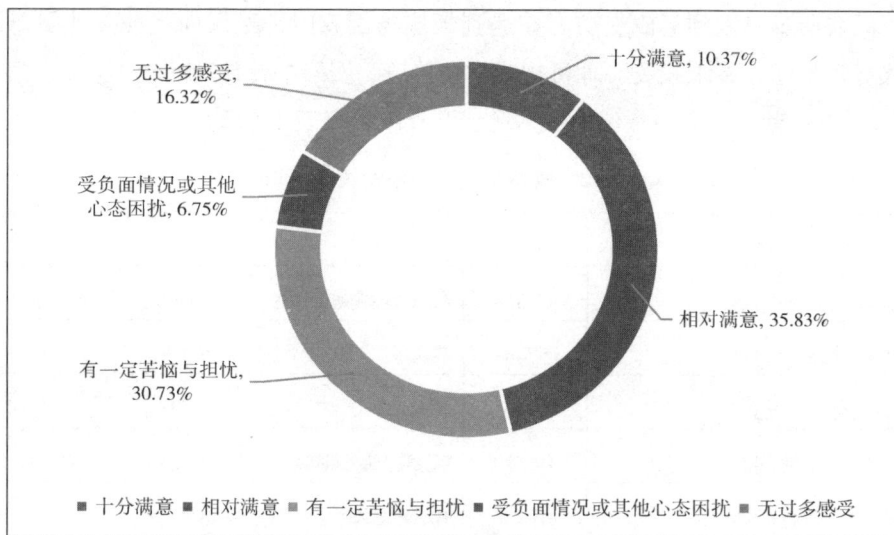

图 3 - 3 青年对工作、学习、生活的态度

调查数据显示，46.20% 的青年对工作、学习与生活感到满意（10.37% 十分满意，35.83% 相对满意）；此外有一定苦恼与担忧的青年占 30.73%，无过多感受者占 16.32%；受负面情绪或其他心态困扰的青年占 6.75%。总体而言，佛山市青年在工作、生活与学习中受负面情绪或心态影响的情况较小，对生活状态不满意的情况较少。

2. 青年在遇到烦恼与困惑时，会怎样寻求帮助的调研情况如表 3 - 11 所示：

表 3 - 11 青年会怎样寻求帮助的调研情况

选项	小计	比例
A. 找父母、爱人及亲属寻求帮助	13 806	62.00%
B. 找朋友寻求帮助	15 505	69.63%
C. 找学校或单位寻求帮助	3525	15.83%
D. 通过网络平台寻求安慰及帮助	3250	14.59%
E. 寻求心理机构或青年组织帮助	2472	11.10%
F. 其他	4412	19.81%
本题有效填写人次	22 269	

图表所示，六到七成受访者在遇到烦恼与困惑时，更倾向找朋友或父母等亲人寻求帮助，寻求相关心理机构或学校单位、网络平台帮助的较少。

3. 受访者在生活中常议论的话题，调查结果如表3-12所示。

表 3 - 12　受访者在生活中常议论的话题

选项	小计	比例
A.经济发展问题	11 364	51.03%
B.国家政治问题	5744	25.79%
C.国际性话题	4346	19.52%
D.社会生活问题	14 124	63.42%
E.文化教育问题	10 736	48.21%
F.个人问题	15 680	70.41%
G.生态发展问题	3659	16.43%
H.其他	3637	16.33%
本题有效填写人次	22 269	

根据调查显示，个人问题（占比 70.41%）和社会生活问题（占比 63.42%）、经济发展问题（占比 51.03%）出现在受访者身边的朋友、同学、同事等议论的频率相对较高。对国家政治、国际性话题和生态发展问题的关注较少。此项数据表面青年群体更为关注个人问题、生活实际问题与经济问题，与青年未来期望、目前困惑成因方向一致，一定程度上反映出佛山市青年群体在这几方面希望得到关注与帮助。

4. 问卷对受访者获取各种信息的主要来源和喜欢的媒体宣传形式做了相关调查，调查结果如表3-13和表3-14。

表 3 – 13　受访者获取信息的主要来源

选项	小计	比例
A.电视广播	10 544	47.35%
B.互联网 pc 端（电脑）	13 281	59.64%
C.互联网移动端（手机）	19 497	87.55%
D.报纸杂志	5562	24.98%
E.朋友、同学、同事等人群	15 064	67.65%
F.其他	2754	12.37%
本题有效填写人次	22 269	

表 3 – 14　受访者喜欢的媒体宣传形式

选项	小计	比例
A.电台音频	7611	34.18 %
B.图文信息	14 685	65.94 %
C.短视频	14 565	65.40 %
D.H5（移动端动态页面）	5991	26.90 %
E.微电影	11 073	49.72 %
F.小程序	7051	31.66 %
G.其他	3510	15.76 %
本题有效填写人次	22 269	

受访者获取信息最主要的来源形式是互联网移动端（手机），占比 87.55%，通过朋友、同学、同事等人群（占比 67.65%）和互联网 PC 端（占比 59.64%）、电视广播（47.35%）获取信息的占比也较大。

在媒体宣传形式上，图文信息和短视频类为受访者最欢迎的媒体宣传形式，分别占比 65.94% 和 65.40%。微电影、音频、小程序等形式占 49.72%、34.18% 与 31.66%。

　　根据以上调研结果与数据，佛山市青年在寻求帮助时更多选择依靠朋友、父母亲属；在关注讨论话题上以个人情况、生活实际内容为主，经济与文化教育话题为辅；获取信息最主要的渠道为互联网移动端与他人信息传播；在获取信息形式上图文信息、短视频、微电影、音频等新媒体形式最受青年欢迎。这为青年工作的内容制定、软性宣传推广提供了准确方向与有效形式。

（四）意识形态与思想教育工作

　　内容包括青年对国家主流政治及敏感问题的态度与关注度、参加思想政治教育活动情况、对佛山市青年工作了解情况与建议等方面。其目的在于了解佛山市青年主流意识形态边缘化情况（即在青年群体中主流意识形态主导地位有弱化、虚化、软化的现象出现，丧失原有的领导力、影响力与认同度），了解佛山市青年工作实效，了解青年关于思想政治教育的态度与喜好，发现青年意识形态中的潜在危机，为佛山市思想政治教育工作提出建议。

　　1. 问卷就当下的国家大事（如"两会"等）或主流政治（如党的大政方针、社会热点等）的关注度对受访者进行了调查，调查结果如表 3 - 15 所示。

表 3 - 15　受访者对国家大事和主流政治的关注情况

选项	小计	比例
A. 持续关注，通过各种途径积极参与	6543	29.38%
B. 主动关注，了解大概情况	6651	29.87%
C. 视兴趣而定，关注感兴趣部分	6878	30.89%
D. 不会主动关注（被动了解）	1786	8.02%
E. 完全不关注	411	1.85%
本题有效填写人次	22 269	

　　根据调查结果，九成受访者对当下国家大事和社会热点有关注，其中持续关注积极参与的占 29.38%、主动关注了解大概情况的占 29.87%、视兴趣而定的占 30.89%，被动了解的青年占 8.02%。总体而言佛山市青年对国家时政关注情况较好，但要时刻提防主流政治领导权，话语权渐弱、渐失的现象出现，在引导教育工作中仍需提高青年对国家时政的兴趣度，同时加强解析引导，增强认同感、归属感与影响力。

2. 问卷在对受访者在学校或单位参加的思想政治教育的不同的频率做了相关调查，其中每月至少 2 次的有 36.40%，占比较大。每季度至少 2 次占 23.61%，每半年至少 2 次占 20.53%，几乎没有参与占 10.68%。结合调查对象的主要人群特征，佛山市青年参与思想政治教育的频率不高。

表 3 - 16 佛山市青年参与思想政治教育的频率

选项	小计	比例
A. 每月至少 2 次	8107	36.40%
B. 每季度至少2次	5258	23.61%
C. 每半年至少 2 次	4574	20.54%
D.几乎没有	2380	10.69%
E.其他	1950	8.76%
本题有效填写人次	22 269	

3. 对于受访者参与过的思想政治教育类型情况，调查结果如表 3 - 17 所示。

表 3 - 17 受访者参与过的思想政治教育类型

选项	小计	比例
A.爱国主义教育	16 268	73.05%
B.理想信念教育	11 640	52.27%
C.思想道德观念教育	15 992	71.81%
D.法制观念教育	13766	61.82%
E. 弘扬优秀传统文化活动	13 053	58.62%
F. 国防军事理论教育	10 308	46.29%
G.并未参与	1031	4.63%
H.其他	2125	9.54%
本题有效填写人次	22 269	

根据调查结果显示，受访者参加的思想政治教育主要有思想道德观念教育（占71.81%）、爱国主义教育（占73.05%）、法制观念教育（占61.82%）、传

统文化活动教育（占58.62%）、国防军事理论教育（占46.29%）、理想信念教育（占52.27%）。此数据表明佛山市思想政治教育内容丰富，主题覆盖较全面。

4. 问卷对受访者身边青年参与思想政治教育活动的态度做了相关调查，调查结果如表3-18所示。

表3-18 受访者身边青年参与思想政治教育活动的态度

选项	小计	比例
A.较期待，很积极	6509	29.23%
B.视兴趣等实际情况而论	8662	38.90%
C.较被动，任务式接受	5654	25.39%
D.有一定抵抗情绪	589	2.64%
E.其他	855	3.84%
本题有效填写人次	22 269	

调查显示，视兴趣等实际情况而论占比较大（占38.90%），期待并积极参与占29.23%，任务式接受占25.39%，有一定抵抗情绪及其他情况的分别占2.64%与3.84%。佛山市青年对思想政治教育活动并不抗拒，但有超过六成青年是视兴趣而定或被动接受，因此必须提高活动的吸引力与实效性。

5. 问卷在广大青年认为思想政治教育活动中需要改进的方面做了相关调查，调查结果如表3-19所示。

表3-19 青年认为思想政治教育活动中需要改进的方面

选项	小计	比例
A.活动举办的时间、地点、场所等	11 721	52.63%
B.活动的主题与内容	12 657	56.84%
C.活动的宣传推广渠道	12 813	57.54%
D.活动开展的具体形式	12 238	54.96%
E.活动参与对象的精准性及组织者的专业性	9081	40.78%
F.其他	2365	10.62%

　　结果显示,超过五成青年认为佛山市的思想政治教育活动在宣传推广渠道、活动主题与内容、活动开展的具体形式等五方面都需进行改进。数据显示,佛山市思想政治教育仍有较大提升空间,其中主题内容、宣传推广渠道与活动具体形式存在问题较多。

　　6.问卷就受访者希望的思想政治教育活动内容及活动方式做了相关调查,调查结果如表3-20和表3-21所示。

表3-20　受访者希望的思想政治教育活动

选项	小计	比例
A.国家政策方针及发展动态	13 870	62.28%
B.与切身利益及个人发展相关的信息	13 828	62.10%
C.国内外社会形势及热点资讯	12 447	55.89%
D.与自身实际生活息息相关的内容	13 973	62.75%
E.符合自身兴趣爱好的内容	11 557	51.90%
F.科技、历史、心理等基本常识	10 047	45.12%
G.其他	2175	9.77%
本题有效填写人次	22 269	

表3-21　受访者喜欢的思想政治教育活动方式

选项	小计	比例
A.影视作品分享	16826	75.56%
B.谈心谈话	9456	42.46%
C.现场体验	11 396	51.17%
D.会议教育	6528	29.31%
E.文娱活动	13 884	62.35%
F.志愿服务	10 864	48.79%
G.其他	2197	9.87%
本题有效填写人次	22 269	

结果显示，国家政策方针及发展动态（62.28%）、与切身利益及个人发展相关的信息（62.10%）及与自身实际生活相关的内容（62.75%）是受访者希望了解的内容，所占比例相对均衡。国内外政治形势、基本常识与符合自身兴趣爱好内容占比分别为55.90%、45.12%与51.89%。结合青年对未来的期望、造成困惑的缘由与日常话题调研可知，个人发展与实际生活内容是佛山市青年最为关心、最困惑的问题，同时也希望通过各类思想政治教育活动了解相关内容。

在活动形式上，影视作品分享（75.56%）、文娱活动（62.35%）是受访者最愿意接受的思想教育方式。其次是现场体验、志愿服务、个性化谈心谈话，分别占51.17%、48.79%和42.46%。

以上各数据显示，佛山市青年并未对主流意识形态与思想政治教育出现反向认同，即形成与主流意识形态相反的"三观"，认同西方的文化和价值观念，否定我国主流意识形态，甚至出现敌对现象。但青年参与相关活动的频率不高，同时超过六成青年对该类活动视兴趣而定或被动接受，超过五成青年对各类思想政治教育活动内容、形式及宣传等持改进态度，体现出一定程度上缺乏归属感和价值认同，因此需针对性改进青年工作，避免佛山市青年只把主流意识形态作为一种概念、符号，当作一种知识记忆与考试内容，忽视了概念与现实生活的联系（即概念化认同现象），逐渐使主流意识形态处于个人生活的边缘，产生边缘化认同危机，让敌对势力有机可乘。佛山市思想政治教育工作主题覆盖较全面，但在内容、形式与宣传推广上仍需改进，内容可适当结合青年个人发展与切身利益、与实际生活相关内容及国家具体方针讲解，形式上多采用影视分享、图文推送等新媒体形式与文娱活动、志愿服务等传统形式相结合，宣传途径上加强全媒体建设与实施。

7. 在"假如您有机会去国外游学或访问，您是否愿意为传播中华传统文化做努力"问题上，结果如表3-22所示。77.73%受访者愿意积极传播我国传统文化，18.76%受访者需要视情况而定，3.51%不愿意传播。结果表明，在对我国中华传统文化的认同上佛山市青年呈良好发展趋势。

表3-22 受访者在国外是否愿意为传播中华文化做努力的情况

选项	小计	比例
A.愿意积极传播	17 310	77.73%
B.不愿意传播	781	3.51%
C.视具体情况而定	4178	18.76%
本题有效填写人次	22 269	

8. 在国外文化对本国文化渗透的影响上，调查结果显示53.61%的受访者认为国外文化将会给本土文化带来新思想，且相互促进，36.89%的青年认为有利有弊，但也有3.14%和3.21%的受访者认为外来文化会阻碍本国文化传承和腐蚀我国青年思想。如表3-23所示。

表3-23 青年对外来文化的态度

选项	小计	比例
A.带来新思想，相互促进	11 939	53.61%
B.阻碍本国文化传承	700	3.14%
C.腐蚀我国青年思想	714	3.21%
D.有利有弊	8214	36.89%
E.不太清楚	702	3.15%
本题有效写人次	22 269	

结果显示，超五成青年认为外国文化可以带来新思想，与中国优秀传统文化可以相互促进，近四成青年持辩证态度，认为外国文化有利有弊，应理性地分析看待。根据佛山市青年的信仰、理想信念、实际困惑等情况，结合地缘政治因素影响，佛山市青年工作者需加强青年群体的文化自信教育，尤其是辩证统一地看待国外文化，提高侦辨"文化利弊、文化是非"的能力，降低与防范不法分子利用外来文化做意识形态领域渗透的潜在风险与危机。

9. 问卷在粤港澳大湾区发展对青年的影响上做了相关调查，结果如表3-24所示。

表 3 - 24 粤港澳大湾区发展对青年的影响

选项	小计	比例
A.营造更多就业与创业机会	17 323	77.79%
B.更为便捷的交通	14 066	63.16%
C.新经济模式与生活方式	14 788	66.41%
D.更便利地领略港澳文化	11 630	52.23%
E.新的思想观念与思维模式	12 259	55.05%
F.无期待	826	3.71%
G.其他	1781	8.00%
本题有效填写人次	22 269	

77.79%的青年认为大湾区会营造更多的就业与创业机会，其次部分青年认为会给经济模式与生活方式（占66.41%）、交通出行（占63.16%）等方面带来改变，文化上52.23%的青年认为可以更便利地领略港澳文化，55.05%的青年认为新思想观念与思维模式将会对其产生影响。

10. 受访者在粤港澳大湾区建设发展潮流下的个人计划相关问题，调查显示在粤港澳大湾区建设下，大部分受访者将个人发展与地方、政策结合，75.48%的青年选择加强学习，提高素质与能力；62.53%的青年积极了解相关信息，为融入大湾区做准备；62.50%的青年参与交流活动拓宽视野。无计划，目前尚处于迷茫状态或对大湾区建设无感的青年较少，分别占11.77%和5.64%。如表3 - 25所示。整体而言，调研显示青年对大湾区建设持积极态度，对其政策有一定了解并期待大湾区建设，对粤港澳大湾区这项国家战略持认同和支持态度。

表3-25 受访者对粤港澳大湾区建设的态度

选项	小计	比例
A.加强学习，提高素质与能力	16 809	75.48%
B.多关注相关信息，为今后融入大湾区做好准备	13 925	62.53%
C.多参与各类交流活动，拓展视野	13 918	62.50%
D.无计划，目前较为迷茫	2620	11.77%
E.对大湾区建设无感	1257	5.64%
F.其他	1614	7.25%
本题有效填写人次	22 269	

11. 对于佛山市青年对青年之声、智慧团建、i志愿、青春佛山微信公众号等青年工作平台和系统的了解和参与度情况，调查结果如图3-4所示。其中不知道且没参与的人占12.51%；听过，但没参与的人占21.38%；了解，但参与少的人数有44.14%，占大多数；熟悉，并参与较多的仅占21.97%。

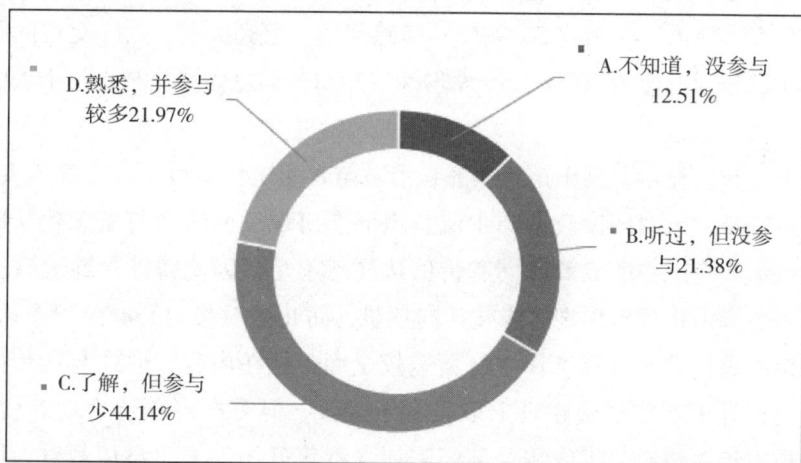

图3-4 青年对青年工作平台和系统的了解及参与情况

总体而言佛山市青年工作平台成效良好，近七成受访青年知道并参与过此类平台活动，覆盖面较广。但在受访群体中有六成左右的青年不常用这些平台，因此需提高平台使用率。

12. 在受访青年希望得到的帮助上，调查结果如表 3 - 26 所示。

表 3 - 26　受访青年希望得到的帮助

选项	小计	比例
A. 就业创业	15 575	69.94%
B. 个人学习与发展规划	15 150	68.03%
C. 个人素质与能力提升	14 255	64.01%
D. 丰富个人生活内容	11 780	52.90%
E. 个人情感问题	5809	26.09%
F. 家庭关系问题	4433	19.91%
G. 个人交往问题	5060	22.72%
H. 其他	2171	9.75%
本题有效填写人次	22 269	

　　调查结果显示，受访者最希望得到帮助的前三项类型为就业创业、个人学习与发展规划、个人素质与能力提升，分别占比 69.94%、68.03% 与 64.01%；其次是个人生活内容，占比 52.90%；情感问题、家庭关系、人际交往问题等个人情感问题分别占比 26.09%、19.91% 和 22.72%。总体情况与青年个人困惑缘由情况一致。

　　以上各数据显示，佛山市青年意识形态与青年工作有以下几方面需要注意：①佛山市青年并未对国家政策与主流意识形态出现反向认同与概念化认同，但对思想政治教育工作的成效认同和价值认同感不足，因此需针对性地改进思政工作，避免佛山市青年出现边缘化认同危机，防止敌对势力开展意识渗透活动。②佛山市的思想政治教育工作主题覆盖较全面，但在内容、形式与宣传推广上仍需改进；青年工作平台建设上取得一定成效，但需提高宣传力度和使用率。③佛山市青年思想政治工作相关部门需加强青年群体的文化自信教育，提高侦辨"文化利弊、文化是非"的能力，降低与防范不法分子利用外来文化进行意识形态渗透的潜在风险与危机。

三、针对性问卷调研情况分析

　　在普及性调查问卷基础上，针对近期意识形态热点问题，进行了小范围针对性的问卷调查。问卷共设计九题，包括青年对网络使用、意识形态渗透及港台敏感问题的态度，针对性研究青年群体的网络意识形态状况、受非主流意识形态影响程度、主流意识形态归属认同情况等问题。此次调研面向佛山市高等院校学生发放针对性调研问卷232份，回收有效问卷220份。

（一）沉迷网络情况

1. 在网络最吸引受访青年的因素方面做了以下调研，结果如图3－5所示。

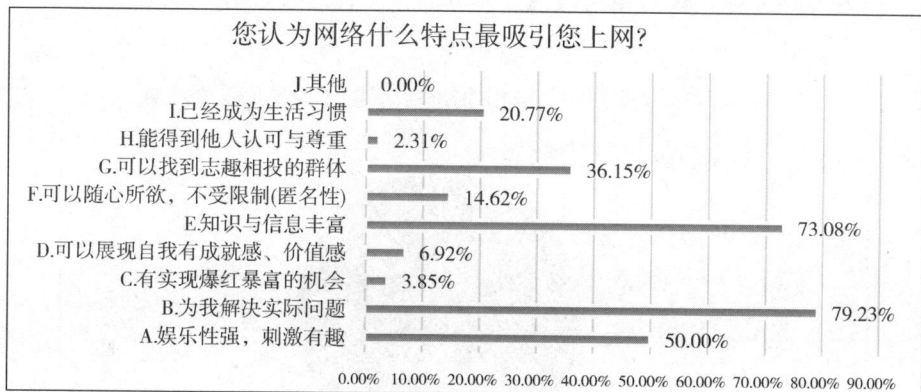

图表标题：您认为网络什么特点最吸引您上网？

- J.其他　0.00%
- I.已经成为生活习惯　20.77%
- H.能得到他人认可与尊重　2.31%
- G.可以找到志趣相投的群体　36.15%
- F.可以随心所欲，不受限制(匿名性)　14.62%
- E.知识与信息丰富　73.08%
- D.可以展现自我有成就感、价值感　6.92%
- C.有实现爆红暴富的机会　3.85%
- B.为我解决实际问题　79.23%
- A.娱乐性强，刺激有趣　50.00%

横坐标：0.00% 10.00% 20.00% 30.00% 40.00% 50.00% 60.00% 70.00% 80.00% 90.00%

图 3－5

调查结果显示，79.23%的青年认为网络可以为其解决实际问题，73.08%的青年认为网络上丰富的知识与信息是最具吸引力的，50.00%的青年则是因为娱乐性强、刺激有趣，36.15%的青年因在网络中可找到志趣相投的群体，20.77%的青年觉得网络生活已经成为习惯，14.62%的青年认为在网络中可以随心所欲、不受约束，13.08%的青年群体则因网络中可展现自我获得成就感、价值感（占比6.92%）、有实现爆红暴富的机会（占比3.85%）、能得到他人认可与尊重（占比2.31%）而被吸引。

数据结果表明，网络吸引青年的主要因素在于能为青年个体解决实际问题，同时有丰富的知识内容、大量的信息资源。一定程度上反映出受访青年对网络有较深的信赖与依赖，网络已成为青年遇到困难或需要了解相关知识时的主要渠道；其次是因为网络生活可以满足部分青年的情感与归属需求，如获得新鲜感、刺激感，找到同类群体开展定向社交，网络生活带来安全感等，只有13.08%的青年是因为网络能满足自我实现、得到尊重的需求。结合马斯洛需求层次理论与当代青年的群体特征，与过去青年的网络认知特征相比，现代青年对网络的整体认知与需求趋于理性。尽管受访青年在某些方面依赖、信赖网络，但网络"工具化"的认知特征明显（即满足青年基本层次的使用需要与生存需求，无法实现高层次心理价值追求）。造成网络认知特征逐渐转变的原因一方面在于当代青年成长于互联网时代，对网络认知与传统认知观点存在差异；另一方面是佛山地处改革前沿阵地，随着经济文化的发展，网络在实现高层次需求方面逐渐无法匹配佛山青年追求美好生活的基本要求。

2. 在受访青年沉迷网络游戏或娱乐方面，调查结果如图 3 - 6 所示。

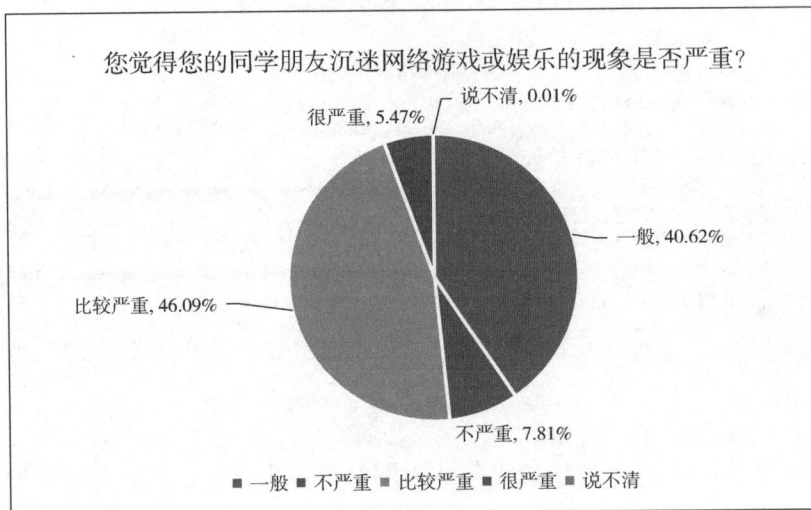

图 3 - 6

51.56% 的青年呈相对严重状态，其中比较严重占比 46.09%，很严重占比 5.47%；40.62% 的青年呈一般性状态，7.81% 青年未出现沉迷游戏或网络娱乐的状态。说不清的占比是 0.01%。

青年沉迷网络的调研数据，与因"网络娱乐性强，刺激有趣"而吸引青年占比 50.00% 的情况呈一致性，表明尽管佛山市青年的网络认知特征正在逐渐转变，但受传统的网络认知观与心理需求影响，部分青年依然存在沉迷网络游戏及娱乐的情况，并且该群体规模较大、沉迷程度较深。同时该群体也存在网络"工具化"的认知特征，网络认知观正在逐渐发生变化，因此需要加强对该部分青年的网络价值观的引导，帮助青年加速形成新形势下健康的、积极的网络认知。

（二）意识形态情况

1. 在了解西方思想对中国的意识形态渗透时，调查情况如图 3 -7：

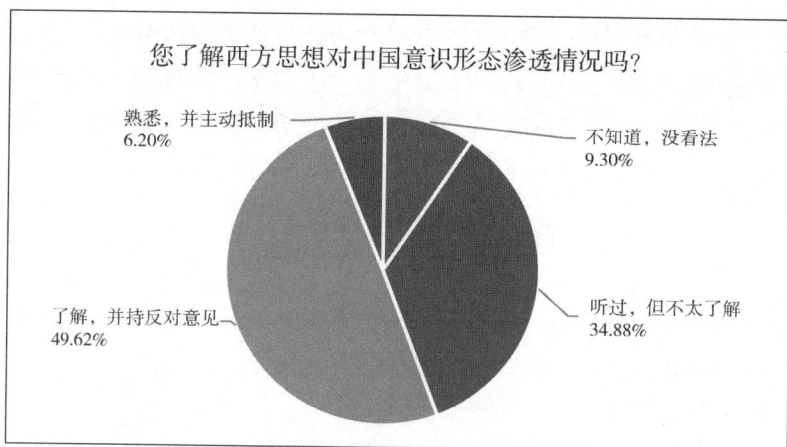

您了解西方思想对中国意识形态渗透情况吗?

熟悉,并主动抵制
6.20%

不知道,没看法
9.30%

了解,并持反对意见
49.62%

听过,但不太了解
34.88%

图 3 - 7

49.62%的青年表示了解相关情况,并持反对意见;34.88%的青年有所听闻,但不了解渗透的具体情况;9.30%的青年完全不了解该情况;6.20%的青年对西方思想渗透认识深刻,并主动抵制。总体而言有44.18%的青年对西方思想与意识渗透情况不了解,为意识形态安全留下隐患,需加强相关的思想意识防御工作。

2. 在对宗教问题的看法上,60.77%的受访青年对宗教持中立态度"不反对个别青年人入教、信教",39.23%的青年出于各种原因无宗教信仰,其中23.08%的青年认为不应该信教,但宗教文化活动可以按兴趣适当参与;8.46%的青年对宗教持完全反对的态度,尤其反对外来宗教对青年人的思想渗透活动;7.69%的青年认为宗教与自身无关,不会信教。具体情况如图 3 - 8:

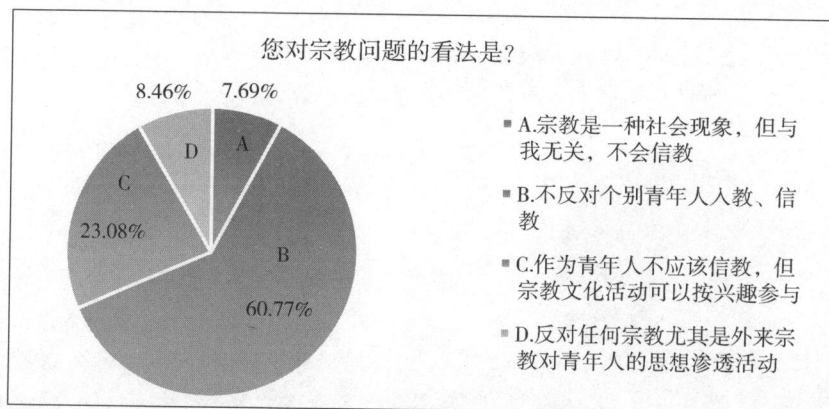

您对宗教问题的看法是?

8.46% 7.69%

D A

C
23.08%

B
60.77%

■A.宗教是一种社会现象,但与我无关,不会信教

■B.不反对个别青年人入教、信教

■C.作为青年人不应该信教,但宗教文化活动可以按兴趣参与

■D.反对任何宗教尤其是外来宗教对青年人的思想渗透活动

图 3 - 8

3. 在对分裂国家言论、颠覆国家政权行为的反应问题上如图 3 - 9，一部分青年会坚决抵制该类言行（占比 42.31%）；50.77% 的青年会有选择地采取行为，其中部分青年会视实际情况而采取对应的行为（占比 42.31%），另一部分青年会善意提醒，但不会强烈制止（占比 8.46%）；6.92% 的青年对此类言行听而不闻，视而不见，以自身利益为重，趋利避害，与主流的核心价值观存在偏差。

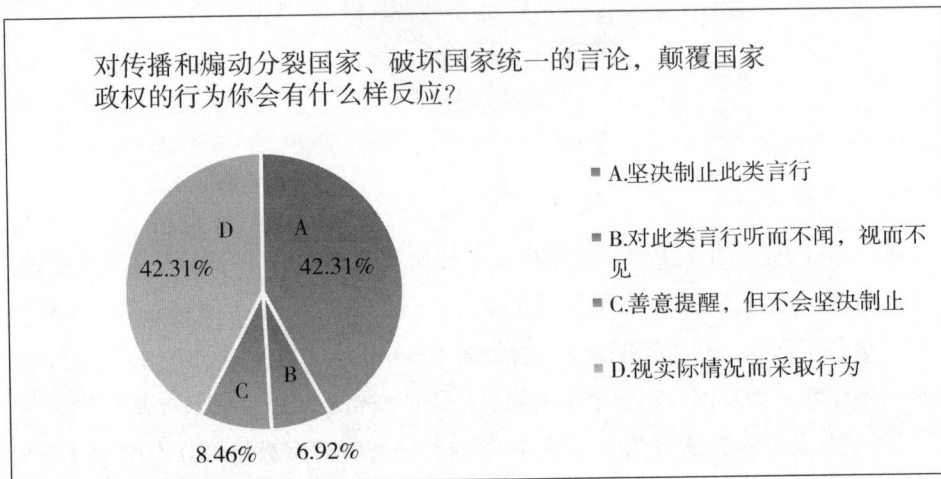

图 3 - 9

4. 在青年对国内民族分裂势力，国外排华反华势力活动的了解情况上，调查结果如图 3 - 10 所示：

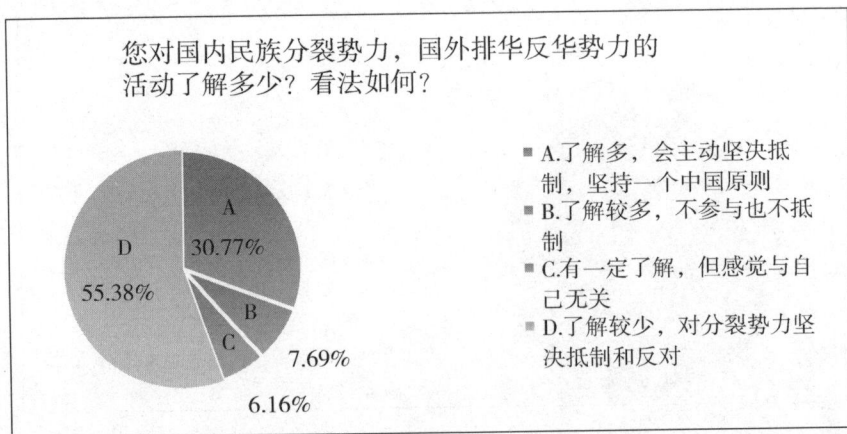

图 3 - 10

86.15%的青年坚决抵制和反对分裂国家的行为，坚持一个中国原则，具备强烈的爱国主义精神，其中30.77%的青年对民族分裂势力，国外排华、反华的活动有所了解，55.38%的青年对该类活动了解较少，在今后的思想政治教育工作中可适当加强对该类事件的讲述与剖析，用实际的案例增强青年主流意识形态的认同感此外，有7.69%的青年既不关心，也不参与，还有6.16%青年持"事不关己"的态度，感觉与自己无关，体现出主流思想政治教育对这部分群体的效用不明显，该群体认识不到主流意识形态的重要性，将其置于个人生活的边缘，久而久之便会出现主流政治认同危机，即对我国政治体制、管理组织的合法性、认同度产生怀疑，归属感和忠诚度大大降低，甚至出现损害公共安全、国家安全的思想与行为。

第二节 佛山市青年思想的现状与问题分析

根据本次对佛山市青年思想及思想政治工作的调研情况，佛山市各区有值得推广的做法和经验，但也存在需要改善和解决的问题。现结合调研结果，对佛山市青年群体的思想特点、佛山市开展青年思想政治工作的主要做法和经验，以及存在的现实问题予以归纳分析。

一、佛山市青年群体的思想特点

（一）思想活跃

青年人思想活跃，创新性思维明显，敢于且善于打破常规，是推动社会发展的潜在动力，但因自身社会经验偏少、自我控制能力较弱、知识储备不够等因素的限制，极易受外界不良社会风气影响，继而不能及时控制自己，做出违纪、违法的行为。思想政治教育工作者理应思考如何引导青年增强自制力，帮助其树立正确价值观，也需工作者不断努力，寻求创新性引导活动与方式。

（二）竞争观念强

佛山市青年群体竞争观念较强。争强好胜乃人之本性，青年人渴望证明自己，喜欢与人一争高下，因此有必要引领佛山市青年群体形成正确的竞争观念，要引领青年人正确对待竞争，认识到竞争应公平，不能为达目的不择手段。

（三）物质需求加强

佛山市青年物质需求加强，00 后甚至年龄更小的青年，所经历时代与其父辈不同。改革开放后，随着市场转型发展，社会经济快速增长使得物质财富相对富裕，这在一定程度上让当代青年的物质需求不断增强，而且不断强化。

（四）自我取向明显，关注个人，关注自身

佛山市青年群体自我意识强烈、强调关注个人发展，个性化特征明显。调查问卷结果显示，在青年对未来的期望上，受访青年期待努力赚钱过上富裕生活和追求符合自己兴趣的生活，分别占 34.48% 和 31.79%；其次是实现自我价值，得到他人认可（占 21.24%），而期望为他人做贡献服务社会仅占 7.87%。

（五）集体意识较差，社会责任感较弱

调查结果显示，在佛山青年看来，青年群体最突出的问题是为他人服务及社会奉献的意识普遍不高（占 60.83%），体现出青年集体意识不强、社会责任感较弱的情况。

二、佛山市开展青年思想政治工作的主要做法和经验

（一）开展青年思想政治工作的途径和内容

1. 结合重要时间节点开展主题教育实践活动。佛山市注重结合重大节日组织开展系列主题实践活动，例如开展"与信仰对话""不忘初心跟党走""我的中国梦""四进四信""向善向上好青年"等主题教育活动，内容涵盖青年价值观教育、青年关注的社会热点事件、理想信念教育、爱国主义教育等积极向上的内容，注重整体上加强青年思想政治引领。

2. 强调发挥仪式教育的重要性。比如举办十八岁成人礼，少先队鼓号队比赛，入党、入团、入队仪式，"青马工程"大学生骨干培养开班和结课仪式等，通过仪式教育，将爱国主义、理想信念等教育内容融入活动中。

3. 打造青年思想政治引领活动品牌。佛山市青年思想政治工作注重品牌的打造，例如，高明区率先组建青年宣讲团，以讲促学，带动基层组织开展青年大宣讲活动；南海区亲青家园提供社区心理咨询辅导服务，启创社工服务中心成为志愿服务品牌；禅城区依托罗登贤、陈铁军、廖锦涛等本地名人开展红色基地教育，都能体现出佛山市青年思想政治引领工作中活动开展较多且有品牌意识。

（二）开展青年思想政治工作的阵地和渠道

1. 抓牢主阵地和青年舞台，坚定广大青年跟党走的理想信念。通过主题教育、宣讲会、讲座、报告会、培训班、文娱活动等方式，开展常态化思想政治教育、团前教育、青年志愿服务、青年学习社等活动，培养青年"四个意识"和"四个自信"。同时建有青年之家、志愿者之家、志愿 V 站、青年商会、团校、少先队等青年活动阵地，给青年提供交流、集聚空间。

2. 紧抓官网、微博、微信、青年之声等网络宣传阵地，重视青年人意识形态引领工作，在网上政务平台发挥青年影响力，传播网络正能量。在新媒体运用上，佛山市主要以图文公众号、微博、微电影、抖音短视频、动漫、H5 等形式开展工作，涵盖思想道德观念教育、爱国主义教育、法制教育、传统文化活动教育、理想信念教育等积极向上的内容。

（三）开展青年思想政治工作的主要经验

1. 以基层组织建设为核心，加强意识形态工作的实效性

佛山市青年思想政治工作注重以基层组织建设为根本任务，增强各领域、各阶层青年组织及群体的思想向心力。抓住关键少数，加强对干部队伍的培养与建设，抓好党支部、团支部学习制度，持续深入推进"大学习、深调研、真落实"工作，扎实推进"两新"组织建团、"三个百分百"行动、志惠乡村计划等覆盖全市的工作计划。同时通过义务工作者（志愿者）联合会、青年商会、大学生协会、青俊大学生联盟、大学生村官发展促进会、青年社工协会等各领域组织，形成基层组织的有效实质覆盖，保证意识形态工作顺利开展。

2. 以制度建设为统揽，增强思想政治引领工作的整体性

佛山市青年思想政治工作以落实主体责任和完善工作制度为基础前提，牢固把握意识形态领导权。建立常态化的意识形态形势研判、风险排查机制，加强对系统内大型活动、讲座、报告会等的审批管理。同时重视加强市级组织、宣传、教育、工会、妇联、网信等部门的联动，完善舆情监测互通及反馈机制。

3. 以树立先进典型为抓手，增强思想政治引领工作的示范性

佛山市积极开展先进典型评优活动，先后选拔树立了一大批"阳光青年""向上向善好青年""最美南粤少年"、优秀社团、十佳团支部等青少年先锋模范个人和团队，充分发挥榜样作用。

4. 以社会实践为平台，增强思想引领工作的有效性

佛山市突出引导广大青年参与"灯塔工程""青马工程""三下乡"社会实践和社会志愿服务等活动，在实践中发挥青年群体的积极性和主动性。着力大学生新需求，持续开展"展翅计划"等双创服务，着眼青年企业家，实施"党员民营企业家培养系列工程"，面向新生代产业工人，开展"圆梦计划"助力学历提升，形成广泛的社会影响力，取得良好实效。

三、佛山市开展青年思想政治工作存在的问题

（一）佛山青年思想政治工作机制体制有待优化

1. 工作上传下达的时效性、合理性有待改善

围绕佛山市青年思想政治工作，经调研发现，佛山市在统筹管理时，从市级到区级，到镇（街道），再到村（社区），各级部门在协调沟通时主要以行政发文通知为主，辅以口头电话、微信或 QQ 通知，逐级推进。但对工作进行上传下达时，时间安排易存在不合理之处，尤其是下达紧急任务时，基层工作人员经常感觉通知下发过于仓促，不够时间开展具体工作，工作效果也就难以保证。同时，由于各级工作人员对工作通知的解读存在不一致，部分基层人员甚至无法全面、深刻理解工作任务及实际要求，导致开展青年思想政治工作时往往事倍功半，吃力不讨好的现象在工作中频频出现。

2. 多部门多头管理，造成基层单位、青年人员疲于应对

习近平总书记在十九大报告里强调："青年兴则国家兴，青年强则国家强。"我国各级党政部门对青年思想政治工作一直以来非常重视，调研发现佛山市青年思想政治工作存在多部门多头管理的问题，市级组织部门、宣传部门、教育部门、团委、工会、妇联等多个部门均担负着青年思想政治相关工作，多头管理和组织活动的现象较多，让广大佛山青年感觉思想政治教育活动过于频繁、重复，对自己学习、工作和生活产生一定困扰而不愿积极参与，表现为任务式参与。同时，处于基层单位的工作人员在接到上级众多相似任务时，不知如何恰当处理和相互融合，工作较为被动。在座谈中，有部分学校和基层单位反映了这一现象。

3. 基层党团组织架构弱化，青年对自身党团员身份缺乏认同感

经调研分析，佛山市青年思想政治工作组织架构完整，青年学习、交流平台众多，但存在基层党团组织架构弱化的问题，主要表现为村（社区）一级组

织架构弱化，青年对自身党团员身份归属感、认同感不够强，导致基层党团组织对基层青年思想状态的掌握不够及时、全面，还存在青年自发组织、形成社会力量的现象，组织架构弱化，将存在一定风险。

（二）青年思想政治工作覆盖面仍需扩大

1. "两新"组织思想政治工作覆盖不足

佛山是民营企业大市，且人口众多，青年数量庞大，大量青年分布于非国有制基层企业、个体工商户、社会组织当中。走访调研中了解到当前佛山"两新"党团组织覆盖率有待提高，大部分"两新"组织注重生产效益，对思想政治工作重视程度不够，青年在工作单位获得的教育极少，游离于党团组织联系和管理的青年不在少数，开展思想政治工作难度非常大。

2. 村居思想政治工作覆盖较弱，效果不佳

佛山各区农村青年占有较大比例，其文化程度整体不高，综合素质有所欠缺；且本地农村青年更为关注自身利益尤其是经济利益的获得，对思想政治教育不看重，甚至较为排斥和抵触，工作阻力多，易起冲突。

（三）思想政治工作相关人财物的投入较为缺乏

1. 佛山市思想政治工作经费投入区域差异较大

通过调研得知，佛山市各区之间思想政治工作经费投入存在较大差异，其中南海区、顺德区财政经费投入较多，三水区、高明区相对缺乏。在思想政治教育工作中，新媒体运营方面存在经费受限的问题。被访者反映，他们常常限于资金不足而感觉有心无力。

2. 基层工作队伍建设有待加强

经调研，佛山市青年思想政治基层工作者普遍反映工作强度大，人员不足。例如，全市农村、城市社区专职团干部仅有 27 人、中小学专职团干部仅有 125 人。

3. 工作提升培训较少

青年思想政治工作时代性、时效性强，工作新变化、新挑战多，但从事相关工作的基层人员获得工作提升培训的机会并不多，自身工作水平、能力的提高受限。如何加强对基层青年思想政治工作者的提升和培训，是值得佛山市主管部门思考和关注的一大问题。

（四）思想政治教育内容、形式不够贴近青年实际

1. 内容对青年的吸引力不强

思想政治教育内容对青年人吸引力仍不够强，青年认为任务式内容多，易存在抵触、反感情绪。本次调研结果显示：超五成青年认为佛山市思想政治教育活动在宣传推广渠道、活动主题与内容、活动形式等五方面都需要改进，其中对活动内容的改进关注人数最多。国家政策方针及发展动态（占62.28%）、与切身利益及个人发展相关的信息（占62.09%）、与自身实际生活相关的内容（占62.75%）是受访青年最希望呈现的活动内容，青年希望通过各类思想政治教育活动有所收获。这说明，在实际工作中，佛山市对不同区域、不同行业领域、不同年龄身份的青年实行针对性、丰富性、时代性的教育内容做得还不够，需进一步完善。

思想政治工作内容要贴近时代，贴近生活，贴近青年实际，要坚持立德树人理念，做到育人为本，关心、鼓励、支持青年健康成长和发展。佛山市各级党委和政府要加强领导，引导各级部门、各级领导干部、社会相关组织和人员密切配合，有机联动，建设和壮大青年思想政治工作队伍，不断充实内容、丰富内容、创新内容。

2. 形式仍不够多样

佛山市青年思想政治活动形式仍不够多样，导致青年较多表现为被动式接受，主动参与意愿不强。目前佛山市日常思想政治工作仍主要以专题报告、讲座、培训为主，活动形式不够丰富。调查结果显示：在活动形式上，影视作品分享（占比75.56%）、文娱活动（占比62.35%）是受访者最愿意接受的思想教育方式；其次是现场体验、志愿服务、个性化谈心谈话，分别占51.17%、48.79%和42.46%。在媒体宣传形式上，图文信息和短视频类为受访者最受欢迎的媒体宣传形式，分别占比65.94%和65.40%。微电影、音频、小程序形式占49.72%、34.17%与31.66%。由此可见，图文信息、短视频、微电影、音频等新媒体形式受到青年欢迎。传统思想政治教育形式较难引起青年共鸣，教育形式应多样化，以适应青年实际需求，达到良好的宣传、教育效果。

（五）网络思想政治工作监管体系有待强化

1. 监管防范意识有待进一步提高

青年思想政治工作须加强网上思想文化阵地建设，做到旗帜鲜明地把党管

媒体原则落实到网络媒体的建设和管理中，唱响网络主旋律。当前佛山市青年工作者对网络思想政治工作的监管防范意识还需进一步提高，要时刻保持警惕。

2. 对网络宣传阵地的监管力度仍需加强

当今社会网络、自媒体盛行，把控意识形态安全显得格外重要。尤其佛山青年处于粤港澳大湾区城市群内，对境外网络媒体的了解和需求也更多，监管力度更需加强。佛山市当前网络宣传阵地主要包括微信、微博、网站、抖音及其他各类青年平台等，新媒体、新平台的运营有些选择外包，有些是政府相关单位工作人员兼职，虽有要求运营方或相关工作人员要经过主管单位的审核方可发布信息，但网络平台、微信、微博等的留言管理仍比较薄弱，容易在留言区出现一些不当言论，网络阵地监管力度有待继续强化。

（六）新媒体推广和运用存在不足

1. 人员不足

尽管意识到新媒体在青年思想政治工作中的强大吸引力和影响力，但佛山市大部分与青年相关新媒体平台的推广和运用并非专人专职，缺乏专业人员负责新媒体的运营。比如在抖音的推广使用上，很多部门已经开通，但由于人手、管理欠缺等问题，及时有效的推广使用往往受限。此外，因人员不足采取外包或外聘，加上新媒体从业人员流动性较大，导致网络思想政治工作队伍不够稳定。

2. 水平参差不齐

在新媒体运营的探索过程中，因负责的人员多为基层工作者或外聘人员，且是兼职，非专人专职，在推进中存在美工设计较差、原创内容较少、创意较为缺乏、内容方式不够贴近青年实际需求、微视频耗费精力大等诸多现实问题，且佛山五区在新媒体推广和运用方面呈现参差不齐的水平。

3. 持续推广存在难度

调研发现佛山市各区都有不同程度地通过新媒体平台积极开展青年思想政治工作，但相关微信公众号、微博号、抖音号等青年平台发展到一定阶段后，在保持和增加粉丝黏性上遭遇瓶颈，粉丝数量和阅读量提升较慢，持续推广存在一定难度。

（七）思想政治教育资源共享与创新有待推动

1. 教育素材较为缺乏

调研发现，佛山市青年思想政治工作者普遍认为青年思想政治工作教育素材有待丰富和完善。基层工作人员开展活动时可用素材不多，掌握的素材资源有限。如何丰富和提升青年思想政治教育素材需要市级部门加以重视。

2. 区域间交流有，但共享不够

佛山市五区之间青年思想政治工作者有区域间的工作交流，但在教育资源共享、工作资源整合方面还较为缺乏。重视建设市、区、镇各级青年思想政治教育资源库，整合全市资源共同使用，重点研发新教育资源，在资源共享和资源整合上做到 $1+1>2$，是佛山市青年思想政治工作需要努力的方向。

3. 本土资源开发和利用有待加强

在贯彻落实《粤港澳大湾区发展规划纲要》的现实背景下，佛山区域发展优势要凸显，更加需要做好青年思想政治工作。在实现资源共享的基础上，佛山市思想政治教育本土资源的开发和利用也需加强。佛山市委牵头，各级相关部门积极配合，要在挖掘和塑造更多本土思想政治教育资源上发力。可结合佛山实际，挖掘和丰富本土资源的精神内涵，创作有感染力和教育意义的范本，供全市青年工作者共享共用，实现思想政治教育资源本土化、特色化发展。

第三节　青年思想政治工作面临的风险和挑战

当前国际国内形势复杂多变，各种思想文化的交流碰撞日益频繁，青年的生活方式和价值观念多元化凸显，利益诉求选择复杂多元，特别是佛山地处"两个前沿"，毗邻港澳，地处粤港澳大湾区，是互联网应用大市，接收外来讯息、参与外界活动都十分便捷；这些因素使得佛山的青年思想政治工作潜在的风险与面临的挑战可能会更多。对此，课题组根据调研中访谈的情况及获取的信息，结合佛山青年思想政治工作的现状，从筑牢青年意识形态安全防线的角度，对青年思想政治工作潜在的风险与挑战做出研判。

一、新形势下青年思想政治工作面临的风险

(一)青年群体价值取向与思想政治教育目标存在一定偏差

新形势下佛山青年自我意识、主体意识日趋强烈，行为取向也呈多样化、多元化。调查显示，青年普遍以"自我"为中心，看重自身主体性、能动性及独立性的实现。在理想取向上，受访青年多偏向"先实现个人理想，才会考虑社会理想"，多以自身利益为先，易出现个人利益与集体利益失衡现象。同时青年"为社会服务、为他人做贡献"的集体意识不够强。

另一方面，虽然佛山市青年思想政治教育工作取得了较大成效，绝大多数青年有正面的价值取向，受访青年"有短期或长期的理想且信念坚定"，对社会政治、经济变革有一定关注，对国家热点时政有所了解，对优秀传统精神有清晰认识，但正面价值取向一旦与个人眼前利益、实际困难相矛盾，就容易只停滞于意识层面，对青年实际想法与行为无法产生较大指引作用。因此，部分青年的行为表现与社会主义核心价值体系要求存在错位，与青年思想政治教育工作目的存在偏差。

1. 存在意识形态脱节风险，教育效能需进一步提高

部分青年价值取向与思想政治教育目标存在偏差，呈现出教育引导力不足的现象，从而影响青年实际行为。该现象反映出佛山市思想政治教育工作效能需进一步加强，以防出现佛山市青年群体意识形态脱节的风险。就佛山市青年而言，一方面他们是意识独立的个体，对于教育内容会有不同的个人理解。另一方面，青年认同教育工作，并不意味着会践行。因此在开展思想政治教育工作时，要讲究外化与内化有机统一，引导青年做到"知行合一"，提高思想政治教育工作效能，降低青年意识形态的风险。

2. 存在发展成青年道德信仰危机的可能性

若对青年意识形态脱节、"知行不合一"的状态不给予足够重视，有可能由意识形态脱节的风险深化为道德信仰危机。道德信仰的缺失将会导致大量急功近利、权责失衡、趋利避害等问题的出现，因此要防范和避免青年道德信仰危机。

(二)青年工作渐显理论与实践分离趋势

通过分析调研结果，佛山市青年工作存在理论与实践渐分离的趋势，体现

出工作理念与实际工作结合度不够高的风险。具体表现为：一是教育内容与形式相对滞后，针对性和时效性略显不足，思想政治教育内容在完整性、统一性和创新性上仍有提升的空间；二是教育理念有待进一步更新，佛山市地处改革开放前沿，毗邻港澳，开展多样化的思想政治教育活动，需要与时俱进的理论指导和价值导向。难免有部分青年工作者因各种原因，深入学习青年思想政治教育工作理论做得不够，工作创新性不够，甚至持守旧理念，无法正确指导实际工作。

1. 容易出现主流意识形态概念化认同与教条化认同的风险

若只注重主流意识形态理论观点的学习和阐释，不重视运用理论指导和解决实际问题，易使主流意识形态陷于空洞说教而缺乏实际感召力，青年可能会将主流意识形态作为概念、符号和象征，或是固化知识，忽视理论与现实生活的联系，出现概念认同、教条化认同，缺乏核心的价值认同。

2. 不排除形成主流政治认同危机的可能性

若青年群体对主流意识形态认识不到位，在外部因素干预下，个体青年易产生混乱，形成意识形态领域各种潜在危机，其中表现最为突出的是政治认同危机，即个体对政治体系与生存环境产生疏离感与焦虑感，社会归属感与自我规范意识出现淡化、动摇，所见现实与国家政治价值理念间产生裂痕，久而久之青年将会对主流意识形态体系失去信任或信仰。

二、新形势下青年思想政治工作面临的挑战

(一) 新时代网络环境对青年思想政治教育工作提出更高的要求

1. 开放的信息环境削弱了思想政治工作的效能

当前信息环境开放性、共享性特征明显，易削弱青年思想政治教育工作的效能，尤其佛山市地处珠江三角洲腹地，是粤港澳大湾区极点城市之一，独特的区位条件决定了其作为意识形态工作桥头堡的地位，境外文化和本土文化的汇聚、交流、交锋，使得主流意识形态在网络新媒体中面临被淡化和边缘化的窘境，也对青年工作者提出了更高工作要求。主要体现在三方面。一是社会信息化使青年可通过大众传媒、互联网等多种途径快捷地获取大量信息。这使青年思政工作者很难准确把握青年受到哪些信息的影响，降低了教育工作的针对性。二是多样、多变、多质的信息与青年思想道德教育的主流价值取向相互角力。学校、青年机构等相关部门制定的专业的、严谨的教育知识在具象化、信

息化、网络化的过程中存在局限性，较难完全通过媒体方式传播。导致青年在开放的网络环境中需对各种信息流进行自主辨析、选择及认同。因此不可避免地存在青年因缺乏历史知识和社会经验，受西方文化影响而疏离社会主义主流思想道德教育的现象。三是存在不良信息诱惑使青年误入歧途的风险。青年世界观、人生观、价值观处于形成阶段，若受到不良信息的诱惑和虚假信息的欺骗，将造成深远的影响。从本次调研结果来看，佛山市青年并未对主流政治政策与意识形态出现反向认同与概念化认同，但仍有必要加强和改进新时代青年思想政治工作，避免佛山市青年出现边缘化认同危机，降低及防范不法分子利用外来文化对意识形态领域进行渗透的潜在风险。但在关于网络使用的调查中，佛山市青年网络依赖特点明显，大大增加了思政工作难度。

2. 网络即时化、多元化、碎片化的传播特征降低了青年网络意识形态的安全性与稳定性

与传统媒体传播环境不同的是，互联网信息传递呈现即时性、多元化以及碎片化的传播特征，因此网络意识形态中存在的风险对当下佛山青年的意识形态工作构成更大的压力。

一方面网络的即时性容易给西方敌对势力可乘之机，对佛山青年进行意识形态渗透。受访青年在外来文化、西方思想等方面呈现出一定包容与接受，因此要提防西方敌对势力利用网络的即时性，塑造危机与干预的时空差，传播西方的政治文化和价值观，以此分化、西化青年。

另一方面网络的多元化传播对主流意识形态构建形成压力。多元化传播主要体现在两个方面。一是内容，既有社会主义文化，也有非社会主义文化；既有高雅文化，也有庸俗文化；既有中国文化，也有西方文化。二是传播主体和方式，不同主体均可利用各媒体方式进行价值宣传，给网络意识形态建设造成很大难度。在本次调研中，佛山青年对信息传播最感兴趣的形式包括图文、短视频、微电影等。该形式较多存在于自媒体中，因此如何甄别不法分子和西方敌对势力利用网红、大 V 等"网络模范"及影响力较大的公众号、平台开展意识形态渗透活动是一个全新难点，在利用新媒体进行有效"突围"，进而抢占意识形态制高点的工作上面临较大难度。

3. 网络冲击传统的管控模式，缩短了思想政治工作方式方法的有效周期

在互联网普及之前，意识形态传播多依赖于传统媒体，因此系统化、权威化的自上而下的管控方式较为简单、有效。随着全媒体时代到来，彻底改变了

意识形态传播环境，给青年意识形态管控带来新挑战。一方面对网络中的话语管控是难题，以信息技术为载体的现代化媒体是自由发表言论的即时空间，青年群体既是信息输出者，也是信息接收者，加大了管控难度。另一方面，管控青年群体的哪些网络行为以及对管理弹性、力度的把握，都是考验。同时，随着互联网技术的飞速发展，思想政治工作的有效周期在不断缩短，方式方法的革新如何跟上科技发展脚步也是青年思政工作者所面临的一大挑战。

4. 网络中意识形态冲突更为直接，对青年意识形态防御能力构成挑战

青年人思想活跃，喜欢追求新事物、新思想，对网络新媒体手段的接受和运用反应很快，这就使得各种网络社会言论尤其是不良言论对青年思想冲击大。青年群体在移动网络时代的价值冲突、文化冲突更为直接和明显，加上管控难度大，这对佛山市当前青年意识形态安全防御能力构成了极大挑战。尤其佛山地处粤港澳大湾区，受地理及历史因素影响，与港澳文化、语言、生活相融相通，这为形成复杂的地域互联网舆论提供了人文环境。境内外各种思想、价值观直接相互碰撞，再加上部分居心叵测的不法分子利用网络言论将社会主义现代化发展中出现的正常现象、发展问题上升为道路问题、旗帜问题，故意将民族问题、主权问题掩盖、模糊，混淆视听，对社会主义进行抹黑。网络上一系列现象、问题都对青年网络意识形态防御能力构成了挑战。

（二）开放和多元化思潮加大青年思想政治教育工作的难度

1. 文化多元化威胁优秀民族文化的传承与发展

在新时代经济模式下，西方发达国家向我国进行文化输出是无法避免的，在构建人类命运共同体的过程中，现代青年对西方发达国家的文化进行学习、借鉴也是必要的。但部分青年因社会生活经验不足，辨别意识不强，在好奇心的驱使下，容易不加鉴别地接纳西方文化，而对自己熟悉的民族文化缺乏兴趣，不加以引导则会威胁到我国优秀民族文化的安全，尤其是文化霸权主义的隐形侵略，往往从青年的兴趣、喜好和实际需求出发进行软性入侵，企图灌输西方文化才是优秀的，僵化青年思想。尤其佛山作为粤港澳大湾区重要组成部分，在建设中势必要把握自身定位办出佛山特色，在文化方面佛山有着丰富的地方传统文化与历史底蕴，势必迎来更多文化交流。因此如何平衡文化多元化与地方传统文化传承发展的关系是一大考验。

2. 价值多元化对青年形成稳定、健康、正向的思想意识有一定冲击

随着中国特色社会主义进入了新时代，多极化、多元化思想文化在世界范

围内深入发展、交集、交锋也日趋频繁,这些都直接冲击着当代青年的人生观、世界观、价值观。目前社会中多种价值观并存,这些不同性质、不同取向、不同层次的价值观,在社会生活中以不同方式、不同程度表现出来,对社会主流意识形态产生冲击。青年接受新鲜事物较快、思想活跃、精力充沛,但缺乏丰富的社会经验、生活阅历,因此容易受眼前困难与利益蒙蔽、诱导,无法用发展的眼光看待事物的变化。青年价值观往往呈现出多样、多变的特点,表现出理想不清晰、信念不坚定的情况。因此社会价值多元化对青年形成稳定、正向、健康的思想意识有一定冲击。

3. 个体特色化增大思想政治工作的难度

本次调研结果显示,佛山青年个体特色化发展较快,涉及"个体"与"个性"的选项总体比例较高。佛山地处改革开放程度最高、经济活力最强的区域之一,当地青年受社会、家庭、环境的影响而形成不同的个性特色。总体而言,在佛山青年的个性化特征中,既有积极向上的价值取向,也有消极落后的思想观点;既有高尚文明的思想文化,也有低级庸俗的兴趣爱好;既有符合主流意识形态的理想信念,也有背离主流意识形态的行为认知。青年的个体特色化势必会增大青年思政工作者的工作难度。

(三)复杂的时代环境对青年思想政治教育工作提出新的挑战

1. 新经济体制带来挑战

思想政治教育工作属于意识形态领域范畴,是由一定经济基础所决定的,并与经济基础相适应的上层建筑。受早期社会主义市场经济体制讲究"一定约束条件下,追求利益最大化、效用最大化"的价值观念影响,当代青年表现出"重利轻义"等不良的价值倾向。随着全面深化改革的推进,完善的经济体制与经济基础势必会给青年意识形态工作带来新的挑战,提出"完善""巩固"当代青年主流意识形态的工作要求。

以粤港澳大湾区为例,佛山是大湾区的重要组成部分之一,当地青年也展现出了将自身发展与大湾区建设相结合的意愿。大湾区将在2022年实现第一阶段建设目标——形成国际一流湾区和世界级城市群框架,届时粤港澳合作更加深入广泛、区域内发展动力进一步提升、生态环境将更优美。青年组织或机构应该如何把握机遇完善青年工作体制建设,如何引导青年结合自身理想信念全面认识大湾区建设,如何让青年在思想文化多元化的惊涛骇浪中坚定四个自信等,新的经济体制与发展模式势必对青年思想政治教育工作提出新的挑战。

2. 科技迅速发展带来的挑战

随着知识与科技的全球化，不同的价值观念与思想意识发生激烈碰撞和相互影响已成事实，这一方面有利于开阔青年视野，激发思维活力，培养创造性；另一方面也产生了许多问题，如自媒体发展迅速，为青年提供了实现自我价值的空间，但也对其人生观、价值观的形成影响日益深厚。因此伴随着科技进步而来的不稳定、不确定因素给青年的思想政治教育工作带来了新的挑战。

3. 阶层结构多极化带来的挑战

随着我国市场经济体制全面深化改革和分配政策的相应变化，传统意义上阶级群体的划分标准与当今佛山的人群特点存在矛盾。多种分配方式的不断完善形成了多样的家庭，势必使佛山青年群体也不可避免地出现分层，不同阶层存在各异的实际情况，同时随着青年步入社会的时间与自身的发展，层级结构越趋多极化，这无疑增加了青年思想政治教育工作的复杂性和困难度。

第四节　优化佛山青年思想政治工作的思路与建议

一、凝聚力量，构建立体多维的青年思想政治工作格局

青年思想政治工作是一项系统立体多维的工程。关心和支持青年是全社会的共同责任。

（一）各级党委做好顶层设计

各级党委要做好顶层设计，完善青年思想政治工作的体制、机制及各项规章制度，引导并整合社会各方面力量，促使相关部门各司其职，形成合力，共同为广大青年成长成才做好服务，促进思想政治工作落到实处。

（二）各级团组织充分发挥引领凝聚作用

共青团应认真履行引领凝聚青年、组织动员青年、联系服务青年的职责。各级团组织应针对不同类别的青年，确定不同层次、不同侧重点、不同形式的引导内容和方法。第一，对于学生群体，着重引导其正确认识世情、国情、党情，增强对中国共产党的政治认同；第二，对于进城务工青年，注重人文关怀和心理疏导，解决其实际困难及问题；第三，对于企业青年，注重结合企业实际和岗位特点，把党团组织的"大道理"转化为青年易接受的"小道理"，解决其思想困惑；第四，对于乡村青年，着重引导学习党的各项惠农政策、新农村建设的根本要求，帮助解决其生产、发展、就业等问题；第五，对于其他领域的青年，紧密结合所在组织的社会功能和青年的思想问题，合理确定引导内容和侧重点，凝聚思想，巩固青年群众基础。

（三）学校（特别是高校）发挥主阵地作用

学校是青年学生思想政治教育的主阵地，特别是高校，要根据青年特点和成长规律，把思想政治教育渗透到各学科，发挥好课堂主渠道作用；要创建良好的校园文化，让社会主义核心价值观的种子在青年学生心中生根发芽。

（四）家庭发挥人生第一课堂作用

家庭是青年人生成长的第一个课堂，家教家风对个人品质和行为有重要影响。因此，要用积极的家庭追求和高尚的家国情怀，帮助青年扣好人生的第一粒扣子，迈好人生的第一个台阶，促使青年健康全面成长。

总之，要形成全社会共同参与青年思想政治教育的氛围。全社会关心支持青年成长和发展，凝聚力量，构建立体多维的青年思想政治工作格局。

二、运用新媒体，创新佛山青年思想政治工作手段

运用新媒体创新青年思想政治工作，是贯彻落实习近平总书记在全国高校思想政治工作会议上关于"推动思想政治工作传统优势同信息技术高度融合"讲话精神的重要举措。立足互联网信息新时代，结合新时期佛山青年的个性特点和实际诉求及工作中存在的问题与挑战，运用新媒体，使思想政治工作"活起来""新起来""暖起来"和"动起来"。

（一）健全新媒体社交平台机构

在市委统筹、相关部门联动的大思政格局下，建立佛山新媒体联盟，明晰和细化新媒体机构的职能分工和责任清单，构建市、区两级纵向联动，各相关职能部门横向协同的立体化新媒体矩阵，形成多维一体、同频共振的工作合力。特别是强化学校新媒体联盟建设，在积极打造学校官方新媒体的基础上，实行矩阵管理，不断完善学校新媒体联盟建设，增强学校新型官媒的网络话语权和主导权。

（二）提升新媒体平台思想政治工作的监管力

一是根据青年使用新媒体社交平台的特点，有针对性地对各类新媒体社交平台进行全方位、覆盖式开通注册并实施备案登记，有针对性地开通各类新媒体社交平台账号，确保主流阵地无死角、全覆盖；二是由相关职能部门制定出台相应文件，建立健全新媒体平台日常运营、内容建设、权利职责等方面的规章制度和文件细则，对责任主体、信息发布、舆情监测预警等工作进行规范化、统一化管理；三是建立信息获取分析以及处理机制，通过对各新媒体平台信息的动态监管，对于网上不良信息、恶意炒作的内容，新媒体平台要主动出击，及时采取有效措施消除根源，并发布真实信息，有效引导网络舆情，有效化解突发事件带来的潜在舆情危机；四是对新媒体平台信息发布严格执行"三审定稿"制度，确保发布的内容准确无误，并要求运营方需经负责单位审核同意方可发布，一旦发现不良言论，及时进行反驳，予以纠正。

（三）培育壮大新媒体平台运营的"红客"队伍

一是整合思想政治工作各方力量，着力打造一支包括政工干部、思想政治理论课教师、网络管理和技术人员、青年党员骨干等在内的专兼职结合的"红客"队伍，邀请佛山正向青年大V网红进驻平台，培育青年红色意见领袖和网络大V，提高吸引力和影响力，占领舆论制高点。二是保证新媒体平台运营的技术与人员支撑，加强新媒体平台业务骨干培训，有计划、有步骤、有针对性地开展媒介素养教育和新媒体技术指导培训，培育一批熟悉新媒体语言、掌握新媒体技术的思想政治工作者，当好网络新媒体空间的守卫者。三是以"青网计划"为统揽，加大网络文明志愿者、青年好网民队伍的培训和建设力度，通过健全管理、培训和激励机制，培育一支政治可靠、品德有担当的网上"守门员"，让他们在网络空间中奋发作为，发挥生力军作用。四是鼓励各行业领域普通青年代表打造个人新平台，与各官方青年平台积极互动，树立一批模范个人平台。

（四）提升新媒体思想政治工作的吸引力、感染力和创新力

一是丰富平台使用功能，加入与青年学习、生活相关的辅助功能，提高青年黏性。加强青年的学习交流和互动，了解掌握青年言论背后的学习、生活、就业和情感等问题，增设线上互动渠道，回应青年的困惑和诉求；同时利用微博、微信、B站、抖音等各种新媒体平台的传播优势，积极发布青年重点关注

的新闻事件、理论热点和舆论焦点等内容，击中社会共情点、共鸣点、共振点，发挥重要育人功能；二是注重切合青年发展需求，发布与青年切身利益、现实诉求密切相关的信息内容，并完善相关服务，使新媒体平台切实为青年成长成才服务。三是创新话语体系，运用青年喜爱并乐于接受的话语，把握网络新媒体空间的话语规律和使用习惯，通过富有时代感又生活化的语言传情达理。四是丰富形式设计，紧跟青年关注热点策划话题，充分把握网络流行的文风、用语、图像等表达形式，策划开发兼具思想深度与趣味气息的内容、文化产品和线上活动，丰富新媒体平台思想政治工作的吸引力、感染力和创新力。

三、拓展思路，创新佛山青年思想政治工作方式

新时代做好青年思想政治工作，必须创新佛山青年思想政治工作方式，将主流意识形态"润物细无声"，做到"用之于无形，使人不厌"。

（一）从服务入手，创新佛山青年思想政治工作方式

青年思想政治工作必须从悬空状态回到现实中来，贴近实际，贴近生活，贴近青年，切实增强思想政治工作的人性化，为青年服务。为此，青年思想政治工作要做好"两个结合"：一要将党和国家大政方针的宣传同实际工作相结合；二要将青年思想政治工作同解决青年实际问题相结合，让思想政治教育工作融入青年群体的生活中。各阶层青年群体的需求不同，一线的产业工人、快递员、白领、机关青年、企事业单位员工、创业者等各行业青年需求也不同，青年思想政治工作要做好，关键是服务需精准到位，贴合各阶层青年实际。针对弱势青年群体的思想政治工作，应该是眼睛向下、重心下移，重视、关心和支持他们。同时要关注青年所思、所忧、所盼，帮助青年解决毕业求职、创新创业、社会融入、婚恋交友、老人赡养、子女教育等方面的操心事、烦心事，有针对性地解决实际需求。全市要努力为青年创造良好发展条件，增强弱势青年群体的社会认同，真正做到入脑入心。

（二）以兴趣爱好切入，创新思政教育方式

青年正处于职业生涯的起步阶段，也是人生观、价值观逐步完善的阶段，对融入社会和融入行内有较强烈的需求，希望多与外界交流，并且通过各类活动达到放松身心、结交新朋友、增长知识的目的。仅仅将教育活动停留在"搞活动就是听汇报""谈教育就是唱高调"的层面，俨然已无法适应青年需求。

因此，做好青年思想政治工作，首先得了解青年喜好，满足青年需求，凝聚青年。佛山市可进一步落实以党建带团、工会、妇联等群团组织，共同开展各类青年群体喜闻乐见的文体活动、能力提升课堂、非遗项目、爱心志愿服务等，让不同职业、不同身份、不同地域的青年因兴趣爱好聚集在一起，形成长期有效的活动社团，加深青年群体的相互了解、体谅与融合。

四、深挖资源，丰富佛山青年思想政治工作素材

国情教育、形势教育、理想信念教育、纪律教育、革命传统教育、爱国主义教育、集体主义教育是青年思想政治工作的题中应有之义。针对当前思想政治教育工作素材不足的情况，可深挖佛山本土历史文化和红色文化资源，丰富思想政治教育工作素材，使本土教育、红色文化教育深融于青年思想政治工作。

佛山有着悠久的历史和深厚的文化积淀，历史上名人辈出，如康有为、朱九江、黄飞鸿、李小龙、陈启沅等。而近代波澜壮阔的革命活动在佛山留下了许多不可复制的历史足迹，也为佛山留下了丰富的红色文化资源，佛山市拥有禅城区铁军公园、廖锦涛故居、顺德区博物馆、西海抗日烈士陵园、南海区中共南三花工委旧址、中共南海县委旧址、高明区三谭革命事迹展览馆、粤中纵队纪念馆、高明历史文化名人馆、宝贤义学、文选楼、三水区革命烈士纪念碑、邓培故居等一大批红色文化资源。

因此，可由市级部门牵头，加强对佛山本土历史文化和红色文化资源的深入开发和塑造，挖掘和丰富其精神内涵，创作有感染力和教育意义的范本，让佛山本土历史文化和红色文化"带着情感说话"。以佛山本土历史文化和红色文化资源为题材，研发、制作一批青年人喜欢、感兴趣的思想政治宣传作品，扶持拍摄一批红色影视作品（包括红色微视频、红色微电影、红色故事系列漫画等），撰写一批党史理论文章，创作一批红色舞台作品，出版一批红色图书刊物，创作一批红色歌曲，制作一批红色文创产品。注重利用和发挥新媒体传播优势，发动广大青年等创作红色网络精品，让广大青年在实践参与中感受和体验红色文化的精神实质，并通过微信推文、H5 抖音、趣味游戏、竞赛小程序、舞台艺术作品等，宣传正能量。

五、精心打造，推进佛山青年思想政治工作队伍建设

加强和改进青年思想政治工作，关键在于有一支精干的青年思想政治工作

队伍。各级党组织要重视青年思想政治工作队伍建设，不断提高队伍人员的思想政治素质和工作能力，创造青年思想政治工作岗位光荣、责任重大、社会尊重的良好氛围。

（一）打造过硬的高素质思政课教师队伍

打造一支高素质的教师队伍，这是做好新时代青年学生社会主义意识形态工作的关键。佛山市要贯彻落实全国教育大会、全国高校思想政治工作会议、学校思想政治理论课教师座谈会精神，坚持教育者先受教育，按照"四有好老师""四个引路人""四个相统一"的标准和要求，打造一支政治要强、情怀要深、思维要新、视野要广、自律要严、人格要正的思想政治理论课教师队伍，担当起青年学生健康成长指导者和引路人的责任。

一是完善思政课教师培养体系，优化培养模式，创新培养举措，丰富培养资源，压实培养责任。

二是按教育部标准配齐建强思政课教师队伍，努力培养造就有影响的思政课名师、教学领军人才、教学骨干，打造思政名师工作室，推动思政课教师队伍整体水平不断提升，切实办好新时代思政课。

三是打造全市思政课教师研修基地，通过专题研修、专题培训、示范培训、面对面培训、网络培训、实践研学等多种培养方式、途径和措施，推动思政课教师强化马克思主义理论基本功，对习近平新时代中国特色社会主义思想切实做到真学、真懂、真信、真用。

四是设立一批思政课教师专项培养资助项目，切实加大政策、资金支持力度，实现思政课教师综合素养持续提升。（1）设立思政课教学科研团队"择优支持"项目，围绕高校思政课建设重大理论和实践问题开展团队攻关；（2）设立"思政课教师名师工作室"项目，培养骨干教师、开展教学研究、推广教学经验；（3）优秀中青年思政课教师"择优资助"项目，遴选教学业绩突出、科研潜力较大、创新能力较强的优秀思政课中青年教师，通过鼓励采取挂职锻炼、社会实践等方式予以重点培养；（4）设立思政课教学方法改革"择优推广"项目，遴选教学方法新、教学效果好、受学生欢迎的优秀思政课教学方法改革项目；（5）设立思政课教学研究项目，针对思政课教学中的重点、难点、热点问题开展研究，加强优质教学资源建设。

（二）锻造一支精干的团干队伍

团干部既是开展青年思想政治工作的主体，同时又是客体。团干部的双重性决定了我们必须把加强团干部队伍建设放在更加突出的位置。要按照提高素质、优化结构、相对稳定的要求，建设一支政治强、业务精、纪律严、作风正的专兼结合的工作队伍。一是放宽视野，选拔共青团干部。培养高素质的共青团干部，入口是关键。在选拔团干部时必须坚持高标准、严要求，把那些思想政治素质好、科学文化水平高、组织领导能力强、政绩突出、群众公认的优秀年轻干部选拔进入各级团的领导班子。同时进一步放宽选拔团干部的视野，广开渠道，发掘人才，不仅要注重从党政机关选拔，而且要注重从企事业单位、学校中选拔，改进选拔方法，把优秀的青年干部选拔到共青团工作岗位上来。二是完善团干的教育培训机制，依托佛山优势高校资源与师资力量，定期组织青年团干在各级党校、高等院校进行专业培训和学习，加强对青年团干的理论政策教育、理想信念教育、艰苦奋斗教育，不断提高青年团干的思想政治素质；针对基层在职青年工作者事务性工作繁杂、工作时间较满等问题，积极组织开展各类弹性学习和线上主题教育活动，分期、分批进行集中学习，开办各类短期培训，并从制度上保证人员、时间、效果和相关政策的落实；打造精品的网络共青团干部队伍培训课，使广大团干部不受时间地点的限制就可以参加培训。三是拓宽青年团干实践的渠道，加强团干队伍的实践培训，使团干队伍在实践的过程中提升自我。

（三）打造一批青年思政工作的红色先锋

主动在机关、学校、企业、社会组织、青年组织、服务机构中培养一批符合社会主义核心价值体系、热爱青年工作的青年工作者代表，将其打造成红色先锋或网络大 V，特别是在高校积极培养一批具有坚定社会主义核心价值观信念的青年大学生和青年教师代表，使他们成为有影响力的校园红色意见领袖和网络大 V，占领舆论制高点。

（四）打造一支百姓红色宣讲队伍

努力打造一支"红色宣讲轻骑兵"，广泛开展红色宣讲"六进"活动。各区党员、烈士后代、先进模范、人民教师、企业家、扶贫干部、两代表一委员、文艺工作者、志愿者、红色文化工作者等百姓红色宣讲轻骑兵，广泛开展红色文化宣讲"进机关、进乡村、进社区、进学校、进企业、进单位"的主题活动。

（五）打造一支红色志愿服务队伍

一是充分发动青年积极参与红色志愿服务行动，以青年党员、青年团员、青年大学生为主力，推动志愿服务活动从红色革命遗址、纪念设施向村居社区、学校、企业逐步开展，扩大红色志愿服务的覆盖范围；二是配合省开展"学革命传统、做时代新人"红色志愿服务活动，定期组织志愿者开展专题学习培训，定期在红色革命遗址、纪念场馆、教育场所开展志愿服务活动，让群众特别是青年主动参与到教育活动中来。

六、压实责任，扎实推进佛山意识形态安全工作

"明者因时而变，知者随事而制"，青年思想政治工作与意识形态安全教育紧密结合，重点可以考虑从以下方面入手：

（一）重点健全高校意识形态风险防控体系

新时代，高校越来越处在意识形态领域斗争的最前沿，成为各种敌对势力争夺青年、争夺阵地、争夺人心的主战场。因此，高校党委要加强对思想政治教育工作的领导，将思想政治教育同意识形态安全教育紧密结合起来，把青年学生意识形态教育摆在突出位置，警惕和防止西方自由主义思潮在高校的影响和传播。

一是坚持高校意识形态工作属地管理原则，完善高校思想政治工作机制，形成党委统一领导、党政齐抓共管、职能部门组织协调、社会各方积极参与的工作格局，让高校积极配合市共同开展好意识形态各项工作；二是完善高校党委领导下的校长负责制，规范院（系）党组织会议和党政联席会议制度，切实将意识形态工作责任落实到高校院系基层；三是严格落实高校维护意识形态安全"七个办法""六项责任制"，全面加强高校论坛、报告会、研讨会、讲座、教材、课堂教学、校园网络安全、涉外资金项目管理和党团组织建设，坚决抵制各种错误政治观点和有害思潮的传播，坚决抵御和防范境外敌对势力的渗透；四是加强高校师生思想政治工作，建立从学校党委到二级学院、到辅导员、到任课教师的思想政治工作体系，提高思想政治工作水平；五是全面加强市内民办高校和中外办学高校的政治安全和意识形态安全管理；六是加强敏感网络舆情应急管理，建立重点高校直联机制，及时应对处置校园突发事件和敏感动向。

（二）加强学校教学管理和社团活动管理

一是加强高校马克思主义学科建设，严防马克思主义教学、研究和传播走偏。在管好"第一课堂"基础上，积极规范"第二课堂""第三课堂"，引导学

生树立正确的世界观、价值观和人生观；要加强马克思主义理论教育，大力推进习近平新时代中国特色社会主义思想和党的十九大精神等最新理论成果"进教材、进课堂、进头脑、进社区、进网络"五进工作，强化对青年大学生的正向引导；提升思想政治教育课的亲和力和针对性，增强吸引力和感染力，满足学生成长发展需求。二是把立德树人融入思想道德教育、文化知识教育、社会实践教育各环节，深入推进"课程思政""专业思政""学科思政"等建设，将思想政治工作贯穿教育教学全过程，实现"三全育人"。学科体系、教学体系、教材体系、管理体系要围绕这个目标来设计，教师要围绕这个目标来教，学生要围绕这个目标来学。三是针对不同特点群体学生的精准精细管理，强化意识形态安全警示教育，引导学生既要勤学、修德、明辨、笃实，又要爱国、励志、求真、力行，用奋斗激扬青春。四是切实加强对学生社团（特别是高校涉及哲学社会科学的社团）的引导和管理，坚决清理涉及反动思想、独立电影放映等问题的学生社团。

（三）切实加强各类意识形态阵地建设

一是加强社科理论阵地管理。严格落实对各区各部门论坛管理的协调指导和督促检查，明确论坛管理主体，健全审批制度，着力全面覆盖，强化审核把关，把牢导向。从严加强社科类社会组织的审批管理，发现有境外敌对势力背景的不予登记成立。二是从严规范社科类社会组织的涉外学术交流活动，对违规接受境外非政府组织资金资助或开展课题研究、培训等项目合作的，给予责令整改，整改不到位的列入"异常名录"管理，造成严重影响的依法予以撤销。加强对青年发表言论、出版文章、参加论坛等的审批管理。

（四）加强学校重点人员群体管理

一是加强学校重点人员稳控，严防其组织线上线下滋扰活动。加强学校新疆籍、西藏籍少数民族学生群体教育管理，坚决防范宗教极端思想向校园传播和校园暴恐事件发生。二是加强海外学历青年教师、港澳台教师、外籍教师、海外留学交换生和国际留学生群体的教育管理，决不允许出现"特殊成员"和"舆论飞地"。

（五）健全意识形态领域风险研判机制

一是加强对新闻出版、广播影视、文化市场、讲座论坛、报告会研讨会、民办社科机构等意识形态阵地的管理，定期分析研判风险动向，绝不给错误思潮和言论提供传播渠道和空间；二是要建立健全意识形态领域风险研判机制，强化对意识形态领域风险梳理排查，加强舆情监测和分析研判，把握舆情热度和走势，完善预警处理机制，提高对敏感舆情和苗头性倾向性问题的发现力、研判力、处置力。

七、加强对佛山青年相关活动的监管

（一）完善青年活动制度的管理制度

针对现有的青年活动阵地，制定完善相关管理制度，对活动的开展进行严格审批，明确各级人员应承担的意识形态安全责任，确保在青年活动阵地上不发生危害意识形态安全的言行。同时，定期对青年活动阵地的宣传标语、口号等内容进行检查更新，确保宣传内容政治正确。

（二）加强对青年活动的审核、把关

一是主管领导和分管部门要加强对青年活动的审核把关，同时要严格执行活动流程，确保活动不偏离方向，活动期间不出现影响活动效果的不良言行。二是加强对各级团组织负责人进行意识形态安全教育，增强各级团组织负责人的意识形态安全意识。

（三）加强对青年宣讲、论坛的审核把关

青年宣讲、论坛要严格执行报备制度，同时加强对宣讲内容的引导，内容要符合相关规定。对于下属团组织开展的宣讲，要加强指导和监督，有条件的情况下向基层团组织提供宣讲提纲，一旦发现不良言论要及时纠正，并加强教育。

第四章

佛山红色革命遗址的保护与利用①

红色革命遗址既是中华优秀传统文化和民族精神的重要载体，也是孕育形成社会主义核心价值观和文化自信的根脉源泉。正是从这个意义上，习近平同志多次强调要"把红色资源利用好、把红色传统发扬好、把红色基因传承好"。佛山作为国家历史文化名城，具有悠久的革命传统和丰富的红色资源，利用空间和发展前景非常广阔，在"红色"方面大有可为。有鉴于此，根据广东省委办公厅印发的《广东省红色革命遗址保护利用行动实施方案》有关要求，结合佛山实际，拟制定《佛山市红色革命遗址保护利用行动实施方案》。为保证该项工作的顺利开展，佛山市委宣传部牵头，联合佛山市委党史政研室、佛山科学技术学院等单位，就佛山市红色革命遗址保护利用情况做了专题调研。

从5月2日到25日，调研组通过实地走访、召开座谈会、查阅资料等形式，完成了对五区11个有代表性的红色革命遗址的调研工作。其后，调研组又分赴广州、惠州等兄弟单位进行参观学习，以了解其先进做法和成功经验。最终，在对所掌握的材料及各区（点）上报材料的整理和筛选的基础上，调研组进行了研究分析，撰写形成了调研报告。

第一节 佛山市红色革命遗址概况

佛山不仅是改革开放的先行地，也是中国革命的策源地。在烽火连天的战争年代，佛山的革命志士和革命群众在党的领导下，为家为国，顽强抗争，生

---

① 本章为杜环欢主持的佛山市委宣传部2018年委托项目"佛山市红色革命遗址保护利用情况调查研究"的最终成果。作者为杜环欢、胡庆亮。

前身后都留下了许多鲜活的印记。这些都成为今天佛山宝贵的红色革命遗址①。就现实情况而言，佛山红色革命遗址不仅数量多，分布广，而且地方特色明显，多数保存良好，为进一步挖掘、整理、保护和利用工作打下了坚实基础。

（1）从保有数量看，全市共有大小红色革命遗址 95 处。在分布区域上，高明区数量最多，南海区次之，禅城区、顺德区和三水区再次之，市直最少。其中市直 1 个（位于禅城区），占 1.1%；禅城区 18 个，占 18.9%；南海区 20 个，占 21.1%；顺德区 17 个，占 17.9%；高明区 31 个，占 32.6%；三水区 8 个，占 8.4%。此外，各区均有代表性遗址，具体情况见表 4 - 1。

（2）从遗址规模看，占地面积和建筑面积都普遍较小。少数大的，如西海烈士陵园，扩建后目前占地面积为 3 万多平方米，展馆面积为 500 平方米；小的如李义芳烈士纪念碑，占地面积仅有 56.5 平方米，建筑面积 50 平方米。

佛山红色遗址分布名录详见表 4 - 1。

表 4 - 1　佛山红色革命遗址分布名录

所在区	遗址数（个）	代表性遗址	具体名录
市直	1	吴勤烈士陵园	吴勤烈士陵园
禅城	18	铁军公园、陈铁军故居、罗登贤事迹展览馆	铁军公园、陈铁军故居、廖锦涛故居、区夏民烈士故居、罗登贤事迹展览馆、佛山市革命烈士纪念亭、季华女子两等小学旧址（现铁军小学）、南海县第四区农民协会成立旧址（现佛山鸿胜纪念馆）、李广海医馆、鸿胜祖庙旧址、精神粮食供应社旧址、中共佛山支部成立旧址——大魁堂、佛山工人俱乐部旧址、博施药酒店、抗日救亡呼声社佛山分社遗址、广东妇女解放协会佛山分会遗址、黄家祠——佛山工会联合会遗址、水部乡农民协会成立遗址——何氏世祠、农团军成立旧址——南浦村

① 专指在革命战争年代，与中国共产党人、先进分子和人民群众开展革命活动或事件有关的、蕴含着丰富的革命精神和厚重的历史文化内涵的场所或旧址，包括革命历史遗迹、博物馆、纪念馆、展览馆、烈士公墓等。

续表

所在区	遗址数（个）	代表性遗址	具体名录
南海	20	中共南三花工委旧址、中共南海县委旧址	中共南海县委旧址、抗日救亡呼声社官山分社遗址、黄氏大宗祠——珠江纵队独立第三大队队部旧址、文贵潘公祠——珠江纵队独立第三大队队部驻地旧址、沈玉文私塾——中共南三花工委旧址、中共南三花工委联络站旧址、大镇邮局——南海县第九区开展农民运动基地遗址、显纲小学——显纲革命活动基地旧址、榄溪社学——大榄抗日活动基地旧址、云瀛书院——郭沫若发表抗日演讲处旧址、珠江纵队独立第三大队攻打官窑墟战斗遗址、沙头保卫战遗址、三谢（谢伦、谢泰珍、谢植祺）就义处旧址、张云峰烈士墓、铁村"革命堡垒"牌坊、谢颂雅故居、区梦觉故居、邓楚白故居、大沥革命烈士纪念碑、里水革命烈士纪念碑
顺德	17	西海抗日烈士陵园	西海抗日烈士陵园、顺德三洲抗日烈士纪念碑、顺德革命烈士纪念碑、水藤革命烈士纪念碑、旧寨塔、云路涌改良蚕桑自治会旧址、中共顺德县支部遗址、顺德农民自卫军干部学校旧址陈列馆、罗氏大宗祠——大良女工学校旧址、顺德县农民协会和顺德县总工会遗址、蓬莱小学——顺德抗日游击队成立遗址、袁氏大宗祠——中共南番中顺中心县委军政干部训练班旧址、中共珠江三角洲地方委员会机关旧址、大夫祠振响楼——叶剑英发表抗日演讲旧址、文武庙——西海军民抗击日军战斗旧址、水枝花渡口——广游二支队司令吴勤遇害地遗址、东村革命老区纪念碑
高明	31	"三谭"革命事迹展览馆、中国人民解放军粤中纵队纪念馆	"三谭"革命事迹展览馆、中国人民解放军粤中纵队纪念馆、高明县立三小旧址、谭平山故居、谭天度故居、陈汝棠故居、文选楼、罗志故居、黄仕聪烈士纪念碑、李义芳烈士纪念碑、三洲英烈楷模园、陈定陈妹革命烈士纪念碑、陈权烈士纪念碑、邓少珍革命烈士纪念碑、合水革命烈士陵园、谭宝荃革命烈士纪念碑、小洞革命烈士纪念堂、高明人民抗日游击队第三大队成立旧址、益智小学旧址、抗日游击队云良联络点旧址、蛇塘村农民协会成立旧址、游击队白洞旧村驻地旧址、罗榕根烈士之墓、邓少芬烈士墓、黄氏宗祠、黄仕聪故居、德胜楼、平塘新厅、仁荣钟公祠、苏氏大宗祠、毓贤里

续表

所在区	遗址数（个）	代表性遗址	具体名录
三水	8	邓培故居、邓培烈士纪念广场	邓培烈士铜像（位于西南公园内）、邓培故居（石湖洲村）、农协会旧址（三水区第一个农民协会旧址，位于云东海街道的横涌村头厅）、三水人民抗日纪念碑（位于乐平镇）、三水革命烈士陵园（位于森林公园）、革命烈士纪念碑（位于森林公园）、东江纵队联络点（位于大旗头古村）、革命老区（位于乐平镇，包括康乐、张岗头、隔坑、桃坭、小迳、田螺、横岗7条自然村）
合计	95个		

（3）从遗址产权看，建筑物产权清晰，相关文物、资料所属明确，基本不存在争议。目前，鸿胜祖庙尚属于私人物业，个别的（如吴勤烈士陵园）在搬迁等问题上因涉及烈士家属和后人，具体意见还没有达成统一。

（4）从遗址外观内饰看，大都能够保持原貌并进行日常保护和维修，一些有代表性的遗址还得到了拓展。如邓培故居目前正在实施扩建工程；罗登贤事迹展览馆则从无到有已基本建成，并收集了大量史料和文物，登贤公园也正在推进中。

（5）从遗址管理看，除了单纯的纪念碑外，大多都有专门的管理机构或管理人员负责管理和维护。有地面建筑的，如纪念馆、陈列馆、故居等，由专门的管理处负责；有的只是墓碑或简陋民居的，则由街道、村委或者所在单位（如有的位于学校内）负责看护。

（6）从遗址认定看，大部分已被纳入佛山市各级爱国主义教育基地和党员教育培训基地名录，其中既有省级、市级，也有区级，区一级居多。根据粤宣通〔2018〕10号，西海抗日烈士陵园成为广东首批54处红色革命遗址重点建设示范点之一，为佛山唯一一家。

（7）从社会效益看，各遗址通常都在重大节假日、纪念日举办相关活动，具有一定的知晓度和影响力。如最近两年内，铁军公园每年组织开展的爱国主义教育活动达80多场，每年市委市政府均在这里组织开展清明祭奠革命先烈、"9·30"国家烈士纪念日等大型活动，每次超2000人，每年参加各种类型纪念活动的中小学生近 20 000 人次，参观游览的群众约 40 000 人次，慕名到铁军公园参观游览的市外人数逐年增加。邓培故居开展了超过 300 场的教育活动，涵盖机关、学校、企事业单位、村居等 308 个单位将近 10 000 人次；又如西海抗日烈士陵园仅 2018 年以来就开展了十几场教育宣讲活动，在弘扬革命传统、宣传主流价值观方面发挥了积极作用。

第二节　佛山红色革命遗址保护利用的问题及原因

关于红色革命遗址的保护利用，既是老话题也是新任务，既有历史认识的误区也有现实症结的存在。尤其是随着经济社会的发展和人们认识水平的提高，问题的出现更是在所难免。佛山在红色革命遗址保护利用方面起步较早，但在后续发展过程中无论投入还是产出都没有达到预期效果，面临进一步发展的瓶颈。归结起来，佛山红色革命遗址保护利用过程中的问题可以分为主客观两个方面。

一、客观方面

1. 红色革命遗址所涉人物或主题普遍知名度不高。从调研情况来看，除了陈铁军因为"刑场上的婚礼"而被广为传颂外，其他的如禅城的罗登贤、三水的邓培，知名度都非常有限。即便是陈铁军的知晓者，也多是研究中共党史、中国近现代史的理论工作者，从事文化宣传、思想教育、媒体传播的实务工作者，教师、学生以及烈士遗迹所在地的群众，也并非家喻户晓。当然，这并非佛山一地所遭遇的境况。事实上，从广东省委宣传部确定的首批省级红色革命遗址重点建设示范点名单来看，所列遗迹的社会知晓度和影响力大多也是仅限于地方甚至区、县一级的有限范围内。之所以如此，一是无论历史教科书还是各类文艺和艺术作品，其中心人物和主要事件都是从国家层面来甄选。换句话说，是有全国影响的人和事。与此同时，地方史特别是地方革命史又长期得不到足够的重视，无论研究还是传播都乏善可陈。二是由于近些年经济快速发展，GDP 成为最重要的考核指标，而文化（包括红色文化、民族文化等）发展成效难以量化，这样的评价机制使红色遗址的保护利用以及红色文化的弘扬传承难以得到足够的重视。

2. 遗址的规模和面积往往比较小，略微宽敞开阔一些的则路途较远、交通不便，使得开展大型主题纪念活动受限。目前，全市有代表性的红色革命遗址除少数位于市区外，大都坐落在位置较为偏僻的村镇。例如，禅城区的吴勤烈士陵园，尽管地处市内，交通方便，但陵园本身面积很小，容纳五十人已显得非常拥挤；陈铁军故居进出道路非常狭窄，且周边高楼和豪宅林立，令故居显得非常局促，同时附近也没有停车位；铁军公园内只有一处陈铁军烈士的雕像和个别简单的宣传栏，虽然现在园内设置了铁军纪念馆，但受限于展陈面积，室内也只是简单展出了一些图片，比较单调，教育效果不明显。又如，中共南海县委旧址坐落在显纲村一条深巷处，面积仅有 56.5 平方米，展陈也非常有限。再如，三水的邓培故居保存和保护得都非常好，但村道环绕，指示不明，目前周边也没有开阔地带以开展大型活动。凡此种种，限制了这些遗址的进一步开发利用。究其原因，一是过去城市规划和乡村建设中或多或少存在盲目和无序圈地建房的现象，没有为红色遗址的拓建留下发展空间；二是过去更多地是从经济利益而非社会效益的角度来看待革命文化和革命遗迹，无论政府还是社会的保护意识不强，对红色遗址的时代价值和现实意义认识不充分。

3. 遗址的布局不尽合理，可以展示或解说的内容有限。如前所述，佛山红色革命遗址大体可分为三类：一是以陵园为代表的综合型场地，如西海抗日烈士陵园；二是以故居、展馆、旧址为代表的地面建筑物，如三谭革命事迹展览馆；三是以墓、碑为代表的室外砖体纪念物，如黄仕聪烈士纪念碑、大沥革命烈士纪念碑，有的还附带大小不一的广场或亭台。在具体布局上，以烈士故居为例，理想的状态是故居与展馆毗邻，但佛山目前不少遗址中两者并不在一起，如陈铁军故居和展馆、邓培故居和纪念碑都是分开的。究其原因，一是受政策限制和实际实施中的困难阻碍，退而求其次，距离虽远但总比没有好，或者建立时间较长，缺乏整体和长期规划；二是所涉人物年代久远，难以找到具体的事迹或物件来支撑以形成更大规模和更大的影响力。此外，从客观方面看，所涉遗址中纪念碑为数众多，且多处于偏远之地，形式的单一、史料的缺乏、交通的不便，使得这类遗址难以有效宣传或宣传价值有限。

二、主观方面

1. 对红色革命遗址的保护利用缺乏共识。从现有情况来看，不同层级、不同身份的人群思考问题的出发点显然不同，主要体现为业务主管部门重视、直接管理人员珍视、一般群众漠视。首先，最近几年，从中央到地方自上而下，各级领导干部普遍提高了对包括革命文化、民族文化在内的文化的重视程度。其中，红色文化代表了党的奋斗历史和精神意蕴，因而备受关注。各级干部多为党员，追寻红色文化、保护红色遗址就是对党的历史的现实认同和价值依归。更重要的，在当前形势下，这种重视也是一种政治宣示，是地方党政部门贯彻党中央路线方针政策，与中央保持高度一致的具体体现。其次，直接管理人员长期与红色革命遗址相伴，这已成为他们工作甚至是生活的一部分。他们对遗址的价值及其背后代表的精神具有比常人更深刻的理解，因此在遗址的保护利用方面有一种自发或自觉的情感。再次，就一般群众来说，除了红色革命遗址的直接相关人（如亲属、子女、当事者后人）外，大部分对遗址缺少一种历史的敬畏和深层次的理解，其价值判断多停留在物质层面。以南海县委旧址的维护和扩建为例，不少村民担心建设会对村内环境造成破坏，扰乱正常生活；扩建会对宅基地的使用权产生不好影响，并得不到应有的补偿等。

2. 现有经费难以满足现实需要，金额少且使用不便。在实地走访中，多数遗址单位都认为目前经费不足，在日常维护、修缮、开发利用方面还需加大投入。例如，罗登贤事迹展览馆及广场工程，总投资约 600 万元（其中区财政补助 240 万元，镇财政补助 240 万元，村自筹 120 万元），建成之后则由村级管理，少有其他财政支持（后市委组织部从市管党费中下拨 20 万元作为补充经费）。由于红色项目免费开放，造成目前运营起来捉襟见肘，解说员只有一人且是兼职。又如，南海县委旧址每年并无专款拨到社区用于保护利用，只有为了维持开放而下拨的管理人员补助费用，所有支出都由社区账调剂，压力很大。与此同时，对于经费尤其是专项经费的申报和使用，普遍反映限制太多，面临有钱花不出的问题。这就导致了一个悖论，一方面无钱可花，另一方面有钱难花。需要指出的是，由于各区对不同遗址及其价值的认识不尽相同，经济社会发展状况也存在较大差异，因此在对遗址保护利用方面的投入也存在明显差别。

3. 人才队伍建设有待加强，专业素养尚需提高。经费不足导致的另一个后果就是机构不健全、人员专业素质不高。例如，近几年来国家对烈士纪念设施保护管理工作非常重视，要求县级以上烈士纪念设施要有专门的管理机构、专业的管理人员和专项的管理经费。而佛山现有的县级以上烈士纪念设施普遍没有设立专门管理、保护烈士纪念设施，弘扬烈士精神的事业单位，许多都没有专项经费，管理人员也大多没有专业知识。在走访的 12 个点当中，都是兼职的。不仅如此，大部分管理人员和解说人员（很多没有专职解说员或志愿解说员）都是照本宣科，缺少对历史的整体把握和对与所涉人物、事件关联密切的其他人物和事件的全面掌握，既没有开阔的国家视野，也缺乏浓厚的本土情怀。

4. 宣传力度不够，宣传手段比较单一。目前，故居、展馆多数都有专门的宣传单（册），规模大的还有音像制品以及书籍和文物。然而，除了宣传单（册）外，更多的仅仅只是陈列和摆设。与之相比，烈士纪念设施则简陋得更多，除了墓志铭外其他信息几乎无可查找。从媒体宣传来看，除了清明节和"9·30"烈士纪念日的各级党政人员公祭外，其他则鲜有报道。近日电影《刑场上的婚礼》中陈铁军的扮演者宋晓英到访陈铁军故居，《珠江时报》对此做了专门报道。但对于年轻一代来说，无论宋晓英还是传统纸媒都对他们缺少吸引力，社会反响可想而知。可以说，由于宣传方面的薄弱，红色革命遗址无论在现实中还是在网络版图上的知名度、影响力都十分有限。

第三节　省内其他红色革命遗址保护利用的基本经验

广东省内红色资源丰富，各地在保护利用红色革命遗址方面取得了丰富经验。其中，广州和惠州更是独具特色，成效显著。根据《全省保护利用红色革命遗址工作现场会材料汇编》和实地的走访调研和座谈，就广州"红讲所"和惠东打造红色旅游品牌系列活动的做法和经验加以概括，以供参考。

一、广州：打造新时代"红讲所"，推动新思想深入人心

党的十九大以来，广州市依托中共三大会址、"农讲所""劳一大""中共广东区委旧址"等红色革命遗址开办"新时代红色文化讲习所"以下简称"红讲所"，在深入挖掘红色革命遗址精神内涵、提升展陈水平的基础上，通过情景式、体验式、互动式的宣讲教育，将红色革命遗址打造成了习近平新时代中国特色社会主义思想的宣传阵地。全市"红讲所"已接待学习人数 70 000 余人，尚待安排团体预约 466 个，按照现有接待能力已排期到 2020 年。

1. 将理论学习、革命传承融入情景教育，开辟学习宣讲新阵地。"红讲所"突出三方面功能定位。一是习近平新时代中国特色社会主义思想的宣讲平台。围绕习近平新时代中国特色社会主义思想、党的十九大精神，以及习近平总书

记参加广东代表团审议时的重要讲话精神和对广东工作重要指示批示精神，开设《不忘初心、牢记使命》等宣讲课程，面向各级党组织和市民群众开展常态化宣讲，推动广大党员和各界群众深入学习领会习近平新时代中国特色社会主义思想。二是弘扬革命精神、传承红色基因的情景课堂。扎实推进中共三大会址纪念馆、中共中央机关旧址展陈提升，补充实物展品 699 件，引入场景模拟、MR 技术、3D 技术等现代展陈方式，制作中共三大代表墙，增强情景教育效果。组织党史专家学者，开设"辉煌党史，英雄城市""中共三大与国共合作"等系列红色历史文化课程，教育引导广大党员群众不忘初心、牢记使命。三是服务党性教育和党员活动的标准化场所。以广大党员干部和基层党组织为服务对象，设计党员教育活动标准化流程和仪式，通过瞻仰革命史迹、参观历史展览、重温入党誓词等一系列庄严活动，实现集内容、载体、方式创新于一体的"集成创新"，引导广大党员干部学思践悟，强化党员身份意识和价值认同，牢记新时代的使命担当。

2. 将精品课程、文艺展演贯穿现场宣讲，打造学习宣讲新模式。一是邀请专家现场讲学。邀请领导干部和知名专家学者，组建 50 人新时代"红讲所"宣讲团队，长期固定开设习近平新时代中国特色社会主义思想等专题宣讲，为参加学习的党员干部和群众解疑释惑。二是精品课程菜单选学。根据党员干部教育活动的实际需要，为参加学习的团体和个人提供可灵活组合的菜单式课程选学。将专家讲学内容制作成系列精品课程，把《将改革进行到底》《法治中国》等 7 部电视专题片作为固定内容，定期滚动播放。将央视关于习近平总书记参加广东代表团审议的新闻报道，制成短视频作为每场宣讲前的必学内容，在展览场馆设置屏幕滚动播放。三是文艺展演鲜活动人。组建红色文艺展演小分队，挖掘红色历史文化背后的感人故事，创作排演一批包括配乐诗朗诵、演讲和快板等形式的文艺作品进行定期户外展演，其中《瞿秋白与〈国际歌〉的故事》《你的向往我的信仰》《南陈北李传佳话》《新时代新思想》等节目广受好评，增强了宣讲的吸引力和感染力。

3. 将线下教育、线上展播有机结合起来，形成学习宣讲新常态。采取组织发动与个人自愿相结合、线下教育与线上展播相结合的方式，推动新时代"红讲所"常态长效开展。一是组织党员干部集体学。将"红讲所"相关活动纳入全市各级党委（党组）理论学习中心组学习和宣讲活动总体安排，协调相关单位将"红讲所"活动纳入"不忘初心、牢记使命"主题教育和基层党建活动，以制度化保障学习常态化。二是动员市民群众自愿学。通过报刊、宣传栏、微博微信等宣传渠道，定期向社会公布"红讲所"相关活动及课程安排，将学习资源和讲解服务免费向市民开放。倡导社会各界团体利用"红讲所"场地设施自主开展学习宣讲和教育实践活动，让"红讲所"成为市民自我教育、自我提升的平台。三是立体传播在线学。适应大众需求和传播规律，建设广州红色革命遗址网上展馆和网络讲习所，组织创作《中共三大》纪录片等一批红色作品，策划红色讲古等系列活动，将专家宣讲和文艺展演内容视频转化为微视频课程，运用"两微一端"等新媒体广泛推送。

二、惠东：保护传承红色文化，抢抓机遇谋发展

惠州市惠东县有着光荣的革命传统，一直以来，惠东县委、县政府高度重视红色文化保护利用工作，把弘扬红色文化作为推动党的建设、意识形态工作、革命老区建设、实施乡村振兴战略的重要举措来抓，大力保护红色资源，传承红色基因，传播红色能量，取得了较好成效。

1. 突出抓好红色资源的保护。在新民主主义革命的伟大实践中，惠东各地留下的革命旧（遗）址等革命史迹有 160 余处。这些革命史迹，涵盖了各个革命历史时期，是构成惠东革命历史的重要载体。特别是惠东高潭曾被誉为广东的井冈山，有"东江红都"之称。高潭的革命斗争是海陆丰革命斗争的重要组成部分，革命旧（遗）址有 44 处。惠东县把红色革命遗址保护列入党委政府的重要工作，成立县文化遗产保护领导小组，加大经费投入，落实保护修缮措施。近年来惠东因地制宜地采取了一系列措施，紧紧依托高潭镇红色资源丰富的优势，先后修复了中洞村的中共东江特委、东江革命委员会、中国工农红军第二师师部办公地、中共东江特委印刷厂、红军井、红军军需处、后方留守处、红军医院、红军兵工厂、红军被服厂、红军俱乐部、红军炮台、瞭望哨等 14 处旧（遗）址，并重修了中洞革命烈士纪念碑，新建了中洞革命纪念广场、南昌起义军中洞改编纪念亭。高潭革命老区先后获得了"广东省党史教育基地""广东省爱国主义教育基地"等殊荣。

2. 突出抓好红色文化的宣传教育。坚持把红色文化宣传教育作为党建工作的重要内容来抓，以红色文化宣传教育推动理想信念和爱国主义教育。一是注重史料整理编辑。充分利用现有的红色遗产，推动党史资料系列化，相继编辑出版了《惠东与抗日战争》《惠东红色遗产档案》；整理编辑《高潭红色遗产简

介》《追忆高潭星火、传承红色气质》；电视文献片《中国地名故事·广东卷·惠州篇——红色高潭》等一批教学资源，把惠东乃至高潭的党史资料系列化，用好用活"党史、国史"，并使之成为全县广大党员干部、群众、青少年党史教育和爱国主义教育的重要读本。二是注重宣传教育推介。把高潭革命老区精神传承引进干部教育培训课堂，以红色培训为主线，以推进现场教学点建设为重要抓手，着力打造高潭革命老区现场核心教学点和推进高潭培训基地的规划设计建设，新建"东江干部学院"，打造干部红色教育基地；综合采用案例教学、体验教学、实践教学、音像教学、激情教学等多种教学方法，进行干部试训培训活动，使红色教育鲜活生动、易学易懂。依托丰富的革命史迹，大力抓好教育基地建设申报工作，积极推进红色革命情景教育，通过编排《东江红都浩气中洞》《中洞革命斗争史》《甘溪党支部五名党员故事》等情景教育剧，用鲜活生动的形式加强红色文化宣传教育的效果。同时，通过"入党誓词"、主题教育活动、举办高潭区苏维埃政府成立 90 周年纪念大会等活动将红色文化贯穿到党员干部教育工作中，通过"红七月"等活动贯穿到群众生活中，通过媒体记者、艺术家们讲好高潭故事贯穿到红色文化传承中，通过《印象高潭》《高潭革命史迹简介》《历史的见证》等宣传品媒介贯穿到红色文化传播中。在潜移默化中传播红色文化，在交流互动中弘扬革命精神，唱响了鼓舞人心、催人奋进的主旋律。

3. 突出抓好高潭老区开发建设。高潭有着光荣的革命历史，是全国最早建立的区级苏维埃政权地区之一，被誉为"东江红都"。行动是最好的纪念，发展是最好的继承。市、县始终高度重视高潭革命老区建设，在市委、市政府的大力指导支持下，惠东全力推进高潭老区"三个基地、十件实事"建设，取得明显成效。一是建设完善一批基础设施。目前完成了高潭革命历史陈列馆、老苏区革命纪念堂、马列街改造等 15 个献礼工程项目，建成完善了交通、供电、饮水、网络等一大批基础设施，高潭面貌发生了翻天覆地的变化，去年 11 月成功举办了高潭区苏维埃政府成立 90 周年纪念活动，极大地提升了高潭老区乃至惠东的知名度和影响力，为高潭老区和惠东发展注入了强大动力。二是大力构建红色旅游产业，特别是将东江干部学院申报成为全省干部培训基地，依托高潭镇"东江红都"丰富的红色文化资源，整合红色旅游线路，设计红色旅游长廊，将高潭镇申报成红色旅游特色小镇，启动了中洞村创建国家 4A 旅游景区的工作。通过加快高潭老区开发建设，推动老区经济社会持续健康发展，夯实了红色文化的根基。

第四节 佛山市红色革命遗址保护利用的思路对策

针对佛山红色革命遗址保护利用的现状，根据佛山经济社会发展的实际，结合全省各地红色革命遗址保护利用的经验，因地制宜、量力而行，提出佛山本地红色革命遗址保护利用的对策。

一、整体思路

按照广东省委办公厅的文件精神，本着"抢救一批、保护一批、提升一批"的工作思路，不断加强红色革命遗址保护利用工作力度，扩大保护范围，做到应保尽保、能保尽保。同时，在完善设施建设、丰富展陈内容、健全内部管理、落实经费保障、发挥教育功能等5方面下功夫，挖掘红色资源，加强规划建设，推进重点项目，实现全市红色革命遗址危房险情全部排除、开放规模持续扩大、展示水平显著提升、教育功能充分发挥的总体目标，把佛山丰富的红色资源打造成党员干部"不忘初心、牢记使命"的红色课堂，建设成广大群众践行社会主义核心价值观的重要场所，转化为全市人民源源不断的精神动力。

（一）统一领导，统筹规划

目前佛山有红色革命遗址、爱国主义教育基地、党员教育基地、红色军事文化遗产、国防教育训练基地等名目众多的项目，且分属不同部门，既缺乏整体规划，也容易造成多头管理。以此为契机，可以由市委宣传部牵头，成立佛山红色文化建设领导小组，统筹和整合全市红色资源，以更好地保护、开发、利用。根据广东省委办公厅印发的《广东省红色革命遗址保护利用行动实施方案》〔粤委办（2018）4号〕，宣传部是所列"九大行动"中唯一全程参与的单位；根据广东省委宣传部印发的《广东省爱国主义教育基地评审与管理办法》〔粤宣通（2014）11号〕也明确将宣传部门为牵头协调单位，各部门各单位具体执行落实。

（二）明确责任，属地管理

市、区两级党委政府是加强红色革命遗址保护利用的责任主体（重点落在区级)，要结合各区、各个红色遗址点的实际做好红色革命遗址保护规划、建设管理、维护利用等工作，做到应保尽保、能保尽保。

(三) 各司其职，齐抓共管

加强红色革命遗址保护利用是我省贯彻党的十九大精神、落实习近平总书记关于弘扬红色文化、传承红色基因的重要讲话精神的一项重点工作。加强红色革命遗址保护利用是一项系统工程，并不是哪个部门孤军奋战就能建设好的。红色革命遗址要最大限度地保护好和利用好，需要宣传部门、组织部门、党史研究部门、教育主管部门、民政主管部门、城乡建设规划主管部门、旅游主管部门等各部门各司其职，齐抓共管。

宣传部门：负责佛山红色革命遗址保护利用工作相关规划和实施方案编制、项目审查论证、项目组织实施和监督管理等，根据省委宣传部下达的任务清单进行任务分解和确定绩效目标，做好项目执行管理工作。

组织部门：各级党委组织部门要充分发挥红色革命遗址在党的建设中的重要作用，打造党员红色教育基地。遴选一批红色革命遗址，挂牌成立党员教育基地；组织发动党员干部群众走进红色革命遗址，参加红色教育活动，开展党性教育。下拨一定数额党费，用于党员教育基地建设。

财政部门：负责红色革命遗址保护利用经费的拨付，会同宣传部门对经费使用情况开展监督和绩效管理等工作。

文化主管部门：对陈列馆、纪念馆等类型的红色革命遗址，要充分发挥其职能优势，加强对爱国主义教育资源的保护利用。

党史研究部门：党史研究部门要加强对地方党史的研究和整理，组织对各地红色革命遗址布展、建设的指导，对红色革命遗址的展览主题、内容、形式等加强检查指导，确保展陈内容客观真实准确。

教育主管部门：教育部门要把利用红色革命遗址开展教育活动，作为推进青少年思想道德建设的重要内容，列入学校德育计划，加强与红色革命遗址的联系，积极组织学校师生参观学习。

民政主管部门：对属于烈士纪念设施的红色革命遗址，要加大业务指导和扶持力度。

发展改革部门：要把红色革命遗址保护利用纳入国民经济和社会发展总体规划，将重要遗址保护列为市重大建设项目。

城乡建设规划主管部门：加强对红色革命遗址及周边区域的规划管理，确保教育基地的功能得到充分发挥。

旅游主管部门：把红色革命遗址纳入红色旅游发展计划，积极开展红色旅游开发。

此外，各级工会、共青团、妇联、关心下一代工作委员会及文联等各行业要积极利用红色革命遗址开展特色教育活动。

（四）突出重点，合力共建

市、区两级财政对红色革命遗址的投入应该突出重点，合力共建。建议市级财政主要扶持五区内具有重大价值和重要影响的革命遗址、纪念馆等重点红色革命遗址的保护建设和展陈提升。比如：铁军公园（禅城区）、罗登贤事迹展览馆（禅城区）、红色显纲——南海区红色革命纪念馆、红色传承广场、红色文化公园（南海区）、国家安全和保密主题公园、中共南三花工委旧址纪念馆（南海区）、西海烈士陵园陈列馆（顺德区）、三谭革命事迹展览馆（高明区）、邓培故居纪念馆（三水区）。五区财政在统筹现有资金的基础上，加大对本区的红色革命遗址保护利用的投入力度，扶持本区未列入省级扶持范围的红色革命遗址的保护利用，市、区合力共同建设和保护好全市的红色革命遗址。

（五）分类指引，区别对待

佛山现有的红色资源具有分布广、种类多、个体差异大的特点，目前尚没有进行系统的归拢和整理。在全面普查的基础上，重新统计各类红色资源，按照地域、面积、历史、保护现状、可拓空间、产权归属、相互关联性等方面，以命名挂牌的方式，分级、分类对全市红色革命遗址进行统一挂牌标示，将红色革命遗址命名为各级爱国主义教育基地、国防教育基地、党员（党史）教育基地等，并实施动态管理。针对各类机构和重要会议旧（遗）址、重要战斗旧（遗）址、人物故居、纪念馆（堂）以及烈士陵园、纪念碑、纪念墓等，通过评估其现状和可拓空间，分门别类，重新定位。具体可分为以下三种情况。

一是维持现状，包括大多数的纪念碑、纪念墓等，这一类因场地范围明确，未来几无可能扩大，只需加强管理和维护即可。

二是补充挖掘，对失修、濒临毁坏的重要建筑，要重点加以修缮。对无法修复的遗址，要在原址设立标识，搜集重要历史资料保存到当地博物馆或档案馆；对已经损毁但具备一定修复条件的遗址，要按规定进行修复；对基础条件较好的遗址，要抓紧完善规划，开辟对外展陈场所。

三是重点打造，每年选择3~5个有代表性的遗址，从资金、技术、场地、人员等方面加大投入力度，使之成为佛山的一张红色名片。例如，在强调"14年抗战"背景下，禅城区可以依托罗登贤展览馆等载体打造罗登贤红色教育基地。具体思路：第一，将罗登贤展览馆等场馆打造成全市重点党史教育基地，这是新时期加强基层党建的重要抓手，有利于塑造党在群众心目中的光辉形象，教育党员，感召群众；第二，将罗登贤红色教育基地打造成为全国党史界、社科界交流研讨的重要平台，以提升我市相关领域在全国的影响力；第三，将罗登贤展览馆打造成为佛山市公祭先烈以及开展爱国主义教育、国防教育的重要场所，以教育广大群众特别是青少年一代爱党爱国，增强民族自豪感和自信心。南海区可以整体提升显纲村，建设南海区红色革命纪念馆、红色传承广场、红色文化公园，将其打造成南海"不忘初心、牢记使命"主题教育基地、南海红色文化教育基地、南海党员党性教育培育基地，使其成为名副其实的"红色村"；同时可以提升建设中共南三花工委旧址，通过建设"一馆（提升南三花工委纪念馆）、一园（建设国家安全与保密主题公园）、一路（引领路）"，可以将其打造成佛山市（广东省）国家安全和保密教育基地。顺德区可以重点打造西海抗日烈士陵园。西海抗日烈士陵园软硬件设施优良，保护、利用工作开展得比较好，这两年举办了纪念珠江纵队成立73周年等规模较大的纪念活动，社会反响良好。同时，它还有继续拓展的场地和空间。

除此之外，从具体受众来看，也应该具体甄别、合理细分。诚然，红色革命遗址应始终面向全社会开放，但从实际情况，包括对其他地市的调研情况来看，分层分类十分必要。其中重点应是党政机关、学校、企事业单位等有组织、有计划的祭拜、参观、学习活动，而且这种活动不应仅仅局限于清明、"9·30"烈士纪念日，而应成为常态。

（六）政府为主，多元投入

市和五区围绕省委实施红色革命遗址保护利用"九大行动"，多措并举、统筹各方，创新经费筹集和管理模式。比如，可以尝试以政府带动社会资本参与，综合运用政府和社会资本合作、股权投资等多元化投入方式，统筹安排红色革命遗址保护利用相关经费，建立常态化的红色革命遗址保护利用经费保障机制，形成财政政策支持引导、各方共同参与的管理模式，推动红色革命遗址有效利用和传承发展。

二、具体措施

（一）建立名录和档案库，规范红色革命遗址的资料管理

1. 建立名录和档案库。将佛山现有的红色革命遗址登记造册，包括名称、历史背景、发展演变、现有规模、外观内饰、反映的主题、主要亮点、所获荣誉、管理运营状况、重大活动、社会影响、相关的书籍和图片以及影像资料等，为每个遗址上"户口"，配好"数字红色身份证"，并利用大数据对遗址的保护利用实行更新管理。

2. 绘制全市红色革命遗址分布地图。在建立名录和档案库的基础上，绘制全市红色革命遗址分布地图，通过报纸、杂志、"两微一端"等向公众发布，并定期推送活动动态。

3. 建立佛山市红色革命遗址公共数据平台。通过建立佛山市红色革命遗址公共数据平台，实现与省内外相关平台的无缝对接，同步在佛山市政府官网、佛山市委宣传部官网、佛山文明网以及佛山发布、佛山宣传、文明佛山、佛山市国防教育等微信微博平台开设红色革命遗址专题专版。

（二）打造红色产业链（旅游专线），发挥红色革命遗址的品牌效应

1. 加大指导和扶持力度。对重点革命遗址进行编制保护，对主题相近、区域相邻、功能相似的红色革命遗址进行统一规划利用，突出打造休闲旅游和红色旅游相结合的旅游新品牌。重点推进铁军公园（禅城区）、罗登贤事迹纪念馆（禅城区）、中共南三花工委旧址纪念馆（南海区）、"纪念改革开放40周年"纪念馆（顺德区）、西海烈士陵园陈列馆（顺德区）、三谭革命事迹展览馆（高明区）、邓培故居纪念馆（三水区）等场馆的建设改造工程。

2. 推进红色文化惠民。加大基础设施建设投入，围绕红色革命遗址的打造，按照轻重缓急，优先对重点革命遗址的周边道路和相关基础设施进行建设、改造。突出以"红色"为支点和引擎，在保护红色遗址过程中，同步推进交通、供电、通信、饮水等一批群众看得见变化、感受得到实惠的民生项目。

3. 打造红色旅游文化产业链。推进红色文化与地方文化、生态文化融合发展，引导推动红色文化反哺群众。重点引导当地村民通过开发红色旅游商品、建立红色主题民宿、推广红色文化美食等红色产业链，增加经济收入，实现社会效益与经济效益的双丰收。

4. 打造革命、建设和改革开放不同时期的英雄雕塑（广场）。将佛山不同时期的名人塑像汇聚一地，将爱国主义、创建文明城市、红色军事文化等集中展示，扩大包括红色革命人物在内的知名度和影响力，使之成为佛山的一张城市招牌、红色名片。

5. 创新文化产品，延展红色文化的生命力。可以把英烈的格言、诗词、事迹开发制作成书签或其他精美纪念品，免费赠送或平价售给观众，让他们把英烈精神带回家，带到工作岗位。

6. 将临近的街道、公交车站等公共设施以与红色革命遗址相关的人物、事件等命名。以此来扩大相关遗址的社会知晓度和影响力。

（三）与党建相融合，建立有影响力的基层党建示范点

积极规划建设红色村庄，围绕红色文化特色，统筹建设若干"党味"浓、有影响力的红色项目和一批红色资源丰富、时代特色鲜明、社会影响广泛的基层党建示范点。

（四）加大宣传和研究，强化红色革命遗址传播力度

尽快挂牌成立我市第一批"新时代红色文化讲习所"示范点。重视历史与现实相结合、内容与形式相结合、作品与艺术相结合，探索多种有针对性、实效性的教育模式，提升了红色文化传播力度。根据各遗址现有资料和挖掘潜力，开展红色文化传播"六个一"活动，扶持拍摄一批红色影视作品（包括微视频、微电影），撰写一批党史理论文章，创作一批红色舞台作品，出版一批红色图书刊物，创作一批红色歌曲，制作一批红色文创产品。为此，调研组建议，目前可以在以下七个方面的工作上着力。

1. 对我市主要红色阶段的重要线索、革命文物、精神实质进行挖掘和提炼，组织专人对口述历史进行收集整理，编纂成册；配合省开展好《红色岭南》系列图书的编辑出版工作，积极向省推荐诸如我市的《英烈家书》《英烈文集》《红色故事》，把本土红色题材图书列入《佛山历史文化丛书》的出版重点。

2. 注重利用和发挥新媒体传播优势，发动广大干部群众、学生等创作红色网络精品，如拍摄红色微视频、红色微电影、红色故事系列漫画等，广大干部群众、学生在参与实践中感受和体验红色文化的精神实质。

3. 由宣传部牵头设立红色革命遗址保护利用专项文化研究课题，引导全市社科理论工作者、文艺工作者深入研究红色革命、弘扬红色革命精神。

4. 充分利用党校、高校等的师资，在基础条件好、社会影响大的红色教育基地，探索建设红色教育学院，把这些学院作为全市基层党员干部接受理论教育、提升理论素养的重要场所。

5. 积极面向青少年开展红色文化宣传教育活动，把红色文化纳入大中小学的思想道德教学，同时加强在市级"中小学生研学实践教育基地"中红色研学基地的建设，配合省适时开展"读红色书，走红色路——广东青少年红色研学之旅"活动。

6. 广泛开展革命传统教育进校园、社区活动，制作一批以佛山著名红色革命遗址为背景的公益广告，通过宣传画、音视频等形式，在各类公共场所广泛展示、刊播。

7. 打造一支"红色宣讲轻骑兵"，广泛开展红色宣讲"六进"活动。各区党员、烈士后代、先进模范、人民教师、企业家、扶贫干部、两代表一委员、文艺工作者、志愿者、红色文化工作者等10路百姓宣讲轻骑兵，广泛开展红色文化宣讲"进机关、进乡村、进社区、进学校、进企业、进单位"的主题活动。

（五）加快人才培养，打造专兼结合的红色革命遗址从业队伍

1. 配备高素质的管理人员。红色革命遗址的管理队伍应该是一支政治觉悟、理论素养、组织能力强的队伍。因此调研组建议，可以通过引进、交换、挂职锻炼、专业进修等形式，以及借鉴市内外相关的管理考核办法，对这支队伍的政治觉悟、理论素养、组织能力等方面进行严格考核，不断提升管理人员的综合素质。

2. 建立专职专业的解说队伍。在重要遗址，选拔培养一支高素质的专业讲解员。统筹开展全市骨干讲解员业务培训，不断加大对讲解人员的培训力度，积极选送人员参加广东省红色革命遗址负责人和讲解员培训班、广东省红色景区金牌讲解员大赛。开展《中共党史》的教育培训和纪念馆专业知识的研究培训，针对不同受众准备不同的讲解词，应对不同的讲解对象和讲解要求，开展分众分类讲解服务。

3. 组建一支兼职的队伍。为了更好地面向观众特别是面向广大青少年进行讲解宣传和接待服务，各区各点可以根据实际情况和需要，聘请一些参加过革命战争的老同志，在职或离退休的干部、教师、史学工作者和理论工作者等担任兼职或社会志愿人员参与到红色革命遗址的队伍中来；也可以广泛吸收大中专学校学生，经过短期培训，作为社会志愿人员参与组织观众和讲解宣传工作。

（六）组织红色志愿服务队伍，充分发动社会各界积极参与红色志愿服务行动

以党员、团员、青年、大学生为主力，推动志愿服务活动从红色革命遗址、纪念设施向村居社区、学校、企业逐步开展，扩大红色志愿服务的覆盖范围。建立专门的红色志愿服务队伍，配合省开展"学革命传统、做时代新人"红色志愿服务活动，定期组织志愿者开展专题学习培训，定期在红色革命遗址、纪念场馆、教育场所开展志愿服务活动，让群众特别是青少年主动参与到教育活动中来。

（七）科学设计展陈，增强红色革命遗址的情感体验

要在形式设计、实物制作、展品布置等环节上加强科技创新，要多借鉴国内外著名历史文化场馆、纪念设施的布展经验和展出方式，通过实物、照片、图表、模型、绘画、雕塑、景观、情景再现等多种形式以及声、光、电、视频、3D 等科技手段，不断改进和提高展陈水平，增强教育的吸引力、感染力。这一点，省外经验尤其值得借鉴。如南湖革命纪念馆在实物陈列嘉兴火车站、红船的基础上，采用幻影成像技术，动态展示了中共二大代表在红船上召开会议时的场景。中共二大会址纪念馆，首次引入 AR 增强现实技术，观众戴上特制的设备，可"触摸"二大会议的桌椅和茶杯，"身临其境"地感受当年开会的场景；可拨动转盘将二大的 11 项重要文件清晰地投射在屏幕上；还可触摸屏幕翻阅十多部党章内容，展陈方式新颖。又如，龙华烈士陵园纪念馆的《多媒体雕塑剧场》采用雕塑、光影、音乐、舞蹈、朗诵五维艺术的手法将"龙华二十四烈士"生动再现，向观众演绎英烈们由生而死、死而永生的感人故事，具有极大的吸引力和震撼力。

（八）加强考核评比，提升红色革命遗址的管理能力和服务水平

从现状来看，目前佛山大多数红色革命遗址在短期内不大可能在建筑规模和硬件设施上有质的提升，必须走专业化、内涵式的发展道路。而现有的管理运营模式，既难以催生竞争意识，也难以实现增量增值。对管理、服务的创新优化进行考核评比，对此大有裨益。为提升整体水平，促进创新实践，必须在统筹规范红色革命遗址日常管理运营的基础上进行绩效考核，探索建立科学有效的激励机制。

1. 成立考核小组，制定考核标准。由市委宣传部牵头，成立专门针对红色

革命遗址的考核小组，组织专家根据不同类别、不同要求，制定规范性的考核文件和考核标准，每年定期组织材料审核和现场考核。内容包括：是否有完整的管理规章制度和相应的工作台账，是否有开展教育互动的计划以及计划完成情况，是否建立了规范的图文声像资料，每年接待的访客数量是否达标，是否通过媒体进行过宣传报道，等等。目前高明区在指定考核标准方面走在前面。该区为确保"三谭"革命事迹展览馆（含谭平山故居）以及粤中纵队纪念馆（含陈汝棠故居及宝贤义学）运营管理达到良好效果，根据《佛山市高明区博物馆公共场馆管理制度》制定了佛山市高明区博物馆公共场馆运营管理考核办法。高明区的做法值得借鉴。

2. 组织专家，定期考核。每年固定时间，全市纳入考核的各红色革命遗址的具体管理方进行公开展示、统一答辩，经专家评审、公众投票等环节进行等级评定，授予不同的星级或红旗，并在第二年度的资金支持方面给予增补，把考核绩效评价结果作为下一年度安排资金的重要依据。并通过定期考核，使各区各点树立"花钱要有效、低效要问责、违规必追责"的管理理念，建立科学、规范、高效的红色革命遗址保护利用绩效评价机制，建立行之有效的常态化考核检查机制。

3. 以赛促建。举办红色革命遗址相关人员技能比赛，通过演讲、解说、专业知识等方面的比拼，评选金牌解说员、年度最佳创意、年度最有影响力活动或人物评选等，并给予不同形式的奖励、鼓励。

4. 探索推动政府购买公共文化服务。党的十八届三中全会提出了加大政府购买公共服务力度和推动公共文化服务社会化发展的任务。2015 年，国家先后出台《关于加快构建现代公共文化服务体系的意见》《关于做好政府向社会力量购买公共文化服务工作的意见》《关于公共服务领域推广政府和社会资本合作模式的指导意见》等，明确指出要建立健全政府向社会力量购买公共文化服务机制。目前，博物馆系统在这方面已有不少实践。可以考虑在条件合适的红色革命遗址先行先试。

（九）"走出去，引进来"，提升红色革命遗址的内涵和影响

1. 走出展馆，面向社会。尤其是面向青少年。如前所述，要开展红色文化宣传教育活动，把红色文化纳入大中小学的思想道德教学，广泛开展革命传统教育进校园活动。可以通过共建活动，如与社区共建、驻地部队共建，通过文艺表演、展板巡展等形式，主动深入群众、深入学生、深入社区、深入社会。

2. 走出现实，走进网络。目前，佛山市红色革命遗址利用的一个重大瓶颈就是场地有限、分布零散、交通不便，网络可以有效弥补这一缺陷。可以将网络虚拟红色革命场所参观作为学生和党员现场实践的一种补充手段，通过提交观看心得或读后感等作业、任务的形式，鼓励和要求他们上网浏览。

3. 加强串联，引进资源。佛山周边红色资源丰富，不少与佛山密切相关。同时外地的佛山籍烈士、名人众多，因此，发挥地区优势、经济优势、人文优势，加强省际、市际、馆际间的合作与交流，可以相互借鉴，取长补短。例如，可以率先在全省范围内开展"红色革命遗址展览季"活动，一是充分整合红色资源，打破过去"单打独斗"的展览模式，实现联合办展；二是让文物"活"起来，把全省的文化资源引到佛山，通过佛山辐射到其他更远的地方；三是扩大佛山红色文化的内外知名度。

（十）合理规范，用活红色革命遗址保护利用经费

根据《广东省红色革命遗址保护利用经费》使用管理办法（征求意见稿）的精神，根据各项目工作任务、遗址价值、保存现状和规划水平等情况进行分配，合理规范地用活红色革命遗址保护利用经费，提高资金使用效益。用红色革命遗址保护利用经费大力扶持市内五区具有较大价值和影响的红色革命遗址、纪念设施的保护建设和展陈提升。

第五章

佛山非遗资源的青少年思想政治教育价值①

　　青少年是未来社会发展的接班人和生力军，他们的健康成长与道德养成关系塑造什么样的社会主义新人问题，关系中华民族伟大复兴中国梦的实现。习近平总书记将青少年时期的价值观养成喻为"扣好人生的扣子"，指出如果第一粒扣子扣错了，剩余的扣子都会扣错，人生的扣子从一开始就要扣好。当代青少年思想主流是积极健康向上的，但随着时代的变迁，经济全球化、文化多样化引发的价值冲突容易导致他们主流价值观迷失，信息网络化带来网络道德失范，功利化教育改革发展中的矛盾会使思想不够成熟、社会经验不足的青少年出现思想和道德困惑，使他们的主流价值观受到干扰；在教育形式上目前青少年思想政治教育大多方法陈旧，流于形式，较多地停留在简单的说教，缺乏生动活泼的教育形式、鲜活具体的教育内容，实际成效不太理想。将非物质文化遗产资源融入青少年思想政治教育，是青少年思想政治教育的创新之举，对提高青少年思想政治教育效果具有重大意义。本文以佛山为例，梳理非物质文化遗产资源分布状况，探讨其蕴含的思政教育价值，研究其运用于青少年思政教育的路径与方法，以求为拓展青少年思想政治教育内容、创新青少年思想政治教育方法奉献绵薄之力。

　　① 本章为吴新奇主持的佛山市 2017 年度哲学社会科学规划项目"发挥佛山地方历史文化资源在青少年思想政治教育中作用研究（项目编号：2017 – GJ22）"的最终成果。作者为吴新奇。

第一节 佛山非物质文化遗产资源状况

一、非物质文化遗产的概念与范畴

根据联合国教科文组织的《保护非物质文化遗产公约》定义：非物质文化遗产（intangible cultural heritage）指被各群体、团体、有时为个人所视为其文化遗产的各种实践、表演、表现形式、知识体系和技能及其有关的工具、实物、工艺品和文化场所。各个群体和团体随着其所处环境、与自然界的相互关系和历史条件的变化不断使这种代代相传的非物质文化遗产得到创新，同时使他们自己具有一种认同感和历史感，从而促进了文化多样性，激发了人类的创造力。公约所定义的"非物质文化遗产"包括以下方面：口头传统和表现形式，包括作为非物质文化遗产媒介的语言；表演艺术；社会实践、仪式、节庆活动；有关自然界和宇宙的知识和实践；传统手工艺。

根据《中华人民共和国非物质文化遗产法》规定：非物质文化遗产是指各族人民世代相传并视为其文化遗产组成部分的各种传统文化表现形式，以及与传统文化表现形式相关的实物和场所。包括：传统口头文学以及作为其载体的语言，传统美术、书法、音乐、舞蹈、戏剧、曲艺和杂技，传统技艺、医药和历法，传统礼仪、节庆等民俗，传统体育和游艺，其他非物质文化遗产。属于非物质文化遗产组成部分的实物和场所，凡属文物的，适用《中华人民共和国文物保护法》的有关规定。

二、佛山非物质文化遗产资源分布基本情况

佛山作为千年古城，是岭南文化的发源地。佛山是陶艺之乡，自古有"石湾瓦，甲天下"的美誉，建于明代正德年间的南风古灶，是世界现存最古老的陶瓷柴烧龙窑，至今已有 500 多年，被誉为"陶瓷活化石"；佛山是粤剧之乡，是"南国红豆"粤剧的发源地，诞生了粤剧艺人的代称——"红船子弟"和粤剧最早的戏行组织——琼花会馆。2013 年，南海区荣膺"中国曲艺之乡"称号。佛山是武术之乡，是中国南派武术的主要发源地，世界上广泛流行的蔡李

佛拳、洪拳、咏春拳等均发端于佛山，著名武术大师黄飞鸿，咏春宗师梁赞、叶问，影视武打明星李小龙等祖籍及师承亦在佛山，武术海外弟子达 2000 多万人。2004 年，佛山被国家体育总局授予"中国武术之城"称号；佛山是狮艺之乡，是南狮的发源地，是首个"中国龙狮龙舟运动名城"。禅城区是"中国龙狮运动之乡"；南海区西樵镇是全国唯一的"中国龙狮名镇"；佛山是美食之乡，是粤菜发源地之一，民间素有"食在广州，厨出凤城（顺德大良别称）"的美誉，被中国烹饪协会命名为"中国粤菜美食名城"。2014 年，联合国教科文组织授予顺德区"世界美食之都"称号。佛山是岭南成药之乡，古方正药历史有 400 余年，产品种类齐全，涌现出了"黄祥华"如意油、"冯了性"药酒、"源吉林"甘和茶等一批老字号名药。

据佛山市博物馆副馆长、佛山市非遗保护中心副主任关宏介绍，佛山共有国家级非遗项目 14 项，国家级非遗传承人 11 人，省级非遗项目 47 项，省级非遗传承人 32 人。市级非遗项目 101 项，市级非遗传承人 163 人。① 国家级非遗生产性保护示范基地 1 个（佛山新石湾美术陶瓷厂有限公司的石湾陶塑技艺），省级非遗生产性保护示范基地 6 个。至 2016 年 6 月，佛山全市非遗传承基地和传习所总数已达 50 家，可见，佛山有十分丰富的非物质文化遗产资源。佛山的非物质文化遗产资源具体名称（国家级、省级）与简要情况如下。

（一）国家级非物质文化遗产

1. 佛山十番

十番是用打击乐演奏的器乐曲，由十番鼓、群鼓、沙鼓、翘心锣、大文锣、高边锣、单打、大钹、飞钹和响螺组成。其中飞钹（又名飞池）不按常规碰击，而是在钹冠连着两三尺长的绳子，甩动绳子擦击，花式迭出，可舞性极强。目前在全国还没有发现这种飞钹表演方式。

① 国家级非遗传承人　佛山增至 11 人［N］．佛山日报：2018－05－17．

图 5-1 2005 年成立的南海茶基村少年十番队在训练

2. 广东醒狮

广东醒狮属于中国狮舞中的南狮，是一种地道的广东省传统民间舞蹈，是广东舞苑中的一宝。历史上由唐代宫廷狮子舞脱胎而来，五代十国之后，随着中原移民的南迁，舞狮文化传入岭南地区。明代时，醒狮在广东出现，起源于南海县。现流传于广东、广西及东南亚各国华侨中间。

图 5-2 张槎中学龙狮代表队获第九届全国舞龙舞狮锦标赛少年组冠军

3. 人龙舞

光华村地处佛山市顺德区杏坛镇，是极具特色的岭南水乡，有深厚的民间文化底蕴，又是著名的南派武术之乡。相传清代中叶光华村就已兴起人龙舞，道光十年（1871 年），光华村人梁耀枢金榜题名，高中状元，光华村的乡亲欢呼雀跃，林升辉师傅（别名公仔辉）与村里的武功高手们发起舞人龙，迎接状元梁耀枢荣归故里。当时，180 人表演的人龙舞影响巨大。自此以后，每年春节、元宵、五月初八（后诞），以及其他大小喜庆节日，人龙舞都是光华村必不可少的节目，习俗世代流传。

图 5 - 3　佛山秋色巡游——人龙舞

4. 粤剧

粤剧发祥于明清时会馆林立、行庄遍布的珠江三角中段——佛山，佛山也是高手云集的武术重地，神庙、戏台星罗棋布，借酬神以娱己，借武艺而成戏。拜师、谢师、酬神演出戏与数以万计的乡民和手工业工人密切相关。因此借以红船循水域、托琼花会馆。买戏卖戏。

5. 龙舟说唱

"龙舟说唱"又称为"龙舟歌"或"唱龙舟"，流行于广东珠三角洲地区，主要是以顺德腔为正宗的一种曲艺表演形式。《佛山历史文化辞典》认为龙舟歌最早起源于清代乾隆年间，是一名原籍顺德龙江的破落子弟首创。演唱从古时神话故事、民间故事一直到现在的时事新闻、时尚潮流等几乎无所不包。2006年，龙舟说唱列入第一批国家级非物质文化遗产名录。

6. 木刻版画

佛山木版年画是中国华南地区著名的民间年画，是岭南传统民俗文化的一朵奇葩。它与天津杨柳青、苏州桃花坞、山东潍坊的年画齐名，是中国四大木版年画生产基地之一，影响远及东南亚及世界各国华人聚居地。2006年5月20日，该遗产经国务院批准列入第一批国家级非物质文化遗产名录。佛山木版年画源远流长，据《广东文物》描述："前门刻有神荼郁垒，高与檐齐。"证明在汉代时的广州、佛山一带已流行贴门神的习俗。清乾隆、嘉庆年间到抗日战争前期为佛山年画生产的鼎盛时期，店铺作坊多达200多家，从业者数千人，鼎盛时单门神就日产11 000多对，成为佛山重要手工行业。

7. 佛山剪纸

佛山古为百越之地，随汉文化和百越文化逐渐交流和融合，由中原传入岭南的剪纸艺术也在佛山地域开花结果，结合佛山手工业、商业发展和民俗活动，佛山剪纸逐步成行成市，品类繁多，远销两广和东南亚各地。

8. 石湾陶塑技艺

石湾陶塑技艺是佛山市的一种地方民间传统制陶技艺，主要分布在禅城区石湾镇街道及周边地区。丰富的自然资源，依山傍水的地理位置，水陆畅达的交通条件，使石湾成为中国岭南重要的陶业基地。2006年，佛山市申报的石湾陶塑技艺被国务院批准列入第一批国家级非物质文化遗产名录。

9. 佛山狮头

佛山狮头是佛山传统民间美术工艺品，我国南方狮头艺术的代表。自清乾隆年间始创至今，不仅是广东醒狮形象的代表，而且在中国工艺品出口中有着重要地位，被公认为东方民间美术的代表作。

10. 佛山彩灯

彩灯，佛山民间也称灯色。佛山彩灯具有中国南方彩灯精巧秀丽的特色，是中国传统彩灯艺术的主要流派之一，我国南方彩灯的代表，其扎制工艺在国内有着领先的地位。

11. 香云纱染整技艺

香云纱染整技艺是佛山市顺德区的地方传统手工技艺。顺德的养蚕缫丝业有着悠久历史和辉煌成就。远在北宋徽宗时期，龙江、龙山一带就已经开始植桑养蚕了。从清代中叶至民国年间，顺德更因缫丝业蓬勃发展而一跃成为"南国丝都"和"广东银行"。桑蚕和缫丝业的兴旺推动了纺织业和印染业进一步发展。云纱（香云纱）尤为著名。经晒莨工艺印染的香云纱闻名中外，被海外人士誉为"黑色闪光珍珠"服装。2008 年，顺德成功将"香云纱染整技艺"作为传统手工技艺申报成为国家级非物质文化遗产，全世界只有中国能生产香云纱，顺德伦教街是香云纱的传承地。

12. 民俗·佛山秋色

佛山秋色是广东省佛山市的传统民俗文化。指秋季农业丰收之时，当地民间举行庆祝丰收游行，俗称"秋色赛会"或"秋色提灯会"，亦统称为"出秋色"。佛山秋色项目丰富，多彩多姿。秋色艺术含秋色工艺品和秋色表演艺术两大类，按表现形式来划分，分为灯色、车色、马色、飘色、地色、水色、景色七色；用秋色艺术品的工艺特点和艺术表演形式加以区分，秋色又分为扎作、砌作、针作、裱塑、雕批、音乐、舞蹈、戏剧、杂技、化装表演十大类。

13. 民俗·祖庙北帝诞

佛山民间北帝信仰可能在北宋元丰年间就开始了，而清代以前，在遍布广东各地的真武庙中，以佛山祖庙"历岁久远"，规模最大，影响最广，成为"诸庙之首"。据史料载，明清两代，作为北帝信仰的载体，祖庙在佛山历史上的地位显赫，封建统治者为加强统治、巩固政权，对北帝的崇拜达到空前绝后的地步。民国《佛山忠义乡志》载：明正统十四年，南海人黄萧养组织同狱犯人起义，围攻广州和佛山。当时义军攻打佛山，乡人集于祖庙问神卜吉，神许出战，战则屡胜，人们把取胜归功于北帝显灵。于是在景泰四年（1453）佛山被敕封为"忠义乡"，祖庙被敕封为"灵应祠"。当时朝廷不仅御赐祭文、匾额、对联等物品，规定祭祀规格，还下旨要求广东各级地方官员每年春秋谕祭、修葺庙宇等。从此祖庙祭祀由民间祭祀列为官方祭祀，北帝成为佛山社会权威的象征，祖庙也成为佛山合镇至尊的主神庙。自此后，祖庙北帝诞向来是一年中全镇居民最大的祀典。佛山祖庙北帝诞流行于珠江三角洲一带，是融娱乐性、世俗性、群众性、宗教性为一体的综合性民间文化活动。起源与供奉北帝和祖庙修建密切相关。

14. 锣鼓艺术（八音锣鼓）

八音锣鼓柜属器乐，是八音锣鼓的一种。八音锣鼓有演奏吹打乐、唱八音、锣鼓柜演奏三种形式，明末清初由西秦戏清唱班演化而来，广泛流传于广东省粤语地区，遍布佛山全市。锣鼓柜有两种含义：一是以大小唢呐模仿生旦唱腔，演奏成套戏曲，兼奏戏曲牌子；二是必有一个装饰华丽，用来放置打击乐器的木柜，便于巡游表演。据有关文字记载，其历史在160年以上。清代咸丰年间，更是盛极一时，其盛况一直延续到抗日战争爆发前夕。

八音锣鼓有助于挖掘利用更多有价值的民间习俗和文化积淀，成为社区文化建设的重要资源。而且里面的"大锣大鼓"来源于西秦戏，和昆弋牌子共通，通过八音锣鼓，将有助于发现更多粤剧行将消失或已经消失的音乐元素。

（二）省级非物质文化遗产

第一批（8项）

粤剧、剪纸（广东剪纸）、佛山木版年画、石湾陶塑技艺、狮舞（广东醒狮）、龙舟说唱、中秋节（佛山秋色）、庙会（佛山祖庙庙会）。

第二批（11项）

十番音乐（佛山十番）、龙舞（人龙舞）、灯彩（佛山彩灯）、彩扎（佛山狮头）、香云纱染整技艺、八音锣鼓、粤曲星腔、佛山木雕、佛山春节习俗、行通济、乐安花灯会。

第三批（4项）

石湾玉冰烧酒酿制技艺、九江双蒸酒酿制技艺、官窑生菜会、陈村花会。

第四批（11项）

高明花鼓调、藤编（大沥、里水）、石湾龙窑营造与烧制技艺、金箔锻造技艺、中医养生（源吉林甘和茶）、蔡李佛拳、咏春拳、赛龙舟（九江传统龙舟）、中医传统制剂方法（"冯了性"风湿跌打药酒）、端午节（盐步老龙礼俗）、粤绣（广绣）。

第五批（4项）

粤曲（市直）、庙会（大仙诞庙会）、真步堂天文历算、民间信俗（观音信俗）。

第六批（4项）

粤曲（南海、顺德）、糕点制作技艺（九江煎堆制作技艺）、民间信俗（关帝侯王出游）、端午节（龙眼点睛习俗）。

（三）市级非物质文化遗产

第一批（29项）

木鱼书、三字经、广东音乐、佛山十番、八音锣鼓柜、岗雕乐（高明花鼓调）、广东醒狮、人龙舞、粤剧、龙舟说唱、南音、粤讴、粤曲星腔、赛龙舟、佛山木版年画、佛山剪纸、石湾陶塑技艺、佛山木雕、佛山狮头、佛山彩灯、佛山海天酱料制作技艺、刺绣、佛山铸造技艺、香云纱、佛山秋色、行通济、祖庙北帝诞、官窑生菜会、乐安花灯会。

第二批（18 项）

佛山水乡农谚、花鼓调、大头佛、蔡李佛拳、龙形拳、白眉拳、南海灰塑、石湾玉冰烧酒酿制技艺、佛山盲公饼制作技艺、九江双蒸酒酿制技艺、民间竹编、"冯了性"风湿跌打药酒、"源吉林"甘和茶、佛山春节习俗、大仙诞庙会、陈村花卉习俗、高明濑粉节、龙舟说唱（南海、扩展项目）。

第三批（13 项）

三山咸水歌、岭南古琴艺术、咏春拳、九江传统龙舟、石湾龙窑技艺、佛山饼印、九江煎堆制作技艺、南海藤编、西樵传统缫丝技艺、金箔锻造技艺、上元舞火龙习俗、盐步老龙礼俗、广东醒狮（禅城、扩展项目）。

第四批（9 项）

麦边舞龙、粤曲、南海竹编、三水龙舟制作、三水玉雕、蔡李佛鸿胜功夫推拿、华光诞、胥江祖庙庙会、广东醒狮（市直、扩展项目）。

第五批（10 项）

佛山少临南家拳、佛山鹰爪拳、佛山酝扎猪蹄制作技艺、佛山砖雕、香云纱（坯纱）织造技艺、西樵大饼制作技艺、佛山伤科正骨、佛山伤科制药技艺、佛山祖庙春秋谕祭、大江龙舟习俗。

（四）非遗传承人

目前佛山有国家级非遗传承人 11 人，省级非遗传承人 47 人、市级非遗传承人 132 人。

1. 佛山国家级非遗传承人

目前佛山有国家级非遗传承人 11 人，具体传承人、传承项目情况如下。

（1）国家级传承人：廖洪标。传承项目：石湾陶塑技艺。

廖洪标，男，1936 年 10 月出生，汉族，职业陶艺创作，有廖氏陶艺工作室。自幼随父廖作民（廖源新）学艺，深得家传，对石湾陶塑技艺有深厚基础。其作品特征粗犷、浑厚、朴素、奔放。1982 年"画龙点睛"在中国轻工部、中国工业美术协会举办的"全国陶瓷美术设计评比"中获优秀产品奖；1983 年

"画龙点睛"在中国轻工部"石湾陶塑人物评比"中获国家金奖；1987 年"渔翁得利"在中国轻工部"全国工艺美展"获选入国家珍品收藏；"小福音济公"在中国轻工部"全国轻工业出口产品展览"中获国家金奖；1989 年"23 寸关公""渔翁得利"等在中国轻工部"轻工部优质产品评比"中获集体陶塑人物优质作品第一名；1990 年"释迦牟尼坐像"获中国轻工部"中国工艺美术品百花奖"一等奖，获中国陶瓷工业协会"全国陶瓷艺术展评会"一等奖，获首届"瓷都景德镇杯"国际陶瓷精品大奖赛银杯奖。1986 年被广东省人民政府授予"工艺美术家"称号，1977 年被国家授予"中国工艺美术大师"称号，2002 年被授予"中国陶瓷艺术大师"称号。

（2）国家级传承人：刘泽棉。传承项目：石湾陶塑技艺。

刘泽棉，男，汉族，1937 年 9 月出生，在佛山市新石湾美术陶瓷厂有限公司工作。刘泽棉作为陶艺世家第四代，师承叔公刘佐朝，并深受刘传等名家的影响。作品博采众长，融会贯通，自成一格，具传神、雄健、豪放、古朴、厚重的特点。注重衣纹、筋骨的塑造，渗入西洋人体解剖结构，工意兼得，形神结合，具有浓厚的石湾传统陶艺特色。1985 年获全国总工会授予的"五一劳动奖章"，1992 年受到国务院表彰，授予政府特殊津贴。作品多次参加国内外大型展览，多件作品获奖。2 次获佛山市石湾传统陶艺创新大赛市长奖，曾到台湾大学、美国路易斯安那州立大学讲学，传授技艺。1987 年、1997 年先后 2 次在香港举办个人作品展。1965 年作品《力量的源泉》被中国美术馆收藏。1989 年作品《水浒 108 将》获全国百花奖一等奖。1990 年作品《十八罗汉》获全国"珍品奖"并由中国美术馆收藏。2000 年作品《老子》等作品收入《中国石湾窑》一书（上海美术出版社出版）。

（3）国家级传承人：黄松坚。传承项目名称：石湾陶塑技艺。

黄松坚（1941 年 10 月—2017 年 1 月），男，汉族，职业陶塑创作，工作单位在佛山市新石湾美陶厂有限公司。由中国工艺美术大师刘泽棉以及刘传大师等石湾前辈的优秀传统技法传之。从总体来说，他擅长人物创作，熔铸古今，题材广泛，被誉为"石湾贴塑陶艺的拓新者"。善工意，能书诗，其陶塑衣饰畅逸莹练，造型豪朴优雅而隽永传神。1999 年《妈祖》《乘龙》获全国工艺美术展世纪杯金奖；2000 年《春夏秋冬》获全国首届中国工艺美术大师作品展金奖；2002 年《春夏秋冬》获美国路易斯安那州博物馆杰出优异美学贡献表彰，奖励收藏证书。2004 年《潜心面壁》获全国传统陶艺（瓷艺）创新大赛优胜奖二等奖。1992 年《长寿仙翁》获广东省旅游纪念品、工艺品金奖，2005 年《妈祖》获广东省首届工艺美术名家名作展金奖，1997 年《洪福观音》获九七香港回归广东省工艺美术优秀作品展金奖，2004 年《春夏秋冬》获广东省首届民间工艺精品展金奖。荣誉称号：中国工艺美术大师、中国陶瓷艺术大师。

（4）国家级传承人：邓辉。传承项目名称：佛山彩灯。

邓辉，男，生卒年月（1923 年 10 月—2010 年 9 月），汉族，职业彩灯扎作艺人，在佛山市民间艺术研究社工作。自少年时代随父学艺，一生从事彩灯创作，扎制的各式彩灯不计其数，以擅长人物故事灯、彩龙灯和彩灯画屏最为著名。技艺特征造型生动，形象真切，线条流畅，栩栩如生。制作的"头牌灯"入选全国工艺美术作品展览。1977 年为澳大利亚设计制作的 98 米"大彩龙"被澳大利亚墨尔本博物馆收藏。1980 年为中山温泉、陕西省西安市制作的 37 个中国历代帝像，被称赞为灯色扎制的奇迹。20 世纪 80 年代被佛山市政府授予工艺美术师称号。

（5）国家级传承人：黎伟。项目名称：佛山狮头。

黎伟，男，汉族，1945 年 11 月出生，1962 年 7 月学艺，1969 年入佛山市乐器工艺厂（现得声乐器有限公司），从事狮头制作 43 年至退休。佛山狮头艺术以家族传承和师徒传承为主。黎氏第十四世太公黎振辉于清道光年间在佛山石路铺即开设黎祥泰号制作狮头。黎伟自小随父黎永华在黎祥泰狮艺店学艺，是黎家狮的第五代传人。黎家狮艺制作技艺继承了佛山狮头的制作风格与特点，以刘、关、张等拟人化的脸谱造型，运用艺术夸张手法，以"枕企额高、眼精眉亮、背宽、饱额、杏鼻、面颊饱满、口阔带笑、明牙震舌、双龙腮、竹笋角"等突出形象。黎伟的代表作特艺狮头"双龙戏珠"入选参加 1981 年全国工艺美术展览；"龙凤呈祥"入选 1987 年全国工艺美术展览；传统佛山彩狮"醒狮起舞"，在 1999 年广东省工艺美术评比中荣获二等奖，并被外商购买收藏；"双龙争珠""四鱼到顶"等狮头作品分别由新加坡冈州会馆、中国美术工艺协会佛山创作院收藏。

（6）国家级传承人：陈永才。项目名称：佛山剪纸。

陈永才，男，1941 年 10 月出生，汉族，职业剪纸艺人，工艺师。在佛山市民间艺术研究社工作。师从当时佛山唯一的剪纸艺人梁朗生师傅学习剪纸技艺。技艺特征：线条纤细流畅、玲珑剔透、题材广泛、形式新颖，以多变的表现手法令剪纸作品富有生命力。1977 年剪纸作品《三八潜水队》入选全国美展，

1978 年剪纸作品《百花齐放》入选全国工艺美展，1980 年剪纸作品《鹤日图》获广东省民间艺术展览三等奖，作品《果实累累》选送 1981 年在日本东京举办的《现代中国剪纸展览》，2004 年作品《万象春》荣获联合国教科文组织等共同主办的"国际剪纸艺术展"优秀奖。

（7）国家级传承人：冯炳棠。项目名称：佛山木版年画。

冯炳棠，男，1936 年 11 月出生，汉族，职业木版年画艺人。技艺承于父亲冯均，其技艺特征为，木版印线手绘神像画，风格细腻繁复；木版套印画，风格简洁拙朴；木版单色画，富有岭南民间民俗风格特点。作为广东全面掌握传统佛山木版年画工艺的唯一传人，多次参加国际、国家、省市的展演和交流活动。2004 年木版年画作品《梅花童子》获得中国山花奖银奖。2004 年 4 月，冯炳棠被联合国教科文国际民间艺术组织授予"国际民间工艺美术家"称号。2007 年 6 月 5 日，经国家文化部确定，广东省佛山市的冯炳棠为该文化遗产项目代表性传承人，并被列入第一批国家级非物质文化遗产项目 226 名代表性传承人名单。

（8）国家级传承人：陈振球。项目名称："龙舟说唱"。

陈振球，原名陈庆辉，1941 年 6 月出生，顺德杏坛镇龙潭人。1973 年跟随"龙舟宁""龙舟迈"等多位龙舟传人学习开唱龙舟歌，在顺德一带卖艺献唱。40 年来自编自唱百余首曲子。2012 年被推荐评为国家级非物质文化遗产项目"龙舟说唱"省级传承人。

（9）国家级传承人：何汉沛。项目名称："佛山十番"。

何汉沛，男，1947 年 11 月出生，南海桂城茶基村人，现为南海区桂城叠南茶基村小组长。祖父和父亲都是十番队的骨干。何汉沛自幼学艺，深得真传，通晓各种乐器的演奏技巧，是现在村里十番队活动的主要组织者，承担着对内对外的主要工作。他在十番的活动组织、宣传策划和培养接班人方面都起到了领头的作用。平时积极组织搜集、整理十番有关技艺、曲牌、活动照片等资料，不断丰富十番文献，并呼吁社会关注、帮助和支持十番发展。他不遗余力地培养十番队接班人，2004 年在村中小学生里挑选了 10 名小队员，经过培训，这班小队员已能出道登台表演了。

（10）国家级传承人：黄钦添。项目名称：广东醒狮。

黄钦添，男，1965 年 12 月出生，南海区大沥镇人。先后跟随彭宝林、吴仲权等师傅学习武术与狮艺，1998 年至今在佛山市南海黄飞鸿中联电缆武术龙狮协会工作，现为国际级裁判员、中国龙狮运动协会技术委员、广东省龙狮运动协会大师级教练、佛山市南海黄飞鸿中联电缆武术龙狮协会会长、总教练，被推荐为 2008 北京奥运会火炬手。

（11）国家级传承人：何信。项目名称："佛山秋色"。

何信，1946 年生，省级非物质文化遗产佛山秋色项目代表性传承人，他的作品用料简朴，有真假难辨、新奇妙肖的艺术效果。他从事秋色工艺品创作近 50 年，为传承和发展佛山秋色艺术做出了贡献。20 世纪 90 年代开始，何先生研究我国失传已久的"交趾陶"生产工艺，把秋色工艺融入陶瓷制作，使这一工艺恢复和提高到一个新阶段。

（五）非遗生产性保护示范基地

佛山目前有国家级非遗生产性保护示范基地 1 个（佛山新石湾美术陶瓷厂有限公司的石湾陶塑技艺），省级非遗生产性保护示范基地 6 个；至 2016 年 6 月，佛山全市非遗传承基地和传习所总数已达 50 家。

第二节　佛山非物质文化遗产蕴含的思政教育价值

非物质文化遗产作为传统文化的重要载体，是世界各个民族兴旺发达的文明标志与精神支柱。非物质文化遗产具有丰富的思想政治教育意义。本章拟以佛山的非物质文化遗产资源为例，阐述非物质文化遗产蕴含的教育价值。

一、爱国主义教育

爱国主义是指个人或集体对"祖国"的一种积极和支持的态度。表现为对祖国的成就和文化感到自豪；强烈希望保留祖国的特色和文化基础；对祖国其他同胞的认同感。

佛山非遗真情地保留着从先民那里传承下来的岭南民俗文化元气，通过这些民间艺术品，人们可从一个侧面了解博大精深的中国文化，唤起青少年强烈的民族自豪感；通过请非遗传承人进校园开课，学生体验非遗制作，欣赏非遗项目，久而久之便可以提高自身的艺术欣赏能力和审美品位，唤起埋藏在他们内心深处对传统文化的热爱，切身感受我国优秀民族文化的古老魅力并获得美的享受，提升对优秀传统文化的热爱程度，增强他们的民族自豪感和自信心，激发爱国主义情怀。

佛山秋色具有强烈的地方特色和浓郁的乡土风情，是佛山经济、文化、民俗活动的艺术化展示，也是对历史上作为手工业名镇和现代崛起的工业城市特有乡情的物化和形象化。透过佛山秋色可以看到珠江三角洲开发的历史，一个工商名镇崛起的轨迹，可以领略到佛山人的气质和佛山特有的风貌，增强爱乡爱国之情。

二、积极人生观教育

佛山非遗包含了很多有关积极人生观教育的内容，如省级非遗佛山春节年俗中的卖懒习俗、年俗礼仪与禁忌、非遗题材上的吉祥图案、辟邪迎祥等。

（一）卖懒习俗

佛山年俗，民间有"年廿八洗邋遢"的习俗，家家户户进行屋里屋外大扫除。清扫干净后，除旧迎新。贴宜春，又称贴挥春，包括春联、门画、门神、福笺、金花等。

佛山年三十晚在过去曾有"小孩卖懒"等辞岁习俗。除夕上灯后，给每个小孩一个红鸡蛋，点着一炷香，让他提着灯笼，到街头巷尾去边走边唱道：

> 卖懒卖懒
>
> 卖到年三十晚
>
> 过左年就大个仔
>
> 唔好再学懒罗
>
> 静静话你知
>
> 努力读书点会迟
>
> 发愤图强怀大志
>
> 八十都未迟
>
> 静静话你知
>
> 努力读书点会迟
>
> 发愤图强怀大志
>
> 八十都未迟
>
> 卖懒卖懒
>
> 卖到年三十晚

过左年就大个仔

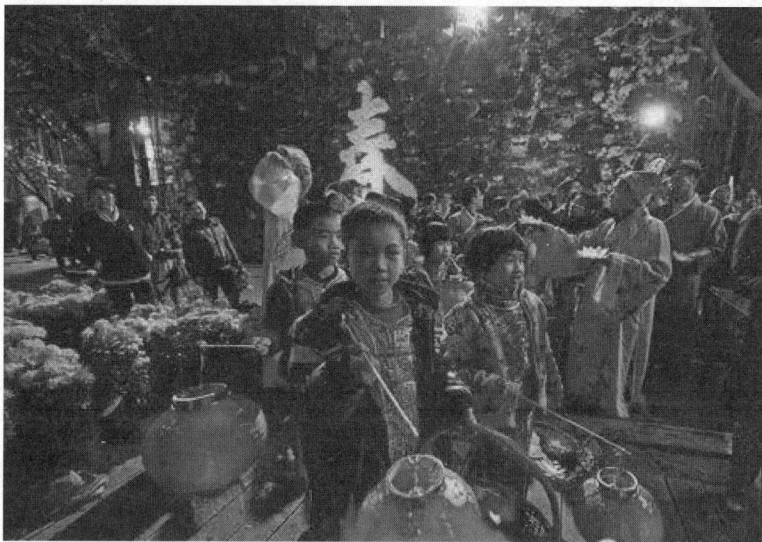

图 5 - 4　佛山年俗：卖懒

卖懒，卖到年三十晚，人懒我不懒！借助卖懒习俗，可对青少年进行驱懒求勤品质教育。

（二）年俗禁忌与礼仪

佛山年俗有不少内容反映了佛山人对美好生活的向往与追求。春节时佛山人家里都少不了鲜花、盆橘、油角、年糕、春联、花灯、年画、福字等春节的符号，无一不透露着祥瑞的气息。所有的细节都寄寓了祈福纳祥、趋吉避害，追求理想幸福生活的意义。

1. 责米瓮（压米缸）习俗。责年习俗讲究意头，白米一碗、红糖两块、年橘、茨菇各一对、腊肠一孖、煎鲮鱼两条放入米缸，另有头生菜、芹菜、葱花各两棵作为责年的意头物，责年果菜需初二开年后才能食用。

2. 佛山花市。年三十行花街买年花，是每年春节佛山人万众期待的事，红桃在粤语中谐音宏图，寓意大展宏图；菊花寓意五谷丰登、富贵长寿；金橘象征大吉大利……插上鲜花来过节已是不成文的惯例，买年花重在取其"花开富贵""大吉大利"的意头。

3. 贺岁。年三十晚子时辞岁后，即进入新年，佛山家家户户燃放爆竹贺新岁，取其喜庆吉利之意。

4. 接财神。爆竹声响过，街上便有人手拿大叠写着"财神"二字的红纸，高声叫喊"财神到"。为讨个吉利，不少人家都开门"接财神"，递过利是一封，将"财神"贴在大门口。大街上又传来"卖发财大蚬"的叫卖声，大蚬有显贵之意，居民多会有买一二斤以求吉利。

5. 唱贺岁龙舟歌或鲤鱼歌。以往年初一白天有说唱艺人手持木雕龙舟，胸前挂着龙舟鼓，到居民门口唱贺岁龙舟歌或鲤鱼歌，"龙舟舟，出街游，封封利是责龙头，龙头龙尾添福寿，老少平安到白头"。

6. 饮食年俗。开油镬——迎春习俗开油镬炸煎堆油角，是为求来年的日子也像油镬似的——油润、富足。食年糕——步步高升，初一"饮春酒"——预祝丰收，喝及第粥——祈望高中。

7. 行通济习俗。"行通济，无闭翳。"每年农历正月十六，家家户户便会自发来到通济桥，举着风车、摇着风铃、提着生菜浩浩荡荡地由北到南走过通济桥，祈求来年顺顺利利、万事胜意。正月十六行通济是佛山独有的祈福习俗，意为行完通济，便没有烦恼，事事顺利。"行通济"寄托着佛山人对美好生活的憧憬和祝愿，要更好地迎接新的一年。

（三）佛山非遗上的吉祥图案

如佛山木版年画中的"榴开百子""莲生贵子""红梅多子""瓜瓞连绵"等吉祥图案象征人丁兴旺、子孙繁衍，表现了人们对子孙昌盛、家族兴旺的理想追求。佛山木版年画《梅花童子》，画幅左右各三童子，中举梅花，互相嬉戏，蕴含期盼儿童健康快乐、活泼成长的意义。

在严寒中，梅开为百花之先，独天下而春，因此梅又常被民间作为传春报喜的吉祥象征。图中梅花也有着希望老人坚强健康的寓意，表达出当时老百姓祈求老少平安的美好愿望。木版年画《天官赐福》，图画以财神骑着麒麟下天界赐福给老百姓为题材。财神是掌管财运之神，寓意吉祥如意、财运亨通。全图表达了老百姓对天界神仙下凡赐福的愿望和对美好生活的期盼。

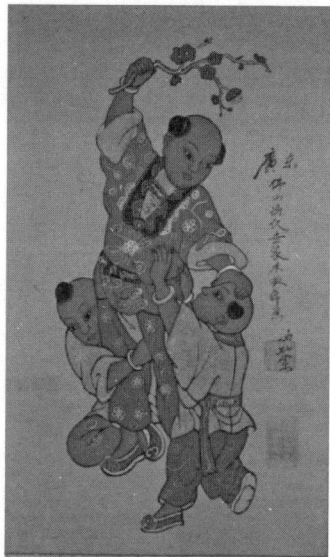

图 5-5　木版年画《梅花童子》

图 5-6　木版年画《天官赐福》

可见，佛山非遗习俗、非遗产品内容设计多为激励人们奋发向上的斗志，激发人们追求幸福生活的理想，对成长中的青少年更是起着"润物细无声"的教化作用。

三、伦理道德教育

中国是礼仪之邦，中华民族是崇尚伦理道德的民族。佛山非遗中不少题材含有教育人们为善戒恶、尊老爱幼、忠义节孝、家庭和睦等传统道德的观念。

1. 佛山木版年画

佛山年画遥接古代绘画"明劝诫，著升沉"这一优良传统宗旨，年画的宣传教化对遵守社会公德、强化道德修养、善化社会风气、弘扬中华传统美德起到了不可低估的作用。如佛山木版年画中的《和合二仙》，表现的是民间传说之爱神，是情深义重的象征，此类年画有劝导家庭"和谐

图 5-7　佛山木版年画代表
作之《和合二仙》

好合"之意。

2. 佛山春节年俗

佛山年俗之吃团年饭是佛山人十分看重的年俗，大年三十，一家团聚，有年头好到年尾的寓意。

佛山人敬重祖先，注重家庭伦理等观念且注重美德的培养。佛山年俗，除夕几乎家家都要祭祀祖先。

佛山人的新春佳节有拜年习俗。初一主要是家内亲人向长辈拜年，兄弟叔伯互贺新年；在大年初二，吃过"开年饭"后，已出嫁的妇女偕丈夫和子女"返外家"，新媳妇回娘家贺年；初三"赤口"易惹是非，不宜拜访。新春期间亲朋好友拜访问候，互道祝福，体现重伦理的情结，既有助于维系亲情，又有利于社会和谐。大部分习俗至今基本上没有太大的改变。

3. 佛山祠堂

佛山祠堂也是和谐教育的好场所。祠堂是祭祀和议事的场所，又是宗族聚居空间的核心，是维系村民感情的纽带，现代祠堂不仅是管理宗族事务的地方，也是村民摆喜酒、聚会的场所。

4. 佛山醒狮

佛山人在春节期间的祈福与文艺活动参与者众，其中最深入人心的新春贺岁形式则非"醒狮采青贺岁"习俗莫属。舞狮是佛山五区年节必不可少的庆典仪式。早在明代，舞狮就是民间驱邪纳福的活动形式，数百年以来，春节舞狮贺新岁的习俗从未间断。初一至十五，都有舞狮或舞龙的活动。佛山醒狮的表演，由舞狮头、舞狮尾二人合作，配以鼓点和锣、钹，由武术、舞蹈、敲击乐配合完成表现某一特定情景的一套程式，是极富广东民俗色彩的民间娱乐活动。"采青"是舞狮的高潮，所谓"青"，是用红色的绳子绑住一封利是和一捆生菜。由主家（邀请方）设"青"，按民间风俗，"采青"应一次完成，狮子食青后要"吐青"，即取到利是，把生菜再还给主家。吐出的"青"抛向主家，主家若能够"接青"，表示新年吉利。佛山醒狮的配套装备还有狮鼓，是用牛皮制成的木桶形中空大鼓，声亮而雄壮，鼓手是狮舞的指挥者。表演的过程不仅需要表演者之间的密切配合，还需要与观众的亲切呼应，自然形成团结和谐的气氛。

四、武德教育

佛山是一座历史悠久的文化名城，又是闻名的武术之乡，是中国南派武术的主要发源地。明初，佛山武术已相当普及。清末民初，佛山武术流派纷呈，涌现出一批有国际影响的武术名家，著名武术大师黄飞鸿，咏春宗师梁赞、叶问，影视武打明星李小龙等祖籍及师承均在佛山。2004 年，佛山被授予"武术之城"称号，是中国第一个"武术之城"。

武术是一种中国传统的技击术，是民族体育项目，是中国的传统文化之一。在中国武术的发展过程中，形成了"未曾习武先习德"的教学模式，并将"尊师重道，孝悌正义，扶危济贫，除暴安良""虚心请教，屈己待人，助人为乐""戒骄奢淫逸"等作为武德信条。

习武应以防身自卫、修身养性和健体强身为宗旨，不可恃强凌弱，以技欺人。身怀武功要含而不露、谦和含蓄，具备宽厚忍让的博大胸怀，进行比武时须有"手德、口德、身德"；武术练功讲究"冬练三九，夏练三伏"，习武者不但要练出一个能适应各种恶劣环境的强健体魄，还要练出坚强不屈的意志品质。

习武者必须具备常年有恒、坚持不懈等意志品质，克服枯燥关，有吃苦耐劳、砥砺精进、永不自满、自强不息、不向邪恶势力低头、坚韧不拔、永不言败的优秀品质。

无论是军旅还是在民间，都涌现出不少武林豪杰，他们为了国家和民族的兴亡，不惜牺牲自己生命的高尚品质教育和激励着后代习武者。如大振了中华民族的国威。现代的李小龙、李连杰、成龙等中华武术代表人物蜚声影坛，使中国功夫震惊了世界。由此可见，武德教育蕴含深刻的民族精神和爱国主义精神，是激励广大学生自强不息、奋发向上的巨大动力。

科技发展的全球化时代，拜金主义、物欲横流对人们的影响与诱惑是巨大的，甚至会使人在金钱和利益面前迷失方向。"见义勇为""疾恶如仇""死有重如泰山，也有轻如鸿毛"等中华民族的浩然正气已在当今社会中被淡化，然而这些精神正是从武之人显示自我存在价值的一个重要方式。

《大学》里说："知所以修身，则知所以治天下国家矣。"修身之目的在于"齐家、治国、平天下"。这种爱国家、爱民族的节操历来被视为传统道德的"大节"，习武之人更是以精忠报国为己任。佛山著名武术家如黄飞鸿、李小龙等练武之人不光是强身健体，更是为国为民，扶危济困，除暴安良，弘扬正义精神，承担起社会责任。

以黄飞鸿为例，飞鸿十六岁时，在广州西关第七甫水脚开设武馆，后在仁安街开设"宝芝林"医馆，门下弟子众多，为名重一时的武术家。他先后被记名提督吴全美、刘永福聘为军医官、技击总教习及广东民团总教练，并随刘永福在台湾抗击日军。黄飞鸿生平锄强扶弱，疾恶如仇，武德高尚，武艺超群，医术精湛，救民于水火，活人也无数，仁义满天下，忠烈永留芳。因为侠义，他一次次地和街头欺负老百姓的洋人斗。因为侠义，他帮助了更多的人。黄飞鸿已经演变成为一种精神的符号，他生时的武德是忧国忧民、弘扬国粹、匡扶正义、见义勇为、扶弱助贫、济世为怀，这早已是一种自尊自强的民族精神代名词。

2009年2月11日晚，佛山精武体育会副会长吴德明带着8名徒弟在禅城区文沙路习武时，见一个治安队员被3个男子手拿砍刀紧追不舍。吴师傅师徒随即操起练武的家伙与歹徒搏斗，抓获其中一名犯罪嫌疑人。警方在精武会的协助下，揪出一个在禅城、南海多次作案的持刀抢劫团伙。

五、生态教育

（一）放生习俗

佛山人在年初二有放生的习俗，此谓之"善举"。放生就是将买来的活鲤鱼放到江河中去让它生还。同时还放出一种由彩油纸扎作、形似莲花的以豆油为燃料的"水莲灯"，照亮鲤鱼返回的路，一路吉祥如意。"发财鲤鱼，有大有细，有头有尾，年头赚到年尾。"可见佛山放生年俗包含向善、与大自然和谐相处的理念。

通过年俗中的放生俗，可以倡导佛山青少年"爱护自然、保护生命、合理放生"的理念，有利于引导青少年形成慈善意识，提高公民的文明程度，促进和谐社会建设；有利于保护生态环境，促进人与自然和谐相处；有利于抑制不合理的消费和奢靡之风，促进青少年身心健康发展。

（二）香云纱的生态智慧

污染是印染业亟待解决的难题之一。长期以来，业界采用各种现代技术治理污染，耗资巨大，但仍未从根本上解决问题，或许可以换一个角度来探寻出路。例如，回眸自然悠久的生态传统，"天人合一、道法自然、周行复命，循环演进"，这些先秦时期确立的生态观体现的是尊重自然、和谐共荣的发展理念。时至今日，这些"最深刻而且最完整的生态智慧"（美国学者卡普拉对老子和庄子关于自然循环思想的评价语）对于解决生态危机仍然具有重要的指导意义。许多优秀的传统印染工艺就蕴含着这些古老的生态智慧，佛山非遗之香云纱工艺即是其中一例。

传统香云纱的原料及最终废弃物具有生态性。制成香云纱的原料是真丝绸、薯莨、河泥，这些原料完全来自大自然，而且在加工过程中，没有引入任何的合成染料及化学助剂，也没有释放对环境有害的物质，不会产生污水和废渣。

香云纱的原料之一是蚕丝织成的真丝绸。蚕丝纤细柔软，吸湿性好，制成的真丝绸触感柔软，吸湿透气，具有优良的穿着舒适性。蚕丝是天然蛋白质纤维，其产品失去使用价值后，可完全降解，不会对环境造成污染。其组成成分是蛋白质纤维，化学结构和人体皮肤的化学组成极为相似。而且，蚕丝大分子链上存在着大量的亲水性的氨基、羟基等活性基团，有良好的吸水性，可以把人体汗液吸收后，经过柔软疏松的纤维孔道传输到织物表面，最后散发到空气中去。不会像合成纤维那样将汗液保持在人体皮肤和织物之间，造成细菌大量繁殖。因此，蚕丝是一种具有良好生态意义的纺织原料。

薯莨为多年生薯蓣科薯蓣属野生植物，又名"血娃"、千年藤、长寿果，生长在海拔 350～1500 米的山坡上和灌木丛中，生长在阳坡又不见阳光的地方。香云纱生产以薯莨汁为染料，主要成分是容易被氧化变形的多酚和鞣质。薯莨本身就是一种可以食用又可以染色的藤本植物，它对人体不但无害而且有益，具有清热化瘀、防霉、除菌、除臭等功效，且又附着了矿物塘泥，因此，香云纱穿在身上的感觉比一般桑蚕丝织物还要凉爽，出汗衣服不贴肉，而且极易清洗，直接用清水漂洗即可，非常适合南方湿热的天气。且不容易抽丝和起皱。

香云纱的原料之一河泥。丝绸过泥后，待绸面由棕色变为黑色后，涂覆在绸面的河泥即用河水洗去，沉落回归到河道中。香云纱主要依靠大自然中的清洁能源进行生产，其他少数工序（如煮绸）所需的燃料，以及工人生活用燃料，完全采用生产的废料——薯莨渣。薯莨渣是制莨水后剩下的不溶性渣滓，这些渣滓晒干后，可燃性很好，燃力持久，而且无烟，是一种洁净、高效的燃料。此外，香云纱生产时产生的少量废水也被用于浇灌晒莨用的草地。香云纱生产的整个流程只有中间产物，而没有废物；某一工序排放的物质都被循环用于其他工序，实现了排放物的最少化、资源化，堪称清洁的染整工艺。香云纱使用的能源是洁净环保的太阳能，对环境不会造成任何的污染。20世纪30年代，香云纱更是在上海滩、北京城等地风光一时。香云纱莨纱绸因天然环保，质地柔软而富有身骨，手感轻薄而不易褶皱，过去被称为软黄金。

可见，香云纱的确可作为青少年环保教育的好素材。

六、民族凝聚力教育

共同的文化使人们形成共同的心理素质，而体现在文化上，便是一种认同感。有了认同感，在此基础上便形成了民族凝聚力。佛山的非物质文化遗产在民族凝聚力教育方面有独特作用。比如粤剧，在世界范围内，有华人的地方就有粤剧；在全国范围内，有粤语的地方就有粤剧。由广东、香港、澳门联合申报的粤剧，是继昆曲之后我国第二个获得世界非物质文化遗产殊荣的中国戏曲剧种，体现了粤剧在粤语方言区巨大的影响力及海外的代表性，也反映了粤剧在国内戏曲剧种中的独特地位及世界范围内的认知程度。粤剧可以沟通粤港澳三地的文化联系，成为三地文化认同的桥梁。此外佛山民间自发进行"行通济，无闭翳"走桥祈福活动。现在元宵行通济习俗的影响力，已扩展到整个珠三角和港澳地区，成为沟通珠江三角洲和港澳同胞的文化纽带。

七、创新教育

佛山非遗产品具有鲜明的地方色彩，适合佛山人民的审美情趣，吸取地方民间艺术制作技巧，体现了佛山人的创新精神，是创新教育的好素材。如佛山年画，尽管与天津杨柳青、江苏桃花坞、四川绵竹、山东潍坊各地的民间年画有着一样的共性：在题材上，主要有吉祥图案、辟邪迎祥、民俗民风、戏曲故事、历史演义故事等；在功能上，主要用于新年或岁时节令装点环境、渲染气氛、寄托人们辞旧迎新、接福纳祥愿望。但由于佛山年画是本地土生土长的民间艺术，因此年画反映的多是佛山民间生活和民间习俗。由于地域、历史、经济发展条件、文化背景、社会风俗、欣赏习惯、审美趣味、造型观念的差异，佛山的木版年画体现了浓厚、鲜明的地方色彩。佛山年画受岭南传统文化影响，并迎合佛山人的审美情趣和生活习惯，以民间信仰神像画、岁时节令应景画、礼俗画居多，为百姓喜闻乐见；佛山木版年画借鉴和吸取了佛山民间剪纸、染色纸、铜凿写衬、木版花纸、神衣、门盏花钱等地方民间艺术制作技巧，在色彩上大面积使用红丹、绿、黄、黑等大色块套印，使画面富丽堂皇，熠熠生辉。

热烈而艳丽的佛山木版年画不仅寓意吉祥，更由于佛山地处珠江三角洲腹地，夏日日照时间长，气候炎热，雨量充沛，空气湿度大，使用佛山本地生产的有"万年红"美称的大红、丹红作门画衬底，使门画的色彩保持鲜艳华丽，增添喜庆吉祥的气氛。同时，在人物盔甲、袍带上绘画金银图案纹样，使画面更加丰富，更突出了佛山木版门画独有的艺术特色。

第三节　非物质文化遗产思想政治教育价值的实现路径

一、学校教育

学校是发挥非物质文化遗产在青少年思想政治教育价值作用的主要渠道。将佛山非遗融入学校教育，必须遵循学生认知规律和教育教学规律，按照一体化、分学段、有序推进的原则，把非遗资源融入思想道德教育、文化知识教育、艺术体育教育、社会实践教育各环节，贯穿于基础教育、职业教育、高等教育、继续教育各领域，以校本教材建设为重点，构建有本土特色的文化课程和教材体系。

我们认为，将佛山非遗资源融入学校教育可从以下几个方面入手：

图5-8　佛山第十中学学生正在专注地制作剪纸作品

1. 在课堂教学中渗透佛山非遗资源

如佛山第十中学把剪纸艺术纳入初中美术教学课程已有多年，初一学生每周上一节特色剪纸课，通过教学活动教育学生了解佛山剪纸艺术的深厚历史，让学生亲近具有浓郁佛山乡土气息的剪纸民间工艺，传承岭南千年剪纸艺术，激发学生对剪纸艺术的追求。

2. 开设特色课程

为了让学生系统地了解佛山非物质文化的来龙去脉，学校可开设与佛山非遗相关的特色课程，供学生选修、学习。龙舟说唱是广东地区著名的传统曲艺品种之一，至今已有260多年历史。2005年年底，龙舟说唱被登录在国务院公布的第一批国家级非物质文化遗产名录中，并于2006年正式公布。2017年顺德伍蒋惠芳初级中学开始建立龙舟说唱特色课程，邀请龙舟说唱非遗传承人陈振球作为老师，第一批学员有30多人。学员们除了学习龙舟说唱的格律和唱法外，还学习唱词的编写。

图5-9 龙舟说唱国家级传承人陈振球为学生上课

3. 开发非遗校本课程

中共中央、国务院在《关于深化教育改革，全面推进素质教育的决定》中明确指出要建立国家、地方和校本三级课程体系。在非遗校本课程开发方面，目前佛山一些学校取得了一定成绩。如顺德潘祥中学为配合"人龙舞·洪拳"训练与表演，学校开发了洪拳基础套路"工字伏虎拳"的校本课程，作为大课间的体操全校师生一起练习。

图 5-10　顺德潘祥中学学生进行"人龙舞"训练

4. 编写校本教材

青少年学生在学校的时间较多，他们所学的内容多以课堂的教学为主，教材是课堂学习的重要内容。要使非遗融入学校思想政治教育，就必须将非遗文化中的精髓思想编入教材，使得思想政治教育课程的内容更加丰富。佛山第二十五小学在剪纸校本教材的开发上做了很多实践和探索，2017 年 12 月 19 日，佛山市第二十五小学还举行了校本教材《粤剪越快乐》首发式活动。这套教材包含了剪纸历史概述、不同朝代有代表性的剪纸名家简介、名作欣赏、剪纸工具与材料的认识、剪纸技法的了解以及不同单元主题的若干优秀课例，每个课例基本上安排了编者的话、欣赏感受、创作表现、作品展示、课外拓展五个板块。《粤剪越快乐》具有岭南特色，分为低、中、高三册，适应不同年龄段的学生学习剪纸的需求。教材直观性、实用性强，对小学生了解剪纸艺术、掌握剪纸技能、感受传统文化有较强的指引、示范作用。

佛山西樵民乐小学以"飞鸿教育育人成人"的办学理念，开发了五大校本教材，展示了学校特色课程建设的新成果。学鸿德育教材《小飞鸿规则伴我成长》，传鸿德育教材《智慧飞鸿》，做鸿体育教材《武出健康人生》，唱鸿艺术教材《飞鸿之歌》，赏飞鸿艺术教材《风雨飞鸿》。

5. 邀请非遗大师进校园

为了发扬佛山传统文化，南海区叠滘小学从 2016 年起启动了"十番走进校园"活动，并特别邀请了茶基村的十番文化传承人何汉耀教练进校帮助指导学生，向学生们传授十番技艺。在他指导下培养的叠滘小学十番舞蹈队，打破传

图 5 – 11　佛山市第二十五小学《粤剪越快乐》剪纸教材

图 5 – 12　佛山西樵民乐小学德育教材

统的十番表演方法，在原有的十番基础上结合民族舞蹈，让锣鼓打击节奏配合得更加紧密，动作更加完美。学校针对各年龄段孩子适应力的不同，还设立了梯队训练模式，分为"十番基础班"和"十番表演班"，并在每周五第二课堂时间进行训练。10 多名学生分别用数尺彩绳连着一个飞钹，甩动彩绳，使它在空中回环飞转，和着锣鼓的节奏，与另一钹擦击，发出"嚓嚓"的声音……金光闪闪的飞钹在十番阵中上下翻飞，惊险刺激，让人赞叹。而在每年举办的佛山秋色巡游上，叠滘小学的学生们常集体向广大市民展示这项国家级非物质文化遗产的魅力。

6. 将"非遗"融入第二课堂

西樵镇第一小学，每天大课间，学生们都会做极具岭南韵味的粤剧特色身段操。身段操结合男生和女生的体态和气质，把粤剧的基本功融入其中，让学生在锻炼身体的同时也感受到传统粤剧的韵律和美感。在佛山市第一小学全体学生课间操上，耳边响起的不再是广播体操音乐，而是粤剧传统的锣鼓声。瞧，孩子们正以粤剧中丑生出场的小碎步原地"小跑"活动起来，千名小学生咿咿呀呀唱起粤剧，动作有板有眼……佛山一小从 2009 年起便设立了粤剧课堂，开设了基本功架班、粤曲表演唱腔班、曲艺民乐班；还通过每日播放粤曲小调、每日师生齐唱粤曲、每周两节曲艺课、成立粤剧团、大课间齐跳粤韵操等系列行动推动粤剧文化的发展。

民乐小学通过舞台艺术的表演形式，经过孩子的演绎，深刻而又简单地植入本土的传统文化。这些年来，民乐小学原创舞蹈作品《狮道》《佛宝闹狮》，合唱作品《大头佛》等，对岭南文化南狮大头佛作了独特的诠释。

图 5 - 13　民乐小学的舞蹈《狮道》
——获 2016 年广东省少儿艺术花会舞蹈专场金奖

罗村实验小学则将特色项目陶艺和剪纸引入校园。该校自 2009 年在全校开展陶艺教育，并创建乐陶陶艺工作室，能供 400 人同时进行陶艺制作，是目前佛山市中小学中最大的陶艺工作室之一。学校的每一位学生都有机会在陶艺室里施展自己的才华。

7. 发挥校园文化隐性教育功能

可把非遗文化与校园环境的布置有机融合起来，在校园建筑、雕塑、壁画等的设计中利用佛山非遗文化资源。同时，充分利用图书馆、广播站、宣传栏、海报等传统媒介，加强对佛山非遗文化的宣传，积极营造学习优秀地方历史文化的氛围，举办有关佛山非遗文化的"手工展示"、知识竞赛，开展与佛山传统节日有关的主题活动等，用这些方式使青少年学生较多地参与并接触到佛山非遗文化。

此外佛山大中小学校校训、碑廊、校史馆、校内博物馆也可以从佛山非遗文化中吸取成分，形成自身独特的办学思想。如在佛山十中，校园处处有学生的优秀剪纸作品展示，学校还设立了剪纸作品展览室，展出学生的优秀作品。在学校的宣传橱窗、墙壁、教室、办公室、功能室等处布置师生的剪纸作品，发挥校园环境育人的作用，让学生在潜移默化中接受艺术熏陶。

二、政府层面

政府在非遗保护、利用与开发方面起着主导作用。目前，佛山市政府发挥佛山非遗文化资源在青少年思想政治教育中的作用，主要体现在以下几方面。

1. 建立佛山传统文化保护、传承机制

在非物质文化遗产保护方面，为贯彻落实国家、省关于加强非物质文化遗产保护工作的要求，佛山市文广新局于 2005 年启动非遗普查工作，全面、深入地摸清了全市非遗数量及保护状况。在此基础上，于 2007 年公布佛山市第一批市级非物质文化遗产名录，2009 年公布第一批市级非遗代表性传承人名单，至 2015 年已公布五批市级非遗名录、四批非遗代表性传承人名单。同时，从 2014 年开始，组织市级非遗传承基地（传习所）的申报工作，评选出市级非遗传承基地 24 个，另有国家级非遗生产性保护示范基地 1 个，省级生产性保护示范基地 6 个、传承基地 6 个。如今，已建立多层级、全面性的非遗保护体系。

二是探索有效的传承机制。为鼓励和扶持传承人积极开展传承活动，激发传承人的社会责任感，佛山市文广新局积极探索有效的传承机制。2010 年，出台《佛山市非物质文化遗产项目代表性传承人资助暂行办法》，对有困难的省级以上非物质文化遗产代表性传承人提供生活补助，并对重点项目进行资助。至 2015 年，共资助非遗项目 70 余项，资助金额达 130 万元。2015 年，出台《佛山市非物质文化遗产保护专项资金管理办法》，进一步扩大资助范围和额度，2015 年资助金额达 80 万元。

2. 借助专家力量，提升保护水平

如在非遗保护方面，2012 年佛山文广新局在北京举办潘柏林陶艺创作研讨会；2013 年在佛山举办佛山木版年画研讨会，8 月在北京举办"民窑的魅力"——石湾陶艺学术报告会。活动均邀请国内业界权威性的专家参加，对佛山市非遗理论研究水平的提升起到重要作用。另外，为提高佛山非遗文化传承人创作水平，2015 年，文化部、教育部"中国非物质文化遗产传承人群研修研习培训计划"在清华大学启动，2016 年 10 月第五期研修班开班，佛山 20 位手工艺领域的非遗传承人以组团形式，进行为期一个月的深造学习。

3. 推动佛山非遗文化资源的整理、研究与出版

在非物质文化遗产保护方面，为了更好地挖掘和保护佛山非遗文化，佛山市非物质文化遗产保护中心从 2013 年开始主编出版了《佛山年俗》《佛山秋色》《佛山木雕》《佛山陶塑技艺》《佛山民俗》《佛山金箔锻造技艺》《佛山彩灯》《佛山木版年画历史与文化研究》《佛山武术史略》《香云纱染整技艺》等著作。

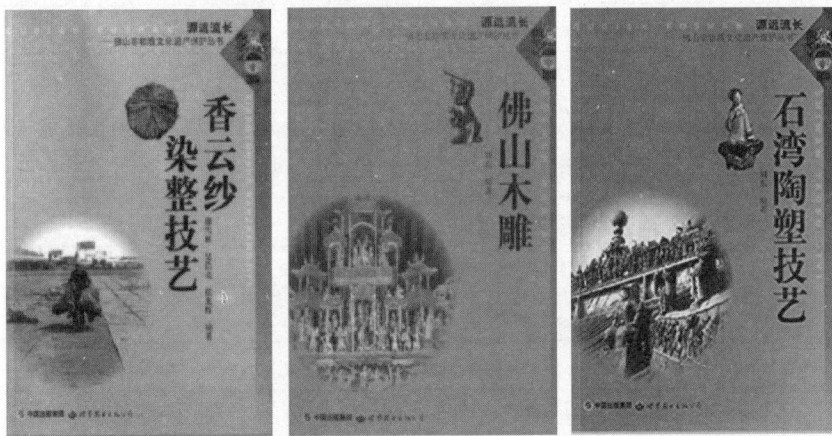

图 5 – 14　佛山市非物质文化遗产保护中心主编出版的非遗著作

此外，2016 年由佛山市社科联、佛山日报社组编的《佛山地理系列丛书》第一期出版面世，内容涉及佛山民俗、中医药、粤剧等非遗内容。而《佛山历史文化丛书》涉及非遗方面的书籍有《佛山木版年画历史与文化》《佛山彩灯》《佛山武术史略》等。这些书籍的出版，推动了佛山非遗的理论研究，为非遗文化教育提供了基础性资料。

4. 推进优秀传统文化艺术传承学校的创建

2018 年 1 月 5 日，佛山市第一批优秀传统文化艺术传承学校名单出炉，如表 5 - 1 所示。

表 5 - 1　佛山市第一批优秀传统文化艺术传承学校名单

区属	序号	学校名称	特色项目
禅城区	1	佛山市第十中学	剪纸
	2	佛山市第十四中学	狮头艺术
	3	佛山市铁军小学	儿童版画
	4	禅城区张槎中心小学	书法
	5	禅城区霍早棉小学	书法
	6	禅城东鄱小学	书法
	7	禅城区石湾第一小学	陶艺
	8	佛山市第二十五小学	剪纸
	9	佛山市同济小学	扎染
	10	禅城区澜石小学	书法
南海区	11	南海区桂城街道叠窖小学	茶基十番（国家级非物质文化遗产）
	12	南海区罗村实验小学	陶艺剪纸特色
	13	南海区里水和顺中心小学	书法
	14	南海区狮山石门高级中学	风筝
	15	南海区西樵民乐小学	狮头扎作，大头佛扎作
	16	南海区里水镇旗峰小学	书法
	17	南海区南海执信中学	书法
	18	南海区大沥镇盐步中心小学	书法
	19	南海区西樵镇第三小学	书法
	20	南海区丹灶镇中心小学	书法

续表

区属	序号	学校名称	特色项目
顺德区	21	顺德区杏坛中心小学	剪纸艺术
	22	顺德区容桂泰安小学	少儿版画
	23	顺德区伦教江贤小学（初中）	国画
	24	顺德区乐从小学	水墨画
	25	顺德区沙滘初级中学	慧雅沙中漆彩书画
	26	顺德区桂凤初级中学	版画
	27	顺德区大墩初级中学	陶瓷雕刻
	28	顺德区乐从红棉小学	佛山市木版年画传承教育创作基地
	29	顺德区荣山中学	版画
	30	顺德区龙江城区中心小学	书法
	31	顺德区西山小学	书法
	32	顺德区北滘镇碧江中学	篆刻（中国印）
	33	顺德区德胜小学	书法
	34	顺德区龙江锦屏初级中学	古筝
	35	顺德区容桂城西小学	少儿水乡画（水墨画）
	36	顺德区容桂城西小学	书法
	37	顺德区容桂容里小学	书法
	38	顺德区乐从镇东平小学	广绣
高明区	39	高明区西安实验小学	国画
	40	高明区富湾中学	手工剪纸
三水区	41	三水区实验小学	剪纸
	42	三水区西南街道中心小学	版画
	43	三水区西南街道第八小学	雅品国画
	44	三水中学附属初中	陶艺
	45	三水区华侨中学	书法
市直	46	佛山市华英学校	书法

从上述学校名单看，绝大多数特色项目为非遗项目，传承对象都是佛山中小学生。这一项目，无疑将推进佛山非遗在青少年中的传承与发展。

5. 推进粤剧特色学校创建工作

根据2017年佛山市委市政府《"文化佛山"三年行动计划（2017—2019年)》提出的"建设50所中小学粤剧特色学校"的目标，佛山市教育局于2017年初全面推进优秀传统文化艺术传承学校创建活动。经过一年时间，粤剧特色学校创建工作取得阶段性成效，认定22所学校为"佛山市第一批粤剧特色创建基地学校"，这些学校在经过一至两年的创建验收后，将获"佛山市粤剧特色学校"牌匾。

2018年1月9日，在佛山市教育局、市文广新局联合召开的佛山市粤剧特色学校创建工作现场交流会上，佛山一小等22所学校被认定为"佛山市第一批粤剧特色创建基地学校"。

图5-15　佛山一小的同学粤剧功架表演

根据创建要求，基地学校要将传承项目纳入校本课程，进入音乐课堂，并保证每周开设1节粤剧特色课程；有条件的学校要编写相关地方教材或校本课程，并进一步建立相关校级艺术社团；每年要定期举办相关校园艺术节活动，学生参与率要达到100%，等等。此外，2019年下半年还将举办全市中小学粤剧特色展演，全面提高学生粤剧表演水平。

6. 推进非遗进校园活动

舞狮、版画、剪纸、藤编、粤剧……独特的地理和人文环境，让佛山坐拥大量富有特色的非物质文化遗产。非物质文化遗产，不仅是一个民族生生不息的根脉，更是传统文化源远流长的精髓。为丰富校园文化生活，传承岭南优秀文化，佛山积极将非遗引入校园、走进课堂，并将其作为校本课程的重要组成部分，让学生在传统艺术创作中感悟美，提高学生的审美修养和审美理解能力，而内化学生向往美、追求美的情操和品质，提高青少年文化素养和思想道德品质，为优秀的传统文化灌注新鲜血液。

（1）禅城区的非遗进校园实践案例

2016 年 9 月在佛山市禅城区文化体育局、禅城区博物馆（区非遗保护中心）的指导下，"寻觅非遗天赋传承佛山精神"——禅城区非遗进校园活动在梁园正式启动。项目自 2016 年 10 月 8 日到 12 月 1 日，陆续进入南庄镇溶洲小学、南庄镇罗格小学、南庄镇罗南小学、南庄镇梧村小学、澜石小学、惠景小学、绿景小学、环湖小学、张槎中心小学、东鄱小学、冠华小学、佛山市第一小学、佛山市第二十七小学、鸿业小学、敦厚小学等共计 15 所学校，开展共计 40 节非物质文化遗产教学课程，其中非遗项目包括：广东醒狮、石湾陶塑技艺、石湾龙窑营造与烧制技艺、剪纸、刺绣、花灯等。

图 5-16　佛山非物质文化遗产进校园大型公益活动在南庄镇溶洲小学举行

（2）南海区的非遗进校园实践案例

2017 年 9 月 21 日，南海区传统技艺狮头扎作非遗传承人叶兢循老师，作为为南海区非物质文化遗产进校园系列活动参与者之一走进了民乐小学。

图 5-17　狮头扎作非遗传承人叶竞循走进民乐小学

（3）顺德区的非遗进校园实践案例

近年来顺德区非常重视文化遗产进校园活动，组织传承人到中、小学普及传统文化与技艺，纷纷在学校建立传统技艺的传承基地，把传承工作落实到青少年中。

如顺德杏坛的梁銶据初级中学、潘祥初级中学、伍蒋惠芳初级中学分别是八音锣鼓、人龙舞、龙舟说唱三个国家级非遗保护项目的区级传承基地，都将非遗项目作为学校的常规课程设置，编制校本书籍，培养传承骨干。

梁銶琚初级中学自 2016 年起把八音锣鼓作为特色课程引进学校，由顺德区八音锣鼓传承人、杏坛镇锣鼓柜会长梁健德案自授课，现有学员 23 人，其中骨干学员 7 人均能完整掌握八音锣鼓的相关知识和技能。每周四、周五下午全体师生共同学习八音锣鼓的相关知识，星期五晚上及节假日期间，所有学员集中于高赞曲艺社集训，校内校外开展传承活动。

图 5-18　梁銶琚初级中学学员表演八音锣鼓

7. 建设非遗传承基地

为了加快佛山市非遗传承基地建设，吸引更多社会力量参与"非遗"保护传承工作，佛山市从 2014 年开始启动市级非遗传承基地建设，并于当年建立首批市级传承基地 20 个，市级传习所 4 个。2015 年又评选出包括佛山少临南家拳传承基地、佛山狮头传承基地、广东醒狮传承基地、佛山剪纸传承基地等 25 个非遗传承基地和 1 个传习所。

图 5 - 19 佛山市荣山中学广东醒狮传承基地同学表演《鼓舞飞扬》

8. 举办佛山传统特色文化民俗活动

佛山传统特色文化民俗活动丰富，行通济、乐安花灯会、官窑生菜会、三月三北帝诞、赛龙舟、华光诞、佛山秋色等民俗活动年年举办，年年办得有声有色，规模和影响不断扩大，不仅本地男女老少喜爱，还吸引了大批珠三角的群众和港澳、海外乡亲前来观看，其中行通济和佛山秋色每年都有约 60 万群众参与。这些传统民俗文化活动已成为佛山人文化娱乐生活的重要内容，也是佛山青少年了解佛山历史文化、接受隐性思政教育的重要途径。

9. 举办非遗现场展演、展览

非遗的保护与传承离不开公众的参与。近年来，佛山市在非遗保护方面注重加强宣传、普及工作，如自 2010 年开始，以"国际博物馆日"和"文化遗产日"为契机，每年从 5 月中旬至 6 月中旬举办"佛山市文化遗产保护宣传月"活动，活动期间通过开展非遗现场展演、非遗项目 DIY 体验等活动，让包括青少年在内的佛山民众了解、欣赏佛山丰富的非物质文化遗产，并提高保护意识。

10. 举办佛山历史知识竞赛

如为弘扬佛山本土优秀文化，2017 年 4 月 20 日，佛山市教育局、佛山市文化广电新闻出版局在佛山市新青少宫举办"佛山传统文化知识竞赛"。在全市经过层层选拔，五区各产生一支代表队以及市直学校代表队——华英学校闯入决赛。比赛试题涉及佛山历史、音乐、美术、民俗等非遗文化领域，展现了佛山文化源远流长又生机勃勃的特点。

图 5 - 20　《佛山文化》知识竞赛

三、家庭教育

家庭教育是社会整个教育事业的重要组成部分，具有不可替代的特点和作用。人从出生开始，多是在一定的家庭中生活发展的，尤其是个人从懵懂无知到成熟自立，无不是在不断接受外部信息和教育的情况下进行的，家庭教育深深地影响着每一个人。可以说，父母是孩子的第一任老师，家庭教育则是孩子接受的最初教育。因此要发挥佛山非遗资源在家庭教育中的应有作用。

佛山非遗文化中蕴含很多可以作为家长家庭教育的资源。如在春节这一盛大的综合性节日，通过家长引导子女参与贴春联、吃团圆饭、放鞭炮、守岁、走访亲戚、互送祝福等年俗活动可对子女进行理想教育、亲情教育，让青少年回归家庭，感受家庭中的亲情，体验并珍惜幸福的家庭生活，构建和谐的人际关系。

四、社会教育

将佛山非遗文化资源融入青少年思想道德教育是一项系统工程，除了要发挥学校教育、家庭教育、政府等方面作用外，还需社会通力合作，充分发挥图书馆、文化馆、博物馆、群艺馆、美术馆等公共文化机构和民间力量在传承发展佛山非遗文化中的作用，形成育人合力。

1. 博物馆

为增强佛山非遗文化的生命力和影响力，提升佛山文化软实力，佛山各博物馆应结合自身实际，积极从文物、展览、教育等要素着手，充分发挥其传承发展优秀传统文化的特殊作用。如为迎接国际博物馆日，2017 年 5 月 18 日佛山知隐博物馆举行了"佛山民俗文化"专题展，专题展以佛山地域文化为专题，通过 500 多件藏品展示了佛山古代人民的生活习俗和生活状况，其中包括佛山商贸与行业、佛山生活与休闲、佛山农业、佛山医药等四大部分十三个专项。2017 年 11 月 2 日—11 月 30 日，佛山市博物馆与佛山非遗保护中心在简氏别墅承办了"匠作秋色最岭南——佛山非物质文化遗产展"。展览第一部分：传承人图版、室内实物展以及室外图片展。体现了人—物—精神的创造过程。在展览的第一部分，大家可以看到一幅巨型图版，上面记录了多位非遗传承人的工作图片。通过这个巨型图版，可以感受到"先有人再有物"的理念。

图 5 - 21　佛山知隐博物馆举行的"佛山民俗文化"专题展

展览的第二部分：佛山秋色、佛山彩灯、佛山狮头、佛山木版年画、佛山剪纸、佛山木雕、南海藤编、粤绣、石湾陶塑等。

此次展览充分展现了精湛的佛山手工艺作品和丰富的非物质文化遗产，体现了佛山人精益求精、推陈出新的工匠精神。

此外博物馆可通过与中小学签署文化遗产共建协议书，发动更多青少年参与博物馆活动，发挥其文化传承功能。

2. 图书馆

图书馆作为公益性的社会文化机构，是传承民族文化的重要场所，是弘扬中华文化的重要窗口，是普及国学知识的重要阵地。目前在发挥非遗文化对青

图 5 - 22　简氏别墅承办的"匠作秋色最岭南——佛山非物质文化遗产展"

少年思想政治教育作用方面，佛山的图书馆主要做了以下几方面工作。

（1）开设非遗兴趣班。如 2017 年 9 月，佛山市图书馆邀请佛山市级非物质文化遗产剪纸艺术传承人陈嘉彦老师为佛山小朋友们带来了两期精彩的佛山剪纸故事。第一期活动主题是剪纸历史发展，第二期活动主题是佛山剪纸文化。小朋友们从活动中感悟到了佛山的剪纸文化，从体验中收获了成功的快乐，通过亲子活动也增进了小朋友与父母的情感。

（2）开展非遗公益讲座。如在首届佛山粤剧艺术节中，佛山图书馆精心策划了 11 场"粤剧知识与欣赏"的公益讲座。

（3）举办各类非遗文化展览。将非遗文化在展览中充分展示，读者来到图书馆，就能够直观地感受到传统文化的魅力。如 2017 年 1 月 15 日，南海图书馆举办了"桂花树下"少儿品牌系列活动，活动包括了南海藤编、罗行竹编等非遗项目。不少家长和孩子前来参加，体验南海藤编、罗行竹编等"非遗"手艺。南海实验中学读初一的游子卿坐在南海藤编传承人曾少钻旁目不转睛地学习着，一边看一边动手制作手中的"笔筒"。

图 5 – 23　家长与小孩共同体验罗行竹编

3. 非遗传承人

发挥非遗传承人在传播社会主义核心价值观中的作用。如在不违背传承生态的情况下，将思想政治教育内容植入非遗，以非遗的物质载体为媒介开展思想政治教育。如佛山国家级非遗"龙舟说唱"的传承艺人陈振球、刘仕泉等就善于将和谐诚信、爱国敬业、孝老爱幼等内容以巧妙的方式编入各类龙舟歌，并在当地龙母诞、土地诞以及国庆节、元旦等节假日期间广泛开展龙舟说唱展演，以说本地话、唱国家事的方式传播思想政治教育内容，以间接、婉转、隐蔽的方式对"硬道理"进行"软传播"。2014 年 11 月 18 日晚，广东粤剧院在兆祥公园开展粤剧巡演。本次巡演的节目包括粤曲对唱《社会主义核心价值观》、小粤剧《斩断祸根》《家长会》《村官夜访》《老头子的秘密》《垃圾风波》，这些节目都是以佛山人身边事为主线，借助粤剧小品的形式，围绕"中国梦、社会主义核心价值观"主题，进行社会主义核心价值观教育的有益尝试。

4. 大众媒体

综合运用报纸、书刊、电台、电视台、互联网等各类载体，融通多媒体资源，统筹宣传文化、文物等各方力量，创新表达方式，大力彰显佛山非遗文化。如在宣传佛山武术文化方面，由国鼎文化传媒有限公司创作的动画片《南海少年黄飞鸿》被国家文化部列入"2015 年弘扬社会主义核心价值观动漫扶持计划"，是佛山唯一入选的扶持项目，获得 10 万元扶持资金。这部动画以清末民初时期的西樵山为背景，英勇正义的小黄飞鸿为人物线索，讲述了他与牙擦苏、猪肉荣等性格鲜明的小伙伴，常一起练武习文、学医修德，一起争辩较量、探秘玩耍，一起伸张正义、扬善惩恶，由此衍生出的一系列奇闻趣事。经过多番与恶人斗智斗勇，小黄飞鸿也逐步成长为一位弘扬国粹、见义勇为、扬善惩恶的小英雄。该项目以喜闻乐见的方式，向青少年普及黄飞鸿侠义心肠、乐善好施的一面，展现中国传统的侠义精神和民族气节。

在利用网络平台进行文化宣传方面，近年佛山文广新局利用互联网，重点打造并全面开通"佛山文化"新媒体平台（微信、微博、手机网、政务网），并借助专业团队力量进行日常运营管理。其中通过在"佛山文化"微信公众平台设置专栏的方式，将手机网嵌入微信，实现了信息同步有效更新，适应了青少年的阅读习惯。微信公众平台每周定期发布资讯和有深度、有内涵的文化专题，挖掘本土文化；"佛山文化"微博则与政务网良好配合，将媒体报道通过微博的方式传播出去，同时微博对重大活动如《康有为与梁启超》全国巡演汇报、北帝诞庙会、2015 国家旅游文化节等进行微直播，有效提高了信息的时效性，成为民众获取文化资讯的便利之选。

第六章

康有为道德教育理念的基础教育价值[①]

康有为一生中培养了梁启超、陈千秋、麦孟华、徐勤、韩文举、区榘甲、伍宪子、陈焕章等一大批国内声名显赫的学者、政治家，在文化传承弘扬与教育实践方面做出了巨大的贡献。从思想层面看，他是维新教育改革思想的启蒙者和总结者。与前人相比，其教育改革理论丰富多彩、博大精深、系统完整；与时人相比，又自成体系、独树一帜并且影响深远。从实践层面看，他是一位具有丰富实践经验的教育家，先后亲自创办或参与创办了万木草堂、广仁学堂、天游学院等一系列学校，并且一贯重视道德教育。其道德教育思想及实践在近代中国教育史占有重要地位，有着承前启后的重大影响。这些思想不但继承了中国传统的教育美德，充满民族特色，同时又广泛吸收西方、东洋等教育的优秀成分，具有鲜明的开放特点。

第一节　康有为道德教育理念的意蕴

康有为的教育思想从变科举、兴学校、建立资本主义教育制度，到明确提出德、智、体全面发展的教育发展，构成了富有创意的、独特的教育思想体系。这些极具特色和创意的教育思想主要体现在《长兴学记》和《大同书》两书中。特别是1902年刊行的《大同书》，以较大的篇幅论述了教育问题，他一系

①　本章为杜环欢主持的佛山市 2017 年度哲学社会科学规划项目"康有为德育思想对佛山基础教育的启发研究（项目编号：2017 - GJ03）"的最终成果。作者为杜环欢。

列的教育思想在万木草堂等办学活动中付诸实践。

"万木草堂"是一所具有现代意识、时代感极强的新型学堂，它不仅是康有为培养救国英才的场所，而且也是康有为不断完善变法维新理论体系的基地。与传统旧式书院相比，万木草堂更加注重中西会通，更加强调学生素质的全面发展，更加注重学生的道德教育，它在中国教育史上第一次明确提出了德、智、体诸方面协调发展的思想，并把德育摆在首要而显赫的位置。这种"重精神，贵德育"的理念及实践，对当时及后来的学校教育产生了深远的影响。

康有为在教育实践中抛弃片面的教育方针，提倡德智体和谐发展的教育方针。他揭露了封建主义在培养人才规格上重德育智育，轻体育；重经训，轻实学；重记忆，轻智能；重八股，轻新学的种种弊端，抨击这种"片面教育""残废教育"只能培养"呆缺之才"，虽"为巍科进士，翰苑清才，而竟有不知司马迁、范仲淹为何代人，汉祖、唐宗为何朝帝者。若问以亚、非之舆地，欧、美之政学，张口瞪目，不知何语矣"。这样培养出的"无用""蠢才"，实在流为笑语。

同时他效法泰西教育制度，在《长兴学记》中提出了德智体和谐发展的教育方针，根据孔子的"志于道、据于德、依于仁、游于艺"建立起学纲，并且进行了深入系统的阐释，内涵非常丰富。"志于道"：格物、克己、励节、慎独。"据于德"：主静出倪、养心不动、变化气质、检摄威仪。"依于仁"：敦行孝悌、崇尚任恤、广宣教惠、同体饥溺。"游于艺"：礼、乐、书、数、图、枪。科外学科还包括：演说、札记、体操、游历。从《长兴学记》的"学纲"看，"志于道""据于德""依于仁"这三方面主要是强调德育，而"游于义"则同时强调德智体的全面发展。整个学纲是德、智、体相互渗透，互相促进。"游于义"的内容，有的既属于德育也属于体育，如"礼"，有的既属于德育也属于智育。

康有为注重学生素质的全面发展，德育、智育、体育、美育皆为重视，出于变革政体的需要，在万木草堂的教育实践中他对学生的道德品质尤为重视，可以说，在康有为的整个教育思想体系中，德育思想及实践是一个亮点。如梁启超所言："重精神，贵德育。"① 旨在通过此"激励气节，发扬精神"，使学生

---

① 夏晓虹. 梁启超文选：上册［M］. 北京：中国广播电视出版社，1992.

在博学的基础上更好地于乱世中拯救国民。为此，康有为殚精竭虑，对学生进行了多种精神品质的培育。

第一，竭力排斥外界各种名利引诱及陋习的浸染。要做到这一点，何以进行呢？康有为从强调学生个体的修身养性入手。首先，须"格物立志"。康有为指出，志向直接影响着一个人的成长，现时社会中"学者如牛毛，成者如麟角"，其主因在于这些人志向浅薄，未能摆脱"高科美官、货贿什器"的诱惑。鉴于此，他要求诸生在为学之初就必须"格外物"，视外界名利为"毒蛇猛虎"，立下将要攻读的志向且矢志不渝，唯有如此，在学业上方"能成金刚不坏身"。① 其次，要"克己励节"。19世纪末的中国，内忧外患纷至沓来，而上层统治者及官场却如康有为所说："上兴土木，下通贿赂。孙毓汶与李莲英密结，把持朝政，士夫掩口，言路结舌。群僚皆以贿进，大臣退朝，即拥娼优，酣饮为乐。"② 显然，变革政体必然要与此种势力相冲撞，冲撞过程中为避免学生染上官场腐败习气，与之同流合污，康有为要学生效仿"后汉晚明之儒"，通过"克己"构筑精神长城；"以气节自励"抵御外界浊流③，同时还要有匡扶正气的决心，置个人安危于度外，敢于斗争。再次，须"慎独"。由此可以看出，在社会衰败之时，草堂对学生修身的重视及康有为对变政人才"志存高远""出淤泥而不染"的品质的渴求。

第二，强化"仁"与"义"的教育。康有为苦心孤诣，从强调个人修身养性和伦理道德规约的传统思想中寻找支点，教育学生处世中遵循以"仁爱"为核心的四个基本准则，即"敦行孝悌""崇尚任恤""广宣教惠""同体肌溺"。"敦行孝悌"就是告诉学生，"孝悌"为人之本，要重视血缘伦理，尊敬长辈；其他三个原则也都是发扬中国优良传统，强调人际间的互助关心。他认为，"仁"是人所学所行所事的基本标准，"夫所以能学者人也，人之所以为仁者仁也……若不行仁，则不为人"，学生应自觉认同任侠与先觉者的"仁""义"品质，成为一个具有博爱思想的仁人。唯有如此，才能在步入社会后深刻感知国难民艰，从而以解民悬济民危为己任，"忠肝热血""望人拯之"。④ 从万木草堂"志于道，据于德，依于仁，游于艺"这一学纲也可以看出，康有为反复强调学

---

① 康有为. 康有为全集：第1集［M］. 上海：上海古籍出版社，1987：550 - 551.
② 康有为. 康南海自编年谱［M］. 楼宇烈，整理. 北京：中华书局，1992：18.
③ 康有为. 康有为全集：第1集［M］. 上海：上海古籍出版社，1987：551.
④ 康有为. 康有为全集：第1集［M］. 上海：上海古籍出版社，1987：554 - 555.

生的人格重塑不是简单的一己修身，而是要树立为国为民的历史感和民族责任感，要求学生时刻想着自己的祖国和自己的人民。他还曾说过："我有饥渴，望人拯之，人有饥溺，我坐视者，虽禽兽其忍之哉！""若坐视朋友、姻党之患难，甚或深言正色以阴锄之，则亦将卖国而不动其心也。"

第三，培育竞争意识，养成良好的心理素质。康有为意识到，仅做到以上几点是远远不够的，因为于"非常态"的社会中成就伟业必须有不同寻常的素质。为此，万木草堂又从四个方面来规范学生，以期养成他们的独立性格和主体意识。其一，要"主静出倪"，告诫学生在日常生活中，要不断加强自身修养，尽可能扩张自我意识，傲视宇宙、社会及他人而一往无前，养成自信，最终摆脱自然和社会的束缚，达到"天地我立，万物我化，而宇宙在我"的境界，这是变法人才不可或缺的一种素质；其二，要"养心不动"，因为变政过程中会遇到种种难以预料的困难挫折，譬如别人的毁誉、生死危难等，对此不但要无所顾忌，泰然处之，而且应信念更加坚定；其三，"变化气质"，主要是指每个学生要通过后天的不断学习来改变自己的生理与心理素质，形成一个良好的心境，从容应付各种社会问题；其四，要"检摄威仪"，外表是一个人德行的体现，日常中要切实注意自己的仪表和行为，努力做到言论文雅，行为端庄，进退有度，容止可观。① 很明显，四个德目是从大处着眼小处入手，提示学生对将来所行之事应有思想和心理准备。

第四，讲求"四耻"。在前三者的基础上，康有为极力推行"四耻"教育，以之作为草堂的座右铭。一"耻无志"，以立志追求个人富贵，而不立志于挽救国家民族危亡为可耻；二"耻循俗"，以遵旧风，而不能移风易俗、独特立行者为可耻；三"耻鄙吝"，康有为认为，凡鄙吝者"天性必薄，为富不仁，可耻也"，故宜拔其根；四"耻懦弱"，懦弱者是"庸人"，见义不为"最可耻也"。他最后总结说："若四者，不能为道，愿深耻之。"② 从"四耻"的内容容易看出，它与前面所述是相辅相成的。实际上，康有为是借"四耻"进一步地激励学生要打破常规，劝勉他们把个人追求和国家利益结合起来，并且把才能献身于维护国家利益中去。概而言之，康有为对学生进行各种精神品质教育，主旨在于增强学生的竞争意识与主体意识，使他们能够扬善除恶，见义勇为，而又

---

① 康有为. 康有为全集：第 1 集 [M]. 上海：上海古籍出版社，1987：552 – 553.
② 康有为. 康有为全集：第 1 集 [M]. 上海：上海古籍出版社，1987：556 – 557.

不贪图享乐、追求个人的荣华，达到修身与治国的统一，进而成为一群有志向、有自信、有热心的"敢变"之才。

康有为这种教育理念，很大程度上是受其师朱次琦先生的影响。"康师尝从朱次琦（即九江先生）游，其学受九江之影响甚深。九江之授学也，以敦化孝悌，崇尚名节，变化气质，检摄威仪四者为学规，天游学院亦以此为训。其于敦化孝悌，以有子'孝悌也者，其为人之本'一语相勉。崇尚名节，以砥砺廉隅，临大节而不夺相勉。变化气质，以躬自厚而薄责于人，气质不和，发用偏颇，害事不少相勉。检摄威仪，以容止尚温文，语言去朴鄙，出入趋翔，尤宜端重相勉。当此孔学衰微，道德沦丧之时，上下倡导中华文化复兴运动，而康师已在五十余年前即秉承九江先生之学规，以发扬吾国正统文化，唤起个人之自觉自律为倡矣。对思想迷失之人类社会，实足振聋发聩焉。"①

他特别强调"育德为先""德育为本"，并在万木草堂等办学活动中得以践行。"万木草堂"，作为一所当时先进的中国人向西方学习的实验场所，它不仅展现了康有为那独具一格的教育理论建树与价值追求，而且更重要的是它所确立的德智体和谐全面发展教育理念以及德育教育的理论、理念和方式方法给后世的人们留下了许多方面的启示和教益，弥足珍贵。

第二节　康有为道德教育理念的启示

应该说，无论从"万木草堂"在中国近代教育史中的地位这一角度来看，还是从"万木草堂"及其弟子对近代中国社会的深刻影响这一角度来看，"万木草堂"的教育理念尤其道德教育理念无疑都是成功的，它一方面反映了康有为变革社会、培养时代英才的迫切愿望与良苦用心，另一方面也适应了时代需要。这与传统的旧式书院的教育理念是截然不同的，对现实有两点重要启示意义。

第一，教师的道德学问在道德教育过程中有着举足轻重的意义。拥有德才

---

① 夏晓虹. 追忆康有为［M］. 北京：生活·读书·新知三联书店，2009.

俱佳、宽以待人、严于律己的师长，是一个学校道德教育得以进行并达到预期目的的前提。这是"万木草堂"留给当代人的重要启示之一。康有为幼承家学，天资卓绝、学识渊博、"秉性尤厚"①，而且严于律己，予学生以深刻印象。学生卢湘文在后来追忆当时上课情形时，对老师给予很高的评价。梁启超后来对此也有一段精彩的评说："先生能为大政治家与否，吾不敢知。虽然，其为大教育家，则昭昭明甚也。先生不徒有教育家之精神而已，又备教育家之资格。其品行方峻，其威仪严整。其授业也，循循善诱，至诚恳恳，殆孔于所谓诲人不倦者焉；其讲演也，如大海潮，如狮子吼，善能振荡学者之脑气，使之悚息感动，终身不能忘。又常反复说明，使听者涣然冰释，怡然理顺，心悦而诚服。"② 其中虽不乏过誉之词，但也告诉了后人：教师的道德学问在道德教育过程中举足轻重。

第二，道德教育的创新与发展必须以中华民族优秀传统文化为依托，才能获得取之不尽、用之不竭的源泉。否则，背弃传统，不仅道德教育的目标无从确立和实现，即使是道德教育本身也将变得没有任何意义了。在这方面，"万木草堂"为我们提供了一个很有启发意义的道德教育发展思路。在"万木草堂"中，康有为努力贯彻"以孔学佛学宋明理学为体，以史学、西学为用"的"中体西用"原则，并以此作为他实现道德教育目的的途径与方法。当然，这种传统文化已经经过康有为的改造与加工。在以这种传统文化为基石的前提下，康有为将西方文化结合到教学内容中，对传统教育进行了改造与创新，应该说是一种富有时代感的转化。正是中西文化的相互结合与补充，才使"万木草堂"的道德教育获得了新生并影响了中国的教育界，才构成了"万木草堂"道德教育特殊的学术价值与现实意义。

从本质上看，"万木草堂"所创造的中西并举的教育模式，可谓在中国近代教育界确立了一种世界眼光与开放进取的文化意识，有力地促进了中国传统教育的近代化过程。虽然尚欠完善，但是对当时及后来的教育改革却不无建设性的指导意义。诚如梁启超所言，"先生教育之组织，比诸东西各国之学校，其完备固多所未及，然当中国教育未兴之前，无所凭借，而自创之，其心力不亦伟乎！其重精神，贵德育，善察中国历史之习惯，对治中国社会之病源，则后有

---

① 梁启超．饮冰室合集：文集之六［M］．北京：中华书局，1936：60.
② 梁启超．饮冰室合集：文集之六［M］．北京：中华书局，1936：64.

起者，皆不可不师其意也"。①

由上可见，康有为的教育改革思想从变科举、兴学校、建立资本主义教育制度，到明确提出德、智、体全面发展的教育发展，尤其强调"育德为先""德育为本"，再到大力提倡普及教育、重视各种专业和实业教育、倡导多方筹集教学经费、提倡并实行让学生参与学校管理等，构成了富有创意的、独特的教育改革思想体系。可以说，这套思想形成于当时中国特定的社会历史环境之中，是与政治紧紧挂钩的，他把教育当作救国救民的主要工具，认为"欲任天下之事，开中国之新世界，莫亟于教育"，② "故立国必以议院为本，议院又必以学校为本"。③ 同时也是适应当时中国微弱的民族资本主义发展的需要和为新兴的资产阶级利益服务的，在当时是具有进步意义的，对推动近代中国教育走向近代化，造成了巨大而深远的历史影响，并对以后中国教育的改革起了一定的推动作用。

正是在这一思想驱动之下，他积极投身于教育事业，为中国近代教育事业的发展谱写了壮丽的诗篇。他的弟子对其教育业绩给予了极高的评价。如陆乃翔的评价："先生之为何人物不可定，若其教育之成效已昭昭矣。先生……于大教育家之资格，无不具备。"④ 后人对他也崇敬有加，称之为教育界的泰斗。可见康有为对中国教育事业的贡献之大。

康有为的教育思想不仅对当时的学校德育教育内容的革新和发展都起了重要的指导作用，而且对当今和未来的学校德育教育也有一定的借鉴价值。而对于康有为的故乡——佛山来说，更加是一笔不可多得的宝贵的思想财富。当前佛山在建设文化大市、教育强市的进程中，在基础教育的改革强调学生素质的全面发展的大框架下，借鉴沿引康有为丰富的德育思想资源，对注重、强化学生的道德教育，有着现实的、实用的拿来价值。

佛山虽然是全省首个所有区全部通过全国义务教育发展基本均衡区（县）国家督导验收的城市，但打造人民的满意教育永远在路上。基础教育是立德树人的事业，是提高民族素质的奠基工程，因此，基础教育不能单纯以升学率为唯一目标，要遵循教育规律、人的发展规律，以育人为本，从学业水平、综合

① 梁启超. 饮冰室合集［M］. 北京：中华书局，1936：67.
② 梁启超. 南海康先生传［M］. 北京：中华书局，1989：61.
③ 梁启超. 南海康先生传［M］. 北京：中华书局，1989：87.
④ 夏晓虹. 追忆康有为［M］. 北京：中国广播电视出版社，1997：45.

素质、成长环境等多方面综合考核，充分满足当代学生多样化、个性化、创新化成才的需求；要旗帜鲜明地加强思想政治教育、品德教育，加强社会主义核心价值观教育，引导学生自尊自信自立自强；要遵循青少年的成长特点和规律，扎实做好基础文章。

附 录

附录1 佛山市中学生网络空间责任生存现状调查问卷①

亲爱的同学：

您好！为进一步了解网络文化异化境遇下中学生网络空间责任生存现状，特开展此次问卷调查活动。请您仔细阅读问卷，并根据您的实际情况做出真实的选择。答案的选择对您无任何影响，本次调查纯属了解情况，调查结果仅供研究之用，绝对保密，用完即销毁，请您放心填写。对您的支持我们表示衷心的感谢！（请您在相应选项打"√"）

您的性别？　　A. 男　　B. 女

1.1：您认为下列文化中哪些属于常见的不良网络文化？（多选）

A. 网络低俗语言　　　　B. 网络色情　　　　　C. 网络暴力

D. 网络违法犯罪信息　　E. 网络不道德信息　　F. 炫富炫美炫吃喝玩乐

G. 网络恶搞　　　　　　H. 网络谣言　　　　　I. 网络邪教

J. 网络迷信

1.2：您认为下列网络行为中哪些属于常见的不良行为？（多选）

A. 网络违法犯罪　　　　B. 不诚信、不礼貌等网络不道德行为

C. 沉迷网络游戏　　　　D. 网络谩骂　　　　E. 转发未经核实的信息

---

① 本问卷供第一章专题研究使用。

F. 发布不真实的信息　　G. 复制利用网络信息资料

H. 浏览色情、暴力信息

1.3：您觉得在网络上需要遵守法律法规吗？（单选）

A. 不需要，反正没人知道你是谁　　B. 网络要自由，不能管太严

C. 不违法犯罪就行　　　　　　　　D. 必须遵守

1.4：您了解《全国青少年网络文明公约》和《互联网站禁止传播淫秽、色情的不良信息自律规范》吗？（单选）

A. 没听说过，也不了解

B. 知道文件，但不知道具体内容

C. 有一定的了解和认识

D. 不仅了解，在上网过程中也遵守其规则

2.1：您经常接触的网络有哪些？（可多选或单选）

A. 智能手机　　　　B. 互联网（电脑）　　　C. 网络电视

2.2：您接触网络的主要目的是什么？（多选）

A. 聊天　　　B. 玩游戏　　　C. 浏览信息　　　D. 自己发布信息

E. 转发信息　　　F. 学习

2.3：您经常接触的不良网络文化主要有哪些？（多选）

A. 网络低俗语言　　B. 网络色情　　　C. 网络暴力

D. 网络违法犯罪信息　　E. 网络不道德信息　F. 炫富炫美炫吃喝玩乐

G. 网络恶搞　　　　H. 网络谣言　　　I. 网络邪教

J. 网络迷信

2.4：您经常接触的不良网络文化有哪些形式？（多选）

A. 网络游戏　　B. 网络不良行为　　C. 网络语言　　D. 网络图片

E. 网络视频　　F. 网络直播

2.5：您主要通过哪些途径接触这些异化的网络文化？（多选）

A. 网站　　B. 论坛、贴吧　　C. 微信群、QQ 群

D. 微信朋友圈、QQ 空间

E. 博客、微博

2.6：在所接触的不良网络文化中哪种对您的负面影响最大？（单选）

A. 网络低俗语言　　B. 网络色情　　　C. 网络暴力

D. 网络违法犯罪信息　　E. 网络不道德信息　F. 炫富炫美炫吃喝玩乐

G. 网络恶搞　　　　H. 网络谣言

I. 网络邪教　　　　J. 网络迷信

2.7：网络上各种不良文化对您产生了哪些负面影响？（多选）

A. 影响学习和日常生活　　　　B. 不良文化污染了精神世界

C. 扭曲了理想，向往享乐主义　　　D. 弱化网络责任意识

E. 网络道德低下，不诚信、不礼貌

F. 什么都可找到、复制，弱化了创造力

G. 网上、网下判若两人，人格分裂

H. 扭曲了价值观，向往个人主义、自由主义

3.1：您在网络上主要实施了什么行为？（多选）

A. 玩游戏　B. 浏览信息　C. 论坛发言　D. 闲聊

E. 点赞，被邀请给好评或差评　　　F. 发布信息

G. 转发信息　H. 复制利用网络信息资料　I. 网络交友

J. 网络购物　K. 传递爱心

3.2：您在手机、互联网上发不真实信息吗？（单选）

A. 经常发　　　　B. 偶尔发　　　　C. 很少发　　　　D. 不发

3.3：您在手机、互联网上发恶搞的信息吗？（单选）

A. 经常发　　　　B. 偶尔发　　　　C. 很少发　　　　D. 不发

3.4：您在手机、互联网上发牢骚吗？（单选）

A. 经常发　　　　B. 偶尔发　　　　C. 很少发　　　　D. 不发

3.5：您在手机、互联网上被邀请给好评或差评吗？（单选）

A. 经常　　　　B. 偶尔　　　　C. 很少　　　　D. 从不

3.6：您经常发炫富、炫美、炫吃喝玩乐的信息吗？（单选）

A. 经常　　　　B. 偶尔　　　　C. 很少　　　　D. 从不

4.1：您在网络上发布或实施过哪些不良信息或行为？（多选）

A. 发布不真实信息　　B. 发布骇人听闻信息　　C. 发布恶搞信息

D. 发布牢骚话　E. 实施违法行为　　　F. 邀请别人给好评或差评

G. 欺骗对方，不诚信、不礼貌　　　　H. 复制利用网络信息资料

I. 发布炫耀信息

4.2：您主要转发他人的什么信息？（多选）

A. 骇人听闻信息　　B. 恶搞、搞笑信息　C. 色情信息　　D. 暴力信息

E. 新奇、吸引眼球的信息　F. 批评揭露社会阴暗面的信息

G. 炫富、炫美、炫吃喝玩乐信息　H. 幸灾乐祸信息　I. 积极向上信息

4.3：您在网络上主要向谁发布、转发或实施不良信息或行为？（多选）

A. 向全网公开　　B. 向陌生人发布、实施　　C. 向熟人发布、实施

D. 向不喜欢的人发布、实施

4.4：您主要通过什么途径发布、转发或实施不良信息或行为？（多选）

A. 微信朋友圈、QQ 空间　　B. 微信群、QQ 群　　C. 论坛、留言板

D. 微博、博客、微信公众号

4.5：您发布或转发信息时，有核实信息的真伪吗？（单选）

A. 不核实　B. 有时核实　C. 不发布未核实信息

4.6：您发布或转发不良信息时，有无考虑法律后果？（单选）

A. 想发就发，不考虑法律后果　B. 会考虑，但没那么严重

C. 偶尔考虑，发时有顾虑　　D. 都考虑，不发

5.1：您觉得谁应该对网络不良文化和行为承担主要责任？（单选）

A. 谁都不用负责　B. 政府负责　　C. 社会负责　　D. 学校负责

E. 家庭负责　　　F. 个人负责

5.2：您看到网络上的不良信息或行为时，会怎么做？（单选）

A. 为他点赞，甚至模仿　　　B. 看看，但不模仿

C. 视而不见，躲开　　　　　D. 立即举报

5.3：您如何对待网络上传播的谣言？（单选）

A. 点个赞，转发　B. 偶尔转发一下　C. 视而不见　　D. 举报

5.4：您如何对待网络上传播他人隐私？（单选）

A. 点个赞，转发　B. 添油加醋　C. 偶尔转发一下

D. 视而不见　　E. 举报

5.5：您如何对待网络上传播的色情、暴力信息？（单选）

A. 点个赞，转发　B. 好好收藏　C. 偶尔转发一下

D. 视而不见　　　E. 举报

5.6：您对网络上的公益慈善、捐赠救助行为持什么态度？（单选）

A. 跟我无关，视而不见　　　B. 不支持，也不会参与

C. 理性看待，先了解真实情况再说　　　D. 偶尔参与

E. 积极参与

5.7：当您看到别人正利用网络做违法犯罪之事时，你会：（单选）

A. 好奇，看看　　B. 怕惹事，装作没看见　C. 无所谓

D. 见义勇为，举报

5.8：您认为中学生在网络生活中社会责任感缺失问题严重吗？（单选）

A. 不严重　　　　B. 不太严重　　　　C. 一般

D. 较严重　　　　E. 严重

5.9：您认为造成中学生在网络上社会责任行为缺失的原因是？（多选）

A. 网络文化污浊　　B. 网络监管不足　　C. 个人社会责任意识薄弱

D. 道德规范无法约束　　　E. 出于好奇心与虚荣心

F. 家长与学校的引导缺位　　　G. 法律惩治不到位

6.1：您是在何种心理状态下接触到不良网络文化的？　（单选）

A. 喜欢主动接触　B. 被吸引而接触　C. 网站弹窗出来而被迫接触

D. 无意中接触

6.2：您在网络上发布不良信息时的心理状态如何？（单选）

A. 想得到点赞　B. 显示自己存在　C. 有展示的欲望

D. 跟潮流　　　E. 跟他人攀比

6.3：您在网络上转发不良信息时的心理状态如何？（单选）

A. 想得到点赞　　B. 觉得好玩　　　C. 为了亲友情面

D. 习惯性转发

6.4：您接收到别人给您发送或转发的不良信息时，您心理感受如何？（单选）

A. 觉得好玩，点赞　　　B. 无所谓　　　C. 感觉没品位

D. 很反感

6.5：您发布或实施不良信息或行为、转发不良信息时，有考虑过要负道德或法律责任吗？（单选）

A. 没有，肯定没事　　　B. 偶尔考虑过，但无所谓

C. 有，但还是发了，别想得那么严重

7.1：学校有没有引导大家不要浏览不良信息？（单选）

A. 有　　　B. 偶尔说说　C. 没有

7.2：学校有无教育大家不要在网络上做违反道德法律的行为？（单选）

A. 有　　B. 偶尔说说　C. 没有

7.3：学校有无引导大家如何充分利用网络进行学习？（单选）

A. 有　　B. 偶尔说说　C. 没有

7.4：家长是否有引导您远离不良网络文化？（单选）

A. 有　　B. 偶尔说说　C. 没有

7.5：家长有无教育您不要在网络上做违反道德法律的行为？（单选）

A. 有　　B. 偶尔说说　C. 没有

7.6：家长是否经常发布或转发不良信息，做违反道德、法律的行为？（单选）

A. 经常　　B. 偶尔　C. 没有

7.7：家长在家里有没有管控您玩手机、上网的行为？（单选）

A. 经常　　　B. 偶尔　　　C. 没有

8.1：为增强中学生在网络上的社会责任感，您认为政府应担负哪些责任？（多选）

A. 创建安全网络环境　　　B. 强化网络法治

C. 弘扬网络道德　　　　　D. 培育网络先进文化

E. 其他（请写出来）：_____

8.2：为增强中学生在网络上的社会责任感，您认为社会应担负哪些责任？（多选）

A. 规范网站管理　　B. 加强论坛、微信群、QQ 群管理

C. 建立网络不良信息纠错举报机制

D. 其他（请写出来）：_____

8.3：为增强中学生在网络上的社会责任感，您认为学校和家庭应担负哪些责任？（多选）

A. 加强网络责任教育　　　B. 加强心理辅导

C. 家长要言传身教

D. 其他（请写出来）：_____

8.4：为增强中学生在网络上的社会责任感，您认为您个人应担负哪些责任？（多选）

A. 增强网络社会责任感　　B. 树立网络成人成才意识

C. 树立网络空间共生共存理念

D. 其他（请写出来）：_____

再次感谢您的支持与配合，祝您学业进步，生活愉快！

附录2 佛山市青年思想状况及思想政治 教育工作调查问卷①

一、基本信息

1. 请问您的性别是_____?

A. 男　B. 女

2. 请问您的年龄是_____?

A. 14～17 周岁　B. 18～23 周岁　C. 24～28 周岁　D. 29～35 周岁

3. 请问您的民族情况是_____?

A. 汉族　　B. 少数民族

4. 请问您的政治面貌是_____?

A. 中共党员（含预备党员）　B. 共青团员　C. 民主党派　D. 群众

5. 请问您的最后学历是_____?

A. 高中（中专）及以下　B. 大专　C. 本科　D. 硕士及以上

6. 请问您目前学习或工作所在区位于_____?

A. 禅城区　B. 南海区　C. 顺德区　D. 三水区　E. 高明区

7. 请问您目前身份是_____?

A. 中学生　B. 大学生（含大专）　　C. 政府及事业单位工作人员

D. 私人企业单位工作人员　　　　E. 其他

二、思想与价值观状况

8. 请问您现在拥有理想和信念吗?

A. 有短期理想，且信念坚定　　B. 有短期理想，但信念不够坚定

C. 有长远理想，且信念坚定　　D. 有长远理想，但信念不够坚定

E. 没有理想或者根本没有想过

_____

① 本问卷供第三章专题研究使用。

9. 请问您觉得个人理想与社会理想的关系？

A. 先实现个人理想，才会有实现社会理想的基础

B. 在实现社会理想中实现个人理想

C. 个人理想与社会理想没有关系

D. 不太清楚

10. 请问您的信仰是_____？

A. 共产主义　　B. 实用主义　　C. 宗教　　D. 没有信仰　　　E. 其他

11. 请问您对未来的期望是_____？

A. 努力赚钱过上富裕的生活　　　B. 为他人做贡献服务社会

C. 追求符合自己兴趣的生活　　　D. 实现自我价值，得到他人认可

E. 暂时不清楚未来期望　　　　　F. 其他

12. 请问目前您的压力、烦恼或困难主要来源于_____？（可多选）

A. 学业或工作压力　　　B. 生活需求与经济收入不匹配的矛盾

C. 家庭关系压力　　　　D. 对未来生活及个人发展的迷茫

E. 对国家发展缺乏信心 F. 人际关系及情感压力　　G. 其他

13. 据您观察，现在许多青年积极要求入党的最主要原因是_____？

A. 共产主义信念　　B. 当官或升官　　C. 利于找好工作

D. 个人优越感　　　E. 其他

14. 请问您认为下面哪种情况最符合现在多数青年的思想实际？

A. 为了他人的利益可以牺牲自己利益

B. 在不损害自己利益的情况下，愿意帮助别人

C. 只考虑自身利益情况，不顾他人利益

D. 如果别人帮助了自己，自己也可以帮助别人

E. 不惜损害别人的利益以达到自己的目的

F. 其他

15. 请问您认为青年群体普遍存在着以下哪些思想问题？（可多选）

A. 为他人服务及社会奉献意识不强

B. 社会责任感较差

C. 爱国情怀与民族意识淡然

D. 缺乏理想信念，意志容易动摇

E 过分强调自我，看重个人得失

F. 自主意识不强，容易受他人影响

G. 其他

16. 请问您认为对青年有重大不良影响的思想因素有哪些？（可多选）

A. 拜金主义　　　B. 急功近利　　　C. 官本位现象

D. 追逐权力、逃避责任 E. 缺乏诚信　F. 精神空虚、没有信仰 G. 其他

17. 请问您认为当代青年应该重点发扬哪种精神？（可多选）

A. 艰苦奋斗精神　　　B. 无私奉献精神　　　C. 开拓创新精神

D. 集体主义精神　　　E. 爱国主义精神　　　F. 其他

三、工作、学习、生活

18. 请问您对目前的工作、学习与生活总体感受是_____？

A. 感到十分满意　　　B. 感到相对满意

C. 并无太多感受　　　D. 有一定苦恼与担忧

E. 感到不满　　　　　F. 感到焦虑与痛苦　G. 其他

19. 请问您在遇到烦恼与困惑，需要寻求帮助时会如何做？（可多选）

A. 找父母、爱人及亲属寻求帮助

B. 找朋友寻求帮助

C. 找学校或单位寻求帮助

D. 通过网络平台寻求安慰及帮助

E. 寻求心理机构或青年组织帮助

F. 其他

20. 请问以下话题中您身边朋友、同学、同事经常议论的包括哪些？（可多选）

A. 经济发展问题　B. 国家政治问题　C. 国际性话题　D. 社会生活问题

E. 文化教育问题　F. 个人问题　　　G. 生态发展问题　H. 其他

21. 请问您目前获取各种信息的主要来源有哪些？（可多选）

A. 电视广播　　　B. 互联网 PC 端（电脑）　　　C. 互联网移动端（手机）

D. 报纸杂志　　　E. 朋友、同学、同事等人群　　　F. 其他

22. 请问您最喜欢的媒体宣传形式包括哪些？（可多选）

A. 电台音频　　B. 图文信息　　C. 短视频　　D. H5（移动端动态页面）

E. 微电影　　　F. 小程序　　　G. 其他

四、意识形态与思想政治教育工作

23. 对于当下国家大事（如"两会"等）或主流政治（如党的大政方针、社会热点等），请问您选择以下哪种做法？

A. 持续关注，通过各种途径积极参与

B. 主动关注，了解大概情况

C. 视兴趣而定，关注感兴趣部分

D. 不会主动关注（被动了解）

E. 完全不关注

24. 请问您在学校或单位参加思想政治教育活动的频率如何？

A. 每月至少 2 次　　B. 每季度至少 2 次　C. 每半年至少 2 次

D. 几乎没有　　　　E. 其他

25. 请问以下思想政治教育活动您参加过的包括哪些？（可多选）

A. 爱国主义教育　　　　B. 理想信念教育

C. 思想道德观念教育　　D. 法制观念教育

E. 弘扬优秀传统文化活动　F. 国防军事理论教育

G. 并未参与　　　　　　H. 其他

26. 请问您身边的青年对参与思想政治教育活动态度如何？

A. 较期待，很积极　　　B. 视兴趣等实际情况而论

C. 较被动，任务式接受　D. 有一定抵抗情绪　　E. 其他

27. 请问您认为目前青年思想政治教育活动中需要改进的方面包括哪些？（可多选）

A. 活动举办的时间、地点、场所等

B. 活动的主题与内容

C. 活动的宣传推广渠道

D. 活动开展的具体形式

E. 活动参与对象的精准性及组织者专业性

F. 其他

28. 请问您希望通过思想政治教育活动了解哪些内容？（可多选）

A. 国家政策方针及发展动态

B. 与切身利益及个人发展相关的信息

C. 国内外社会形势及热点资讯

D. 与自身实际生活息息相关的内容

E. 符合自身兴趣爱好的内容

F. 科技、历史、心理等基本常识

G. 其他

29. 请问您愿意接受以下哪些方式的思想政治教育活动？（可多选）

A. 影视作品分享　　B. 谈心谈话　　C. 现场体验　　D. 会议教育

E. 文娱活动　　　　F. 志愿服务　G. 其他

30. 假如您有机会去国外游学或访问，您是否愿意为传播中华传统文化做努力？

A. 愿意积极传播　　B. 不愿意传播　　C. 视具体情况而定

31. 请问您认为国外文化对本国文化的渗透有何影响？

A. 带来新思想，相互促进　　B. 阻碍本国文化传承

C. 腐蚀我国青年思想　　D. 有利有弊　　E. 不太清楚

32. 请问您期待粤港澳大湾区的建设发展会给您带来哪些影响？（可多选）

A. 营造更多就业与创业机会　　　B. 更为便捷的交通

C. 新经济模式与生活方式　　　　D. 更便利领略港澳文化

E. 新的思想观念与思维模式　　　F. 无期待　　G. 其他

33. 请问在粤港澳大湾区建设发展潮流下，您会_____？

A. 加强学习，提高素质与能力

B. 多关注相关信息，为今后融入大湾区做好准备

C. 多参与各类交流活动，拓宽视野

D. 无计划，目前较为迷茫

E. 对大湾区建设无感

F. 其他

34. 佛山市有青年之声、智慧团建、i 志愿、青春佛山微信公众号等青年平台和系统，请问您对其了解和参与度如何？

A. 不知道，没参与　　B. 听过，但没参与

C. 了解，但参与少　　D. 熟悉，并参与多

35. 请问您希望在以下哪些方面得到佛山市相关组织的帮助？

A. 就业创业　B. 个人学习与发展规划　　C. 个人素质与能力提升

D. 丰富个人生活内容　　　E. 个人情感问题　F. 家庭关系问题

G. 人际交往问题　　　　　H. 其他

36. 请问您对佛山市的青年思想政治工作有何建议：

_____

非常感谢您能利用宝贵时间协助我们完成调查问卷，您的填写对我们的调查研究至关重要。我们将对您的信息进行完全保密，请您放心。

附录3　佛山市青年思想状况调查补充问卷①
（大学生）

1. 您认为网络的什么特点最吸引您去上网？（可多选）

A. 娱乐性强，刺激有趣　　　　B. 为我解决实际问题

C. 有实现爆红暴富的机会　　　D. 知识与信息丰富

E. 可以展现自我成就感、价值感

F. 可以随心所欲，不受限制（匿名性）　G. 可以找到志趣相投的群体

H. 能得到他人认可与尊重　I. 已经成为生活习惯

J. 其他_____（请补充）

2. 您觉得您的同学朋友沉迷网络游戏或娱乐的现象是否严重？

A. 很严重　　B. 比较严重　　C. 一般　　D. 不严重　　E. 说不清

3. 您了解西方思想对中国的意识形态渗透的情况吗？

A. 不知道，没看法　　　　　　B. 听过，但不太了解

C. 了解，并持反对意见　　　　D. 熟悉，并主动抵制

4. 您对宗教问题的看法是？

A. 宗教是一种社会现象，但与我无关，不会信教

B. 不反对个别青年人入教、信教

C. 作为青年人不应该信教，但宗教文化、活动可以按兴趣参与

D. 反对任何宗教尤其外来宗教对青年人的思想渗透活动

_____

① 本问卷为第三章专题研究的补充调查问卷，调查对象为大学生。

5. 对于传播和煽动分裂国家、破坏国家统一的言论，颠覆国家政权，反对社会主义制度的行为你会有什么样的反应？

    A. 坚决制止此类言行

    B. 对此类言行听而不闻，视而不见

    C. 善意提醒，但不会坚决制止

    D. 视环境实际情况而采取行为

6. 对于西方非政府组织自主开展的社会资助、爱心志愿帮扶、境外学术交流机会等，你会持什么态度？

    A. 乐意接受或希望争取此类资助或奖励

    B. 拒绝此类资助或奖励

    C. 有选择地接受或争取

7. 您对"阿拉伯之春""茉莉花革命"之类的事情的态度与看法如何？

    A. 不知道有此类事情，没有看法

    B. 听过此类事情，但不太了解，不好表态

    C. 了解此类事情，并持明确反对意见

    D. 熟悉此类事情，并认为这是民主进步的表现

8. 您对国内民族分裂势力，国外排华反华势力的活动了解多少？看法如何？

    A. 了解多，会主动坚决抵制，坚持一个中国原则

    B. 了解较多，不参与也不抵制

    C. 有一定了解，但感觉与自己无关

    D. 了解较少，对分裂势力坚决抵制和反对

附录4　佛山市代表性红色革命遗址简介①

1. 铁军公园（含纪念馆）

铁军公园位于广东省佛山市禅城区的汾江西路，江湾立交桥旁，总面积13 000平方米，于1991年7月1日奠基，同年10月1日建成。公园正门，是一

---

① 本附录为第四章专题研究的延伸内容。

个近1000平方米的铁军广场，陈铁军烈士的全身塑像高高耸立在广场中央，供人瞻仰。陈铁军纪念馆坐落于铁军公园西北角，占地面积约250平方米，馆内有陈铁军烈士事迹的展览，包括：（1）铁军精神光照后人；（2）大家闺秀巾帼女儿；（3）时代洪流阶级洗礼；（4）革命启蒙先锋战士；（5）铁心不移奋不顾身；（6）烈火金刚舍生取义；（7）宁死不屈英勇献身；（8）高风亮节永垂不朽；（9）青年楷模万世敬仰等九个章节，充分运用照片和剪报全面真实地介绍了陈铁军烈士一生为革命英勇斗争的可歌可泣事迹，内容丰富感人。1994年12月，铁军公园被中共佛山市委、市人民政府公布为佛山市爱国主义教育基地，1999年7月被中共广东省委宣传部、广东省精神文明建设委员会公布为广东省爱国主义教育基地。

铁军公园作为一个开放式纪念性主题公园，是佛山市各界人士凭吊、缅怀英烈的必到之地。据不完全统计，每年在铁军公园组织开展的爱国主义教育活动达80多场，每年市委市政府均在这里组织开展清明祭奠革命先烈、"9·30"国家烈士纪念日等大型活动，每次超2000人，每年参加各种类型纪念活动的中小学生近20 000人次，参观游览的群众约40 000人次，慕名到铁军公园参观游览的市外人数逐年增加。

2. 陈铁军故居

陈铁军故居位于佛山市禅城区祖庙街道兰桂社区，清代三间二进两廊院落式民居建筑，坐南向北，总面阔13米，总进深21.6米，面积282平方米，为革命烈士陈铁军青少年时期生活和居住的地方。2014年禅城区政府对故居进行全面修缮，恢复了烈士生前的生活场景，并将其生平事迹以展览形式陈列于室内。故居于1998年被公布为佛山市文物保护单位，2014年被评为区级爱国主义教育基地，2015年被评为区级党员活动基地，2016年被评为市级党员活动基地。

陈铁军故居自2014年6月6日开放以来，共接待游客约25 000人次，其中教师生团队近9000人次，机关、事业单位及社会组织2000余人次，开展过6次大型主题活动及多次爱国主义教育活动。

3. 罗登贤事迹展览馆（含广场）

罗登贤事迹展览馆及广场位于紫洞村格巷村民小组，工程投资约600万元（其中区财政补助240万元，镇财政补助240万元，村自筹120万元）。2017年3月27日，项目进行了建设奠基仪式，目前已基本建成，正加紧推进文化元素建设。

罗登贤事迹展览馆坐西朝东，建筑风格为传统三间两廊民居，采用砖混结构形式；展览馆建筑面积为 326.04 平方米；花园面积为 74.46 平方米。展览馆前广场占地面积约为 8000 平方米，设有主入口区、红色文化主题区、亲水广场晨运区、景观湖体区、公园中心广场舞台区等。主要景观设施包括：文化艺术舞台、斜面浮雕墙、亲水景观亭、景观山石、景观栈桥、特色小品、艺术景墙等。同时，广场还规划建设儿童沙池、市民健身器械、指示牌等设施，以及停车场、公共卫生间等基础配套设施。

4. 吴勤烈士陵园

吴勤烈士陵园坐落在佛山市岭南大道北 57 号（原大福路南浦村）。陵园占地面积 1750 平方米，四周由铁栏环绕，栏高 2 米多。陵园正门为一座宏伟壮观的二层琉璃瓦牌坊，上层题有"万世流芳"的横匾。陵园中央耸立着近 8 米高的吴勤烈士纪念碑，碑的下方镌刻着吴勤烈士的生平事迹。纪念碑前两侧各有一座占地约 16 平方米的水磨石结构的尖顶凉亭，亭内设有石台和石凳。纪念碑背面相去 5 米处有 3 座土坟，分别安葬着吴勤烈士、吴勤胞弟吴俭本烈士、吴勤生前警卫员邓卓英烈士的尸骨。土坟表层附植着长年葱茏翠绿的小草。陵园内外栽有木棉、松柏、桂花、米兰、天冬等花木，绿树成荫，四季常青。吴勤烈士陵园现由市民政局双拥优抚科负责管理，陵园内设工作人员 1 名，实行全年免费开放，日常运作经费及工作人员工资全额由财政拨付管理，每年投入70 000 元用于管理维修吴勤革命烈士陵园。

5. 中共南三花工委旧址

中共南三花工委旧址位于南海区里水镇北沙沈村，建筑面积为 200 平方米。1993 年，由沈村村民筹资，在沈文玉私塾旧址上重建；1995 年由市政府拨款维修。

1945 年抗日战争胜利后，中共南海组织受到破坏，一度停止活动。中共党员沈少刚受中共广州市工委委派回家乡沈村办学，利用教师身份作掩护，在此开展革命活动。1946 年 2 月，杜路受中共广州市工委委派到南海任特派员，负责恢复中共南海组织，以沈村为中心，经过几年的努力，中共南海组织迅速恢复并发展壮大。1948 年 5 月，为适应斗争发展需要，中共珠江地委决定成立中共南（海）三（水）花（县）工作委员会，领导南海、三水、花县（部分地区）党组织，由杜路任书记、陈启锐任副书记，工委领导机关设在沈村沈文玉私塾内。根据上级指示，结合本地区具体情况，工委积极组织和发动群众进行反"三征"斗争。壮大农会、妇女会等群众团体，进一步发展和壮大党组织。展开宣传攻势，积极展开武装斗争，组建南三花人民游击队。开展调查当地土匪、恶霸情况及勘察地形、绘制地图等工作。积极配合了解放大军解放南三花地区，为解放战争谱写了光辉的一页。1949年8月，南三花工委组建了一支革命武装"南三花人民游击队"，队长骆展翔。南三花游击队积极开展革命斗争，配合了解放大军的南下。

为弘扬爱国主义精神，宣传南海里水沈村的爱国志士，南海区博物馆在此举办"中共南三花工委史迹展览"，展览共分五部分，第一部分：中共南海县组织的恢复和发展；第二部分：中共南三花工委成立和白沙会议；第三部分：发动群众反"三征"；第四部分：建立武装力量，加强对敌军的控制改造；第五部分：开展政治攻势，带领南海人民迎解放。旧址成为广大人民群众及青少年重温革命历史，接受革命传统教育和爱国主义教育的课堂。1994年11月中共南三花工委旧址被公布为南海市首批爱国主义教育基地。1998年被公布为佛山市爱国主义教育基地。

6. 中共南海县委旧址

中共南海县委旧址位于佛山市南海区松岗镇显纲村，建筑为清末卷棚顶砖木结构，占地面积56.5平方米，建筑面积50平方米。1985年，由南海县政府拨款维修；1994年被评为南海第一批重点文物保护单位；2000年被评为南海区第三批爱国主义教育基地。旧址内设有"南海农民革命斗争史展览"，展览分为五部分，反映了当年的革命史实。

1927年，"四一五"反革命政变后，国民党反动军队和民团大批捕杀共产党员和革命积极分子，封闭和改组一切革命工会、农会、妇解会、学生会等组织和悬红缉拿革命分子，形成一片白色恐怖。当时隐蔽在县内的革命同志，经上级指示，革命活动由公开转入秘密。1927年7月间，奉中共广东省委指示，在显纲村建立了中共南海县委员会。中共南海县委员会成立后，组织农民协会，开展农民运动，并组织农民赤卫军，配合广州起义。起义失败后，县委遭到严重破坏。1928年5月，广东省委派共产党员林锵云、原基恢复南海党组织，在南庄罗格乡成立中共南海临时县委。

中共南海县委旧址每年免费接待党员、群众和青少年学生，他们通过参观学习先辈们的革命事迹和革命精神，受到了深刻的爱国主义教育。旧址现已成为广大青少年接受革命传统教育和爱国主义教育的思想阵地。

7. 西海抗日烈士陵园

西海抗日烈士陵园位于佛山市顺德区北滘镇西海烈士中路 116 号，主要建筑包括纪念碑、烈士墓、革命文物陈列馆、接待室等。

烈士纪念碑建于 1951 年，由林锵云同志倡议，为纪念抗日战争时期牺牲的烈士而建。纪念碑为水泥四棱形柱体，水泥洗石米构筑，基座长 3 米，宽 5 米，碑身高约 10 米，四边凹嵌云石刻字题词，正面刻有原珠江纵队司令、广东省副省长林锵云题"西海抗日战争烈士纪念"；左边刻有原珠江纵队二支队队长郑少康题"识革命之真理流千秋之典型"；右边刻有原南番中顺游击区指挥部副指挥谢立全题"英雄壮志流芳千古"；背刻"革命烈士精神永垂不朽""中共顺德县委员会、顺德县人民委员会"。西海抗日烈士纪念碑是顺德现有的四座烈士纪念碑之一。

1952 年，为纪念抗日战争时期顺德之"西海大捷"和在抗日战争中牺牲之革命烈士，顺德县人民政府在珠江纵队广游二支队当年活动所在地西海建立抗日烈士纪念陵园。1980 年，县政府拨款扩建西海烈士陵园。扩建后的陵园占地面积 30 000 多平方米，园内增设有顺德革命文物陈列馆，文物陈列馆共五个展厅，面积约 500 平方米。分序幕厅、抗日战争文物厅、解放战争文物厅、资料室等，共展出辛亥革命以来各时期革命文物、照片、图表等 620 件，各时期革命英名录 269 人。

1982 年，陵园被省列为文物重点保护单位，1989 年被评为省重点烈士纪念建筑物保护单位，1994 年被佛山市确定为爱国主义教育基地，2015 年列入第二批国家级抗战纪念设施、遗址名录。

8. "三谭"革命事迹展览馆

"三谭"革命事迹展览馆坐落在广东省佛山市高明区明城镇沧江河畔、文昌塔侧，是高明人民为缅怀中国革命史上杰出人物、明城籍的民主革命家谭平山、谭植棠和谭天度而兴建的。目前是佛山内容最丰富、最全面的爱国主义教育基地。

展览馆于 1997 年筹备兴建，1998 年 7 月 1 日建成对外开放。展览馆是一座仿古建筑，分两层，下面有回廊，廊柱铺设精致瓷片，檐顶以玻璃瓦镶嵌，外观典雅大方。首层正中央摆放着谭平山、谭天度、谭植棠的半身玻璃钢雕塑像，正气凛然。左边是接待室，右边展挂国家和省领导人以及史学家的题词，装裱讲究，内蕴深刻。二层是 70 多平方米的展厅，由 100 多幅珍贵的历史图片和几十幅颇具代表性的文字资料组成，中央设有 10 多平方米的展台，摆放 "三谭" 文物和研究书刊。整个展览图文并茂，多角度反映 "三谭" 各个时期的光辉业绩，体现了他们热爱人民、热爱祖国、热爱中国共产党，矢志革命，百折不挠的崇高精神境界和革命精神。另外，展览馆附近还有谭平山、谭天度、谭植堂的故居。

9. 中国人民解放军粤中纵队纪念馆

中国人民解放军粤中纵队纪念馆位于广东省佛山市高明区更合镇（原合水镇）。为继承和弘扬革命优良传统，展示粤中纵队的光辉事迹，2004 年 3 月粤中纵队老同志倡议，在当年纵队诞生地高明区更合镇合水圩建立粤中纵队纪念馆，同年动工建设，2005 年 11 月建成，粤中纵队原副司令兼参谋长欧初为纪念馆题了馆名。纪念馆建筑面积 1 033.57 平方米，分上下二层。首层分别设有序幕厅、展厅和投影厅，二层为史迹陈列厅，分别陈列了有关粤中纵队及其所属各部队在解放战争中的文物、图片、文字和影视资料 600 多幅（件），再现了粤中纵队从 1946 年到 1949 年间的光辉战斗历程。

中国人民解放军粤中纵队，是解放战争时期中国共产党领导的粤中地区人民革命武装队伍。其前身是广东人民抗日解放军。粤中区位于广东省的中南部，背山临海，毗邻香港澳门，辖当时的新会、高明、高要（南部）、鹤山、台山、赤溪、开平、恩平、阳江、阳春、新兴、云浮、罗定、郁南等 14 个县，面积大约 27 000 平方千米，人口约 468 万。粤中人民具有光荣的革命斗争传统。大革命时期，这里较早建立中国共产党地方支部，工农运动轰轰烈烈，土地革命战争时期，党领导的工农暴动激荡悲壮，地方党组织曾一度遭到严重破坏。抗日战争爆发后，粤中党组织得以重建，并推动全区抗日救亡运动蓬勃发展，壮大了人民革命力量。1945 年 1 月，党在粤中区建立了广东人民抗日解放军，掀起了全区抗日武装斗争高潮。抗日战争胜利后，为了争取实现全国和平，按照国共双方签订的协议，粤中人民抗日武装部分人员随东江纵队北撤山东，其余 1000 多名干部、战士复员，仅留下 140 名武装骨干进行保卫群众利益的隐蔽斗争。全面内战爆发后，粤中党组织以坚持隐蔽斗争的武装人员为骨干，依靠和发动群众重建部队，开展武装斗争。1949 年 7 月，经中共中央批准，成立中国人民解放军粤中纵队，下辖 4 个支（总）队、2 个独立团。总人数达 16 000 余人。1949 年 8 月 1 日，纵队召开军民大会，正式宣布中共中央批准成立中国人民解放军粤中纵队的决定。

　　中国人民解放军粤中纵队纪念馆的建立，不仅更有利于保存珍贵的革命历史资料，昭彰粤中军民的历史功勋，也为高明革命老区增添了又一个培育爱国主义精神的教育基地，而且对推动广东文化大省与和谐社会的建设都具有深远的意义。

　　10. 邓培故居

　　邓培故居位于云东海街道石湖洲村委会邓关村，清同治年间由邓培祖父所建，保存完好，产权属于政府所有。1994 年和 2002 年，中共三水市委、市政府两次拨款对其故居进行修葺，除保留原貌外，扩大了周围的建筑面积，进一步丰富其内涵，提高其档次和品位。目前，邓培故居占地面积约 177 平方米，展厅内陈列"邓培生平事迹展"，该展图文并茂地展示了邓培从出生到投身革命、献身革命的光辉事迹。1993 年，邓培故居被命名为三水区爱国主义教育基地，2015 年成了三水区首个"两学一做"学习教育基地，2017 年挂牌成为佛山市党员教育基地。

　　故居展厅内陈列"邓培生平事迹展"，该展图文并茂地展示了邓培从出生到投身革命，乃至献身革命的光辉一生，故居对研究三水革命史具有重要价值。

　　11. 邓培烈士铜像

　　邓培烈士铜像位于三水区西南街道西南公园西南角。为缅怀这位早期共产党人和杰出工人运动领袖，中共三水区（县）委、区（县）政府拨出专款 19 万元，于 1990 年 9 月建成，以资纪念。

　　铜像为立式，像身高 3.2 米，背景为齐腰高的残墙，寓意为"废墟下的思索"。像的基座为方体，用花岗石砌成，塔状，分三层。面层正面宽 2.14 米，侧面宽 1.24 米，正、侧面高 2.7 米。正面镌刻了原全国人民代表大会常务委员会委员长彭真题写的"邓培烈士"四个镶金大字。背面镌刻镶金"邓培事略"。中层正面宽 3.14 米，侧面宽 2.24 米，高 0.2 米，底层正面宽 4.14 米，侧面宽 3.24 米，高 0.2 米。基石外围是 9 米长、7 米宽的花圃，四周铁栏栅。占地面积约 4000 平方米，建筑面积约 1000 平方米。

后　记

　　2017 年，我校马克思主义学院正式成立"新时代文化创新研究院"，整合了学院现有师资力量，立足佛山地方经济社会，致力于新时代区域文化创新研究。

　　三年来，老师们申请获得佛山市哲学社会科学研究项目十余项，研究内容涉及社会学、文化学、政治学、经济学、历史学、教育学等方面。同时也接受了佛山市委宣传部、佛山市委统战部、共青团佛山市委员会、佛山市统计局等政府职能部门以及有关企业的委托，展开了系列专项调查研究，形成了一批高质量的咨询报告，为地方经济社会发展贡献了智慧。

　　本书遴选了部分课题成果和咨询报告，在原基础上整理修改而成，试图从多角度深入审视佛山经济社会若干问题。作者主要为马克思主义学院主持行政工作的副院长林瑞青副教授、马克思主义学院党委书记杜环欢教授、马克思主义学院中国近现代史纲要教研部党支部书记兼主任吴新奇副教授。

　　各章具体分工如下：

　　第一章　林瑞青、姚志颖；

　　第二章　林瑞青、李晓春；

　　第三章　杜环欢、李艳姿、樊谨超、胡庆亮；

　　第四章　杜环欢、胡庆亮；

　　第五章　吴新奇；

　　第六章　杜环欢。

　　本书的顺利出版，有赖于全体作者的共同努力，更有赖于各方大力支持。借此衷心感谢佛山市委宣传部、佛山市社会科学联合会、共青团佛山市委员会等部门及领导的信任与支持。

　　是为后记。